SPECIAL EDUCATION TECHNOLOGY

특수교육공학

| 권충훈 · 김민동 · 강혜진 · 권순황 공저 |

학지사

머리말

교육의 3요소는 교수자, 학습자, 교육내용이다. 사실 무엇인가 가르칠 것이 있는 사람과 무엇인가 배울 것이 있는 사람이 결합되는 것이 교육현상이다. 여기에서 교수자와 학습자를 연결하는 장치가 교육내용(교재)이다. 그런 의미에서 교육내용(교재)은 그 중요성을 인정받게 된다.

우리나라 교원자격증은 국가의 「교원자격검정령」에 의거하여 발급되고 있다. 즉, 모든 교원양성기관은 기본적으로 자격증 종별로 해당 예비교사들이 이수해야 할 교과목, 이수학점, 이수방법 등을 철저하게 관리하고, 또한 주기적으로 국가기관의 평가를 받고 있다.

특수학교 정교사(2급) 교원자격증의 기본 이수 교과목은 특수교육학 등 총 11개 교과목이다. 이 기본 이수 교과목 중 '특수교육공학'이 포함되어 있다. 우리나라의 모든 특수학교 교사 양성기관에서는 교육과정 편성・운영 시 '특수교육공학' 교과목을 기본적으로 포함시키고 있다.

우리나라의 특수교육은 다른 선진국에 비해 법률적 기반이나 양적 성장에서 큰 발전을 거듭하고 있다. 최근에는 그런 발전을 기반으로 하여 특수교육의 전문성과 책무성 강화, 그리고 특수교육대상자 개인에 초점을 맞춘 질적인 발전을 도모하고 있다. 그런 패러다임의 전환은 우리나라 특수교육 현장에 다양한 보조공학기기와 관련 서비스 활용의 도입 및 확대라는 결과를 가져오고 있다. 특수학교 교사, 관련 전문가, 특수교육대상자 부모 등은 다양한 보조공학기기 및 관련 서비스를 활용하여 보다 효과적으로 특수교육대상자의 교수 · 학습활동을 진행하고 지원하고 있다.

특수교육과 등 특수학교 교사를 양성하는 교육기관(특수교육과, 교육대학원 등)에서 특수교육공학 교과목을 담당하고 있는 많은 교원은 다른 교과목에 비해 이 교과목의 주교재를 선택하고 활용하는 데 더 큰 어려움을 겪고 있다고 할 수 있다. 이는 국내에 출간된 특수교육공학 관련 전공 교재의 종류가 타 교과목에 비해 매우 적다는 데 그 원인이 있다고 본다. 결국 특수교육공학 담당 교수자는 제한된 특수교육공학 교재(역서 포함)와 재활공학 관련 교재, 그리고 교육학 분야의 교육방법 및 교육공학 관련 교재 등을 부가적으로 결합하여 수업을 진행하고 있다.

이 교재 집필은 그런 이유에서 출발하였다. 지난 몇 년 전부터 특수교육공학 교과목을 담당하는 교원의 제안에 따라 약 2년간의 그룹 스터디 과정을 거치게 되었다. 공동 집필진은 그런 과정을 통해 특수교육과의 전체 교육과정 체계 속에서 특수교육공학의 성격, 개설목적, 주요 교수 · 학습 내용, 주요 교수 · 학습방법 등을 확인하는 과정을 거쳤다.

이 교재에서는 특수교육공학을 기본적으로 보조공학으로서의 특수교육공학과 수업설계로서의 특수교육공학으로 구분하여 접근하고 있다. 이런 이분법적 집필방향은 독자들이 아주 쉽게 확인할 수 있을 것이라 본다. 그런 맥락에서 이 교재는 크게 특수교육공학의 이론적 접근(제1부)과 장애유형별 적용 가능한 특수교육공학(제2부)으로 구성되어 있다. 제1부 특수교육공학의 이론적 접근은 특수교육공학의 기초(제1장), 보조공학으로서의 특수교육공학(제2장), 수업설계로서의 특수교육공학(제3장), 보편적 설계와 특수교육공학(제4장), 접근성과 특수교육공학(제

5장)으로 제시되어 있다. 이 교재의 앞부분인 제1부 특수교육공학의 이론적 접근은 특수학교 교사, 특수교육 관련 전문가, 특수교육대상자 부모, 일반학교 교사 등에게 특수교육에서 교육공학의 접근에 대한 이해의 폭을 넓혀 줄 것으로 기대한다.

제2부 장애유형별 적용 가능한 특수교육공학은 어느 장애유형과 어느 수준까지 제시할 것인가에 대한 많은 논의와 고민의 과정이 있었다. 이 교재에서는 총 7개의 장애유형별로 적용할 수 있는 특수교육공학을 제시하고 있다. 「장애인 등에 대한 특수교육법」 제15조에는 총 11개 장애범주가 제시되어 있다. 이 중 가능하면 모든 장애유형에 적용 가능한 특수교육공학 아이디어에 대해 서술하고자 노력하였다. 그중 청각장애와 의사소통장애, 정서 · 행동장애와 자폐성장애를 통합하여 총 7개 장애유형들을 장으로 구분하여 교재 내용을 구성하였다.

제2부의 제6장부터 제12장까지는 장애유형별 적용 가능한 특수교육공학 아이디어를 제시하였다. 이 부분에서는 각 장애유형의 이해, 장애유형별 특수한 교육적 요구분석을 한 다음, 그 장애아동들을 위한 보조공학과 수업설계 아이디어를 구분하여 서술하고 있다.

저자들은 이 교재를 집필하면서 기존의 특수교육 및 특수교육공학 관련 다양한 저서와 연구물을 인용하였다. 좋은 연구들을 미리 진행하여 주신 많은 연구자분께 지면을 통해 깊은 감사의 말씀을 드리고 싶다.

저자들은 약 3년 전에 특수교육공학 교재 집필을 기획하였다. 저자들은 다양한 방법으로 자주 접촉하면서, 각자의 담당 부분과 다른 부분과의 조화로운 서술을 위해 나름 노력하면서 작업을 하였다. 연구자로서 연구작업을 진행할 때 완전하고 완벽한 것을 추구하는 것도 중요하지만, 다소 부족한 형태라도 그것을 내놓은 것 역시 중요하다고 생각한다. 특수교육, 특히 특수교육공학 관련 연구자 및 종사자분들의 많은 지도와 격려를 부탁한다. 한편 이 교재가 특수교육공학 분야에서 함께 연구하고 실제로 가르치고 배우는 분들에게 조금이나마 도움을 줄 수 있길 기대해 본다.

끝으로, 같은 분야 학문을 공부하는 남다른 인연으로 함께 생활하면서 연구하고 있는 동료 교수님들께 진심으로 존경과 감사를 전한다.

2015년 4월

저자 일동

차 례

제2부 장애유형별 적용 가능한 특수교육공학

제1부 ─────────

특수교육공학의
이론적 접근

제 **1** 장

특수교육공학

특수교육공학의 기초

〈이 장의 개요〉

『특수교육공학』의 첫 번째 장으로서, 이 장에서는 전체 교재의 이론적 접근을 진행하게 될 것이다. 좋은 개념은 좋은 이론을 만든다고 한다. 이 장에서는 특수교육공학을 이해하는 데 기초적인 과정으로 몇 가지 중요한 개념과 유형을 확인하게 될 것이다. 이 장의 주요 내용으로는 특수교육과 특수아동에 대한 이해, 교육공학과 특수교육공학의 개념 및 관계 확인, 특수교육현장에 적용 가능한 특수교육공학의 분류 등이다.

〈이 장의 학습목표〉

1. 특수교육과 특수아동의 개념을 설명할 수 있다.
2. 교육공학과 특수교육공학의 유사성과 차이점을 기술할 수 있다.
3. 특수교육현장에서 적용할 수 있는 특수교육공학의 분류를 논리적으로 설명할 수 있다.

인간은 다른 동물과 달리 개체 발생 이후 지속적으로 지식과 정보를 누적시키면서 문화를 발달시켜 오고 있다. 보통 인간의 문화 발달 패러다임의 변화를 '불의 발견'→'문자의 발명'→'인쇄술의 발달'→'컴퓨터(또는 웹)의 발명'으로 설명하고 있다.

20세기, 인간은 그들이 발전시켜 온 고도의 과학지식을 교실장면에 적용하기 시작하였다. 에디슨은 전기를 이용한 다양한 발명품 등을 세상에 내놓았다. 이런 전기 공학적인 기계들은 교실상황에서 엄청난 효과성을 발휘하였다. 초기의 시청각매체들은 대부분 대집단교수를 가능하게 해 주었다. 즉, 교육내용을 확장·확대시켜 준 것이다.

특수교육은 일반교육과는 구별되는 '특별한' 교육을 말한다. 최근 특수교육현장에서도 다양한 공학적인 기계(하드웨어)가 적용되면서 그 효율성을 인정받고 있다. 최근 특수교육은 양적 발달에서 질적 발달로 그 중심축을 바꾸고 있는 시점이다. 그 흐름에 가장 큰 역할을 할 수 있는 분야가 특수교육공학이 될 것이다. 이 장에서는 특수교육공학에 대한 기본적인 이해를 확장하고자 한다.

1. 특수교육의 이해

특수교육공학은 특수교육과 교육공학이 결합된 복합명사다. 그런 점에서 특수교육공학의 개념을 정의하고자 한다면, 특수교육과 교육공학의 개념을 먼저 정의한 후 결합하는 순서로 진행되어야 한다.

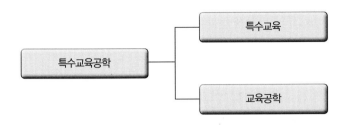

[그림 1-1] 특수교육공학의 개념 체계도

1) 특수교육의 개념

특수교육(特殊敎育, Special Education)은 일반적인(General) 교육과정, 교육환경, 교육방법으로는 그 효과성을 담보할 수 없는 특수아동(Exceptional Children)을 대상으로 하는 교육을 가리킨다. 특수교육이라는 용어는 다양한 학자와 수많은 규정(법) 등에 의해 개념 정의가 진행되어 왔다. 여기에서는 우선 국내외의 특수교육 관련 법규상의 개념을 먼저 확인하고자 한다.

우리나라의 특수교육 관련 법률은 1977년 12월 31일 제정된 「특수교육진흥법」이다. 당시 법률상(제2조)의 특수교육이란 "특수교육기관에서 제3조에 규정된 특수교육대상자에게 점자·구화 및 보장구 등을 사용하여 교육·교정(이하 '요육'이라 한다) 및 직업보도를 하는 것을 말한다."라고 규정되어 있다. 당시 법률의 제3조에서 정한 특수교육대상자는 시각장애자, 청각장애자, 정신박약자, 지체부자유자, 정서장애자, 언어장애자, 기타의 심신장애자였다.

1994년 전면 개정된 「특수교육진흥법」상의 특수교육의 정의는 특수교육대상자의 특성에 적합한 교육과정·교육방법 및 교육매체 등을 통하여 교과교육·치료교육 및 직업교육 등을 실시하는 것을 말한다. 우리나라의 현재 특수교육 관련 법령은 「장애인 등에 대한 특수교육법」이다. 이 법령은 2007년 5월 25일 제정되어, 2008년 5월 26일 이후 시행되고 있다.

이 법령에서 특수교육은 다음과 같이 정의하고 있다.

'특수교육'이란 특수교육대상자의 교육적 요구를 충족시키기 위하여 특성에 적합한 교육과정 및 제2호에 따른 특수교육 관련 서비스 제공을 통하여 이루어지는 교육을 말한다.

'특수교육 관련 서비스'란 특수교육대상자의 교육을 효율적으로 실시하기 위하여 필요한 인적·물적 자원을 제공하는 서비스로서 상담지원·가족지원·치료지원·보조인력지원·보조공학기기지원·학습보조기기지원·통학지원 및 정보접근지원 등을 말한다.

(「장애인 등에 대한 특수교육법」 제2조 제2항)

우리나라에서의 특수교육 개념은 법령의 변화에 따라 그 철학적 개념과 교육활동의 범주가 변화되어 왔음을 알 수 있다. 다음은 특수교육의 개념을 정의한 다양한 학자의 개념 정의를 살펴보고자 한다.

Kirk와 Gallagher(1979)는 특수교육이란 특수아동의 잠재력을 개발하고 장애를 교정하기 위해서 제공되는 일반학교 프로그램 이상의 보충적인 서비스라고 정의하였다.

김승국(1996)은 특수교육이란 정상에서 이탈되어 있는 아동에게 알맞은 학교교육과정을 조정하거나 재구성하는 것이라 정의하였다. 한현민(2001)은 특수교육이란 모든 교육의 보편성 및 공통성 외에 무엇인가 교육적으로 특별히 고려하여 이루어지는 교육적 행위라고 정의하였다. Smith(2004)는 특수교육이란 특별한 욕구를 지닌 개별 아동에게 적합한 맞춤식 개별화된 교육을 제공하는 것이라 정의하였다. Heward(2006)는 자신의 저서 『특수아동(Exceptional Children)』에서 특수교육은 다양한 관점에서 정의되고 평가될 수 있는 복잡한 체제라고 설명하고 있다. 그는 특수교육을 중재로서의 특수교육과 교수로서의 특수교육으로 설명하고 있다. Heward(2009)는 특수교육이란 개별적으로 계획하고, 특별히 고안하고, 집중적으로 제공하고, 목표지향적인 성격을 지닌 교수라고 정의하였다.

2) 특수아동에 대한 이해

많은 수의 아동으로 구성된 학급이나 단위학교에서는 아동들의 다양한 능력의 차이를 확인할 수 있을 것이다. 이는 수학에서 말하는 정상분포곡선 이론에서도 알 수 있다. 즉, 사례의 수가 많아질수록 평균점을 중간으로 하여 +, −의 분포가 이루어진다.

모든 아동은 그들의 능력과 요구가 다르다. 일반적인 능력이나 요구의 수준을 벗어난 아동들을 가르치는 활동은 매우 어렵고 도전적인 일이다. 이들이 특수아동이고, 그들의 요구에 맞는 교육활동이 특수교육이다.

김정권과 한현민(1996)은 특수아동이란 정신적·행동적·언어적·신체적·감각적 능력 또는 특성이 정상 아동과 비교하여 큰 '차이'가 있어 그들이 가진 잠재력을 최대한 발휘하게 하려면 학교교육(일반교육)의 수정이나 특별한 교육적 조치가 필요한 아동이라고 하였다. 여기에서는 특수아동의 능력이나 요구의 수준을 '차이'라는 용어를 사용하여 설명하고 있다는 점에서 인상적이다. Hallahan과 Kauffman(2003)은 특수아동이란 대부분의 일반적인 아동과는 다른 아동이라고 정의하였다. 특수아동이란 인간으로서의 온전한 잠재력을 실현하기 위해서 특수교육 및 그와 관련된 서비스가 필요한 아동을 의미한다고 하였다.

결론적으로 말하면, 모든 아동은 신체적인 특성이나 학습능력이 서로 다르다. 차이가 크지 않은 아동은 일반교육 프로그램을 통해서 학습활동이 가능하다고 볼 수 있다. 그러나 학습능력이나 신체적인 특성이 규준(평균)과 차이가 많이 나서 개별화된 교육프로그램이 필요한 아동이 있는데,

이들을 특수아동이라 한다. 특수아동이란 규준에서 크게 떨어져 있는 아동이라는 점에서 '예외적인 아동(Exceptional Children)'이라 하며, 이는 학문적으로 장애아동과 영재아동을 모두 포함한 용어다. 그러나 현실적으로나 법률적으로 영재아동을 제외한 장애아동을 특수아동으로 확인하고 있다.

(1) 특수아동의 분류 및 기준

특수아동은 「장애인 등에 대한 특수교육법」 제15조(특수교육대상자의 선정)에 의거하여 시각장애, 청각장애, 지적장애, 지체장애, 정서 · 행동장애, 자폐성장애, 의사소통장애, 학습장애, 건강장애, 발달지체, 그 밖에 대통령령으로 정하는 장애아동으로 분류되고 있다. 특수교육현장에서는 특수아동에 대한 분류가 해당 부처 및 관련 기관에 따라 다르게 되는 경우가 있다. 여기서는 「장애인 등에 대한 특수교육법」을 기준으로 하여 우리나라의 「장애인복지법」과 미국 「장애인교육법(IDEA)」의 특수아동 분류 내용을 비교하여 확인할 필요가 있어, 다음과 같이 제시한다.

〈표 1-1〉 특수아동 분류 비교

「장애인 등에 대한 특수교육법」 (2007)	「장애인복지법」 (2008)	미국 「IDEA」 (2004)
• 시각장애	• 시각장애	• 시각장애
• 청각장애	• 청각장애	• 청각장애
• 지적장애	• 지적장애	• 지적장애
• 지체장애	• 지체장애	• 지체장애
	• 뇌병변장애	• 뇌병변장애
• 정서 · 행동장애		• 정서 · 행동장애
• 자폐성장애 (이와 관련된 장애를 포함)	• 자폐성장애	• 자폐성장애 (이와 관련된 장애를 포함)
• 의사소통장애	• 언어장애	• 의사소통장애

(계속)

• 학습장애		• 학습장애
• 건강장애	• 신장장애	• 건강장애
	• 심장장애	
	• 호흡기장애	
	• 간장애	
	• 안면장애	
	• 장루요루장애	
	• 간질	
• 발달지체		• 발달장애
• 그 밖에 대통령령으로 정하는 장애	• 정신장애	• 농 - 맹
		• 중복장애
11개 장애영역	15개 장애영역	13개 장애영역

출처: 김원경 외(2009: 24).

우리나라에서 특수아동을 분류하고 배치하는 기준은 「장애인 등에 대한 특수교육법」(시행령 별표)에서 확인할 수 있다.

〈표 1-2〉 특수아동 선정기준

장애영역	구체적인 선정기준
시각장애	시각계의 손상이 심하여 시각기능을 전혀 이용하지 못하거나 보조공학기기의 지원을 받아야 시각적 과제를 수행할 수 있는 사람으로서 시각에 의한 학습이 곤란하여 특정의 광학기구·학습매체 등을 통하여 학습하거나 촉각 또는 청각을 학습의 주요 수단으로 사용하는 사람
청각장애	청력 손실이 심하여 보청기를 착용해도 청각을 통한 의사소통이 불가능 또는 곤란한 상태이거나, 청력이 남아 있어도 보청기를 착용해야 청각을 통한 의사소통이 가능하여 청각에 의한 교육적 성취가 어려운 사람

(계속)

지적장애	지적 기능과 적응행동상의 어려움이 함께 존재하여 교육적 성취에 어려움이 있는 사람
지체장애	기능·형태상 장애가 있거나 몸통을 지탱하거나 팔다리의 움직임 등에 어려움을 겪는 신체적 조건이나 상태로 인해 교육적 성취에 어려움이 있는 사람
정서·행동장애	장기간에 걸쳐 다음 각 목의 어느 하나에 해당하여, 특별한 교육적 조치가 필요한 사람 　가. 지적·감각적·건강상의 이유로 설명할 수 없는 학습상의 어려움을 지닌 사람 　나. 또래나 교사와의 대인관계에 어려움이 있어 학습에 어려움을 겪는 사람 　다. 일반적인 상황에서 부적절한 행동이나 감정을 나타내어 학습에 어려움이 있는 사람 　라. 전반적인 불행감이나 우울증을 나타내어 학습에 어려움이 있는 사람 　마. 학교나 개인 문제에 관련된 신체적인 통증이나 공포를 나타내어 학습에 어려움이 있는 사람
자폐성장애	사회적 상호작용과 의사소통에 결함이 있고, 제한적이고 반복적인 관심과 활동을 보임으로써 교육적 성취 및 일상생활 적응에 도움이 필요한 사람
의사소통장애	다음 각 목의 어느 하나에 해당하여 특별한 교육적 조치가 필요한 사람 　가. 언어의 수용 및 표현 능력이 인지능력에 비하여 현저하게 부족한 사람 　나. 조음능력이 현저히 부족하여 의사소통이 어려운 사람 　다. 말 유창성이 현저히 부족하여 의사소통이 어려운 사람 　라. 기능적 음성장애가 있어 의사소통이 어려운 사람
학습장애	개인의 내적 요인으로 인하여 듣기, 말하기, 주의집중, 지각, 기억, 문제해결 등의 학습기능이나 읽기, 쓰기, 수학 등 학업 성취 영역에서 현저하게 어려움이 있는 사람

(계속)

건강장애	만성질환으로 인하여 3개월 이상의 장기입원 또는 통원치료 등 계속적인 의료적 지원이 필요하여 학교생활 및 학업수행에 어려움이 있는 사람
발달지체	신체, 인지, 의사소통, 사회·정서, 적응행동 중 하나 이상의 발달이 또래에 비하여 현저하게 지체되어 특별한 교육적 조치가 필요한 영아 및 9세 미만의 아동

출처: 「장애인 등에 대한 특수교육법 시행령」 별표〈개정 2016. 6. 21.〉.

(2) 특수아동의 특수교육기관 배치 및 장애영역별 현황

「장애인 등에 대한 특수교육법」 제17조(특수교육대상자의 배치 및 교육)에 의거하여, 교육장 또는 교육감은 법 제15조에 따라 특수교육대상자로 선정된 자를 해당 특수교육운영위원회의 심사를 거쳐 일반학교의 일반학급, 일반학교의 특수학급, 특수학교에 배치하도록 하고 있다. 우리나라 특수아동의 배치현황은 다음 〈표 1-3〉과 같다.

〈표 1-3〉 특수아동의 배치현황(배치기관별)

단위: 명(%)

연도	특수학교 및 특수교육지원센터 배치학생 수	일반학교 배치학생 수			전체학생 수
		특수학급	일반학급	소계	
2012	24,932 (29.3)	44,433 (52.3)	15,647 (18.4)	60,080 (70.7)	85,012 (100)
2013	25,522 (29.5)	45,181 (52.2)	15,930 (18.4)	61,111 (70.5)	86,633 (100)
2014	25,827 (29.6)	45,803 (52.5)	15,648 (17.9)	61,451 (70.4)	87,278 (100)
2015	26,094 (29.6)	46,351 (52.6)	15,622 (17.7)	61,973 (70.4)	88,067 (100)
2016	25,961 (29.5)	46,645 (53.0)	15,344 (17.5)	61,989 (70.5)	87,950 (100)

(계속)

| 2017 | 26,199
(29.3) | 47,564
(53.2) | 15,590
(17.5) | 63,154
(70.7) | 89,353
(100) |
| 2018 | 26,337
(29.0) | 48,848
(53.8) | 15,595
(17.2) | 64,443
(71.0) | 90,780
(100) |

출처: 교육부 2018년 특수교육연차보고서.

우리나라 특수아동의 장애영역별 현황은 「장애인 등에 대한 특수교육법」 상의 장애유형 분류에 의한 현황으로 확인하는 것이 가장 적절한 것으로 판단된다. 2018년 「특수교육연차보고서」(교육부) 자료에 기초하여 제시하면 다음과 같다.

〈표 1-4〉 연도별 특수교육대상자 배치현황(장애영역별)   단위: 명(%)

연도	시각 장애	청각 장애	지적 장애	지체 장애	정서 행동 장애	자폐성 장애	의사 소통 장애	학습 장애	건강 장애	발달 지체	전체 학생 수
2013	2,220 (2.6)	3,666 (4.2)	47,120 (54.4)	11,233 (13.0)	2,754 (3.2)	8,722 (10.1)	1,953 (2.3)	4,060 (4.7)	2,157 (2.5)	2,748 (3.2)	86,633 (100)
2014	2,130 (2.4)	3,581 (4.1)	47,667 (54.6)	11,209 (12.8)	2,605 (3.0)	9,334 (10.7)	1,966 (2.3)	3,362 (3.9)	2,029 (2.3)	3,395 (3.9)	87,278 (100)
2015	2,088 (2.4)	3,491 (4.0)	47,716 (54.2)	11,134 (12.6)	2,530 (2.9)	10,045 (11.4)	2,045 (2.3)	2,770 (3.1)	1,935 (2.2)	4,313 (4.9)	88,067 (100)
2016	2,035 (2.3)	3,401 (3.9)	47,258 (53.7)	11,019 (12.5)	2,221 (2.5)	10,985 (12.5)	2,089 (2.4)	2,237 (2.7)	1,675 (1.9)	4,940 (5.6)	87,950 (100)
2017	2,026 (2.3)	3,358 (3.8)	48,084 (53.8)	10,777 (12.0)	2,269 (2.5)	11,422 (12.8)	2,038 (2.3)	2,040 (2.3)	1,626 (2.8)	5,713 (6.4)	89,353 (100)
2018	1,981 (2.2)	3,268 (3.6)	48,747 (53.7)	10,439 (11.5)	2,221 (2.4)	12,156 (13.4)	2,081 (2.3)	1,627 (1.8)	1,758 (1.9)	6,502 (7.2)	90,780 (100)

출처: 교육부 2018년 특수교육연차보고서.

2. 교육공학의 이해

1) 교육공학의 의미

근대적 의미의 교육공학은 20세기 초반에 사용되기 시작하였다. 그리고 1960년대 이후 교육공학이 학문적으로 정립되기 시작하였다고 볼 수 있다. 교육공학이라는 용어는 미국 시청각교육국(Department of Audio-Visual Instruction: DAVI)의 회장이었던 Finn이 1960년 발표한 그의 논문 「공학과 교수과정」에서 처음 사용하였다(유승우 외, 2013).

'교육공학'이라는 용어는 '교육'과 '공학'의 복합명사다. 그런 관계로, 여기서는 간단히 '교육'과 '공학'의 개념을 먼저 정의하고자 한다.

'교육'이라는 활동은 인류의 시작과 함께 시작되었을 것이다. 즉, 두 명 이상의 사람이 있다면 그중 한 명이 다른 한 명보다 많이 알고, 잘하는 내용이나 기능이 있을 것이다. 그 내용이나 기능을 가르치는 활동이 교육활동이다. 여기서 교육의 3요소, 무엇인가 가르칠 것이 있는 사람(교수자), 무엇인가 배울 것이 있는 사람(학습자), 가르치고 배우는 내용(교육내용 또는 교육과정)이 등장하게 된다.

'교육'의 개념은 학자나 방식에 따라 다양하게 정의될 수 있다. 교육학계에서 합의되고 공유하고 있는 개념 정의는 다음과 같다. 첫째, 교육의 규범적 정의다. 이는 교육철학의 관심분야다. 교육이란 자아실현 또는 인간의 잠재가능성의 실현으로 정의한다. 둘째, 교육의 수단적·기능적 정의다. 이는 교육사회학의 관심분야다. 교육이란 문화유산의 전달 또는 사회화의 과정으로 정의한다. 셋째, 교육의 조작적 정의다. 이는 교육심리학의 관심분야다. 교육이란 인간행동의 계획적인 변화라고 정의한다.

'교육공학'이라는 복합명사가 어색하게 접근할 것이다. 이는 교육이라는 철학적이고 사변적인 영역에 '공학'이라는 과학적이고 객관적인 기법이 접목된 것으로 이해하기 때문이다. '전기공학' '건축공학' '유전공학' 등은 어울리는 조합 같지만, '교육공학'은 어딘가 부자연스럽게 인지되는 부분이 있다. 이는 '공학'의 개념을 하드웨어적인 '공학(engineering)'으로 이해하기 때문이다. '교육공학'에서 공학은 소프트웨어적인 '공학(technology)'로 이해해야 한다.

공학(technology)의 사전적 어원은 기예(craft) 및 기술(skill)을 뜻하는 'techne'와 학문을 뜻하는 'logos'의 합성어다. Galbraith(1967)는 공학의 개념을 "실제적 문제를 해결하기 위하여 과학적 지식 또는 조직화된 지식을 체계적으로 적용하는 것"으로 정의하였다. 이 정의는 크게 세 가지의 구분되는 특성을 지니고 있다. 첫째, 공학은 문제해결에 초점을 맞춘다. 둘째, 공학은 과학적 지식 및 조직화된 지식에 바탕을 두고 있다. 셋째, 공학은 '체계적' '체제적' 접근을 강조하고 있다.

교육공학이라는 개념을 확인하기 위해, 교육과 공학의 개념을 먼저 정의하였다. 좋은 개념은 좋은 이론을 만든다고 확신하고 있다. 이제 교육공학의 개념을 정의하고자 한다. 1977년 미국 교육공학회(Association for Educational Communication & Technology: AECT)에서는 교육공학의 개념을 다음과 같이 제안하였다.

> 교육공학이란 모든 인간 학습에 포함된 문제들을 분석하고, 그 해결책을 구안하여, 실행하고, 평가하며, 관리하기 위하여 사람, 절차, 아이디어, 기자재 및 조직을 포함하는 복합적이며 통합적인 과정이다.

그로부터 20여 년의 시간이 흐른 후, 그간의 시대환경의 변화를 반영하여 1994년에 새로운 교육공학의 개념을 제안하였다.

교육공학이라는 용어 대신에 교수공학이라는 용어를 사용한다. 교수공학이란 학습을 위한 과정과 자원의 설계, 개발, 활용, 관리, 평가에 대한 이론과 실제다(Seels & Richey, 1994).

AECT에서는 2004년에도 변화된 교육공학의 개념을 제시하였으나, 1994년 개념 정의가 교육공학의 의미를 확인하는 데 가장 적절하다고 판단된다. 교육공학은 그 목적을 학습에 두고 있으며, 그 구체물은 과정과 자원이고, 크게 설계, 개발, 활용, 관리, 평가 영역으로 구분된다는 것을 확인할 수 있다. 마지막으로 교육공학은 그 학문적 성격에 이론과 실제가 통합되어 있음을 알 수 있다. 교육공학의 개념을 정리하여 제시하면, 다음 [그림 1-2]와 같다.

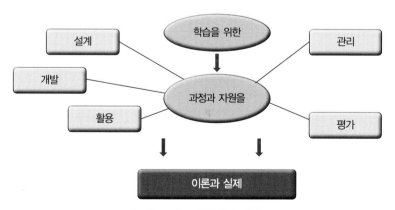

[그림 1-2] 교육공학의 개념도

2) 교육공학의 발달과정

교육공학의 발달과정은 시대별로 교육공학자들에 의해 규정되어 온 교육공학의 정의를 살펴보는 작업으로 확인할 수 있다. 현대적인 의미의 교육공학 발달과정은 견해에 따라 의견이 다를 수 있으나 대체로 다음 〈표 1-5〉와 같이 구분해 볼 수 있다.

〈표 1-5〉 교육공학의 발달과정

발달과정	주요 학자 및 내용	시기
시각교육기	• 시각교육운동 • 미국 전국교육연합회[NEA] 산하 시각교육국[DVI] 조직 • Hoban(1937), Visualizing the Curriculum (교육과정의 시각화 운동) • Hoban의 시각자료 분류표	1920년대 1930년대
시청각 교육기	• 시각 + 청각 = 시청각교육운동 • Dale(1946)의 경험의 원추(cone of Experience) 구안 • DVI(시각교육국) → DAVI(시청각교육국)	1940년대
시청각 교육통신기	• 커뮤니케이션 이론 도입 • 초기의 체제(system) 개념 도입 • 시청각 교육통신 용어 사용 • Finn(1960)이 '교육공학' 용어 최초 사용 • Berlo(1960)의 S－M－C－R 모델 제안 • Shannon과 Schramm(1964)의 '경험의 장' 모델 제안	1950년대 1960년대
교수공학기	• 행동주의 심리학 확장 • 체제접근과 교수개발 이론 확대 • 미국 교육공학회(AECT)로 변경 • 프로그램 학습과 교수기계 발달 • 다양한 교수체제 모형 등장 및 적용	1970년대

(계속)

| 교육공학기 | • 컴퓨터의 교육적 활용 확대
• 인지심리학의 영향
• 교수공학의 정의와 영역 확정
• 인터넷의 확산, 원격(가상)교육 도입
• 테크놀로지의 눈부신 발달
• 교육현장에 구성주의 이론 접목(패러다임의 변화) | 1980년대
1990년대
2000년대 |

출처: 유승우 외(2017: 210).

3. 특수교육공학의 이해

1) 특수교육공학의 개념

김용욱(2005)은 특수교육공학이란 "장애를 가지고 있는 아동(학습자)의 효율적인 교육과 생활을 위해 사용되는 공학기기, 서비스, 수업의 전략과 실제"라고 정의하였다. 즉, 장애를 가진 학생들에게 적절한 교수방법 및 관련 공학 서비스를 제공하여 특수교육의 질적 효율을 제고할 수 있는 체계적이고 종합적인 서비스라고 할 수 있다. 특수교육공학의 개념에 대한 세부적인 내용은 다음과 같이 제시하고 있다.

첫째, 공학기기는 디지털 및 컴퓨터를 기반으로 하는 첨단공학(high technology)기기에서부터 휠체어와 같은 일반적으로 많이 활용되고 있는 기계류 중심의 일반공학(medium technology)기기, 개조된 책상 및 식사도구와 같은 간단한 개조 및 도움 장치만으로 장애를 가지고 있는 아동(학습자)들의 독특한 요구를 수용할 수 있는 기초공학(low technology)기기 등을 포괄적으로 포함한다. 둘째, 서비스는 교수 · 학습을 위한 관련 소프트웨어를 포함한다. 또한 각종 공학기기를 운영하려면 관련 소프트웨어가 필요한 경우가 있는데, 이러한 소프트웨어를 활용하는 것에서부터 공학기기를 준비, 사용, 사후관리하는 것까지 일련의 과정이 여기에 포함된다. 셋째, 전략과 실제는 '언제 어떻게' 활용하면 좋을지에 대한 전문가의 선택 및 실제 적용이라고 할 수 있다.

김남진과 김용욱(2010)은 특수교육공학의 정의를 특수교육 관련 법령에서 확인하고 제시하였다. 이는 가장 안정적이고 객관적인 특수교육공학의 개념 정의라고 할 수 있다.

1994년 개정된 「특수교육진흥법」(제2조 제1항)에 의하면 "특수교육이라 함은 특수교육대상자의 특성에 적합한 교육과정·교육방법·교육매체 등을 통하여 특수교육·치료교육 및 직업교육 등을 실시하는 것을 말한다."라고 정의하고 있다. 이 법령에서 특수교육공학은 '특수교육대상자의 특성에 적합한 교육매체'라고 확인된다. 즉, 특수교육공학이란 '특수교육대상사를 대상으로 하는 특수교육, 치료교육, 직업교육 등을 위해 활용되는 교육매체'라고 정의할 수 있다.

2007년 제정된 「장애인 등에 대한 특수교육법」(제2조 제1항)에 의하면, "특수교육이란 특수교육대상자의 교육적 요구를 충족시키기 위하여 특성에 적합한 교육과정 및 관련 서비스 제공을 통하여 이루어지는 교육"이라고 정의하고 있다. 이 법령에서는 특수교육공학을 "특수교육대상자의 교육적 요구를 충족시키기 위해 제공되는 특수교육 관련 서비스"라고 확인할 수 있다.

동법 제2조 제2항에서는 특수교육 관련 서비스에 대해 구체적으로 제시하고 있다. '특수교육 관련 서비스'란 특수교육대상자의 교육을 효율적으로 실시하기 위하여 필요한 인적·물적 자원을 제공하는 서비스로서 상담지원·가족지원·치료지원·보조인력지원·보조공학기기지원·학습보조기기지원·통학지원 및 정보접근지원 등을 말한다.

〈표 1-6〉 특수교육공학의 개념

구분	특수교육공학 개념	비고
「특수교육진흥법」 (1994)	특수교육대상자를 대상으로 하는 특수교육, 치료교육, 직업교육 등을 위해 활용되는 교육매체	특수교육공학의 좁은 의미. 초기 매체론적인 정의
김용욱(2005)	장애를 가지고 있는 아동(학습자)의 효율적인 교육과 생활을 위해 사용되는 공학기기, 서비스, 수업의 전략과 실제	특수교육공학의 하드웨어, 소프트웨어 개념 포함
「장애인 등에 대한 특수교육법」(2007)	'특수교육 관련 서비스'란 특수교육대상자의 교육을 효율적으로 실시하기 위하여 필요한 인적·물적 자원을 제공하는 서비스로서 상담지원·가족지원·치료지원·보조인력지원·보조공학기기지원·학습보조기기지원·통학지원 및 정보접근지원	특수교육공학의 개념의 폭을 넓힘. 특수교육공학의 수업설계론적 접근

2) 특수교육공학의 적용

특수교육공학이란 특수교육현장에 교육공학을 적용하는 것을 가리킨다. 특수교육의 대상자인 장애아동의 경우 개인차가 일반아동보다 크므로 교육목표달성을 위해서는 교육공학적 접근이 더욱더 요구된다.

특수교육공학이란 장애를 가진 아동의 효율적인 교육과 생활을 위해 사용되는 공학기기, 서비스, 수업의 전략과 실제라고 정의할 수 있다. 이러한 특수교육공학은 장애학생들에게 많은 도움을 줄 수 있다. Lewis(1993)는 특수교육대상자들에게 제공할 수 있는 특수교육공학의 이점을 ABC모델로 설명하고 있다.

- 능력신장 (Augment Abilities)
- 여러 가지 매체로 대체하여 제공(Bypass)
- 보상 혹은 지원(Compensate for disabilities)

장애아동들은 학교, 가정, 사회에서 공학을 활용함으로써 자신의 능력을 펼칠 기회를 제공받고, 감각의 결손 때문에 생기는 여러 가지 불편을 다른 매체로 지원받을 수 있게 된다. 그리고 각종 공학기기를 통해 장애 때문에 할 수 없던 생활이나 활동들을 할 수 있게 된다.

　특수교육공학은 보조공학(AT)으로서의 역할이 더욱더 크다고 할 수 있다. 보조공학장치는 '테크 액트(Tech Act)'로 더 잘 알려진, 1988년 장애인을 위한 보조 관련 기술 법안에서 처음 정의한 후 1990년 「장애인교육법」에 관련 내용이 포함되었다. 보조공학장치는 상업적으로 기성화되고 개조된 여하를 막론하고 장애인의 기능적 능력을 증가, 유지 또는 향상시키기 위해 사용되는 어떤 부품, 장치의 일부분 또는 생산 시스템을 의미한다. 우이구(2005)는 특수교육현장에서 특수교육공학을 활용할 수 있는 분야를 기초생활 지원과 생활기능 향상, 의사소통 향상, 신체지지능력 향상, 이동능력 향상, 환경적응 및 조정, 교수 · 학습, 스포츠 · 레저 · 여가생활 등으로 제시하였다.

　이상과 같이 교육공학이 일반아동과 장애아동에게 적용될 때 나타나는 적용형태 및 교육성과는 [그림 1-3]과 같다. 즉, 일반아동에 대한 특수교육공학의 적용은 각 아동의 일반학습능력의 차이를 극복할 수 있게 하여 완전학습을 유도할 수 있다. 그에 비하여 장애아동에게 적용되는 특수교육공학은 보조공학적 측면을 강조하여 장애의 보완, 생활능력의 향상 등을 기대하는 교육성과라고 할 수 있다. 그것을 정리하여 보면 다음 [그림 1-3]과 같이 제시할 수 있다.

3) 특수교육공학의 분류

　특수교육공학은 학자들의 다양한 관점에 따라 여러 가지 유형으로 분류된다.

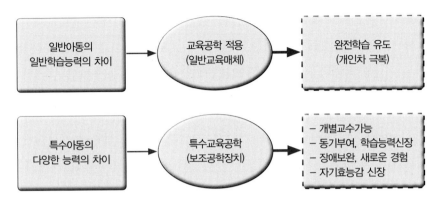

[그림 1-3] 일반아동과 특수아동의 교육공학 적용의 차이

Blackhurst와 Hofmeister(1980)는 특수교육에서 활용하는 공학적 접근을 매체공학과 시스템공학으로 분류·제시하였다. 매체공학은 다양한 도구의 사용에 초점을 맞춘 것이며, 시스템공학은 교수·학습 활동에 대한 체계적인 접근에 초점을 맞춘 분류다.

김용욱(2005)은 특수교육공학의 개념을 정의하면서 특수교육공학을 공학기기, 서비스, 수업의 전략과 실제라는 세 가지 유형으로 분류한 바 있다. 공학기기는 장애아동의 독특한 요구를 수용할 수 있는 첨단공학, 일반공학, 기초공학 기기 등을 포함한다. 서비스는 교수·학습을 위한 관련 소프트웨어를 포함한다. 전략과 실제는 특수교육공학을 언제 어떻게 활용할 것인가에 대한 전문가의 선택과 실제 적용을 가리킨다.

나아가 김용욱(2005)은 특수교육공학을 수업공학, 교수공학, 보조공학, 의료공학, 정보공학으로 분류하였다. 이에 대한 구체적인 내용은 〈표 1-7〉과 같다.

〈표 1-7〉 특수교육공학 유형 분류

구분	내용
수업공학 (The technology of teaching)	정확한 방법에 따라 적용되고 체계적으로 설계된 교수접근
교수공학 (Instruction Technology)	체계적인 교수를 위해서 사용되고 적용되는 하드웨어 및 소프트웨어적 접근 등 각종 도구와 시스템의 활용
보조공학 (Assistive Technology)	장애를 가지고 있는 아동들의 기능적 능력에 대하여 증가, 유지, 개선하기 위해 사용되는 기기
의료공학 (Medical Technology)	장애를 가지고 있는 이들이 원활한 학습 및 생활을 할 수 있도록 사용되는 각종 의료적 기기 및 서비스
정보공학 (Information Technology)	여러 형태의 지식과 자료에 용이하게 접근할 수 있도록 해 주는 공학 (예: 인터넷)

Bryant와 Bryant(2003)는 특수교육공학을 보조공학으로 파악하였으며, "장애를 가진 사람들을 보조하기 위해 과학, 공학, 그리고 다른 분야들을 적용하여 일련의 공정, 방법, 발명 등을 고안해 내는 것"이라고 정의하였다. 보조공학장치를 일곱 가지로 다음 [그림 1-4]와 같이 분류 · 제시하였다.

이상과 같이 특수교육공학의 분류 및 유형에 대한 선행연구들을 고찰해 본 결과, 장애아동의 교육에 적용 가능한 특수교육공학 콘텐츠의 유형은 다음 [그림 1-5]와 같이 수업공학으로서의 특수교육공학과 보조공학장치로서의 특수교육공학으로 분류하여 제시할 수 있다. 이 분류체계는 Blackhurst와 Hofmeister의 분류인 매체공학과 시스템공학과 유사하지만, 특수교육현장에 적용 가능성이 더 높다고 볼 수 있는 현장중심의 분류라고 할 수 있다.

[그림 1-4] 보조공학의 분류체계

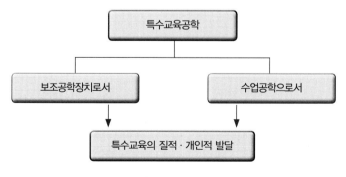

[그림 1-5] 특수교육공학의 분류

4. 특수교육현장에 적용 가능한 특수교육공학

이 부분에서는 특수교육공학을 '보조공학장치로서의 특수교육공학'과 '수업공학으로서의 특수교육공학'으로 분류·제시하였다. 이 장에서는 그 분류에 기준하여 실제 특수교육현장에 적용 가능한 특수교육공학적 아이디어를 제시하고자 한다.

1) 보조공학장치로서 특수교육공학

보조공학장치는 특수교육공학의 대표적인 유형으로 하드웨어적 성격이 강한 유형이다. 초기에는 장애아동의 이동성 확보 등을 위하여 적용되어 오다가 최근 전기공학 및 정보통신기술의 발달 등에 기인하여 다양한 장애영역 지원과 학습능력 신장 등에 폭넓게 적용되고 있다.

보조공학장치로서의 특수교육공학은 장애아동의 신체적·정서적·인지적 차이를 보완하기 위한 다양한 보조공학 서비스와 장치의 개발과 적용이라고 할 수 있다. 장애아동 각각의 다양한 장애를 잘 파악하여 그것을 보충·보완할 수 있게 하여 학교현장에서 추구하는 교육목표를 달성하게 하는 것이다.

보조공학의 다양한 서비스와 장치는 장애를 가진 학습자들이 그들이 속한 환경과 상호작용할 수 있도록 지원과 보상을 해 주며 독립생활을 영위하는 데 도움을 준다. 보조공학은 기계, 전자, 마이크로프로세서가 내장된 장비, 그리고 비기계 및 전자보조기구, 특별한 교수자료, 서비스, 전략 등을 포함한다. 장애학생에게 보조공학을 적용할 때 발생하는 장점은 ① 학습의 효과성과 효율성 증대, ② 환경에 대한 접근의 용이성 신장, ③ 직장에서의 업무의 원활, ④ 독립성 신장, ⑤ 그 외 삶의 질 향상 등이다.

보조공학으로서의 특수교육공학이 그 효과성을 발휘하기 위해서는 특수학교 교사들이 보조공학장치별 내용, 주대상, 그리고 보조공학장치의 개발·선택 시 참여하는 전문가 등을 잘 정리·제시할 수 있어야 한다. 장애아동의 다양한 장애영역과 개인별 능력 등을 감안하여 그들의 잠재성을 최대한 실현시킬 수 있도록 지원해야 한다. 궁극적으로 독립된 사회구성원으로서 삶을 영위할 수 있도록 교육해야 한다. 다음 〈표 1-8〉은 보조공학장치별 구체적인 내용을 제시한 것이다.

〈표 1-8〉 보조공학장치별 내용

구분	내용	주대상	참여 전문가
자세 잡기 (Positioning)	• 특정 기능 수행을 위한 적절한 자세 탐색	• 지체장애 아동 • 건강장애 아동 등	• 특수학교 교사 • 장애아동 부모 • 물리치료사 등
이동성 (Mobility)	• 이동 및 행동작용 보조 • 책장 넘기기, 비행기 탑승 등	• 지체장애 아동 • 건강장애 아동 등	• 특수학교 교사 • 장애아동 부모 • 재활 엔지니어 • 물리치료사 • 이동성 전문가 등
보완/대체 의사소통장치 (AAC)	• 발화 어려움 지원 • 비도구 사용 • 도구 사용	• 언어장애 아동 • 의사소통장애 아동	• 특수학교 교사 • 장애아동 부모 • 언어(치료) 전문가 • 일반 엔지니어
컴퓨터 접근장치 (Computer Access)	• 컴퓨터 접근 지원	• 시각장애 아동 • 청각장애 아동 • 지체장애 아동 • 지적장애 아동 • 건강장애 아동	• 특수학교 교사 • 장애아동 부모 • 컴퓨터 전문가 • 매체 전문가 • 일반 엔지니어 등

(계속)

적응놀이/ 게임 (Adaptive toys/games)	• 신체적 · 감각적 장애에 의해 또래집단과의 상호 작용 수준이 낮은 아동 지원	• 시각장애 아동 • 청각장애 아동 • 지체장애 아동 • 정서지체 아동 • 건강장애 아동 등	• 특수학교 교사 • 장애아동 부모 • 게임 전문가 • 일반 엔지니어 등
적응환경 (Adapive environment)	• 학습 - 사회 - 일상생활의 편리성 지원	• 전 장애영역 아동	• 특수학교 교사 • 장애아동 부모 • 일반 엔지니어 등
수업보조장치 (Instructionall aids)	• 학교, 직장에서 학습하는 데 직접 사용되는 장치 지원 • 각종 개별교수 • 보조장치	• 학습장애 아동 • 학습지진/부진을 동반하는 장애영 역의 아동	• 특수학교 교사 • 장애아동 부모 • 수업설계 전문가 • 컴퓨터 전문가 • 일반 엔지니어 등

출처: Bryant, D. P., & Bryant, B. R. (2003).

특수교육공학으로서의 보조공학장치의 발전가능성은 매우 높으며, 그 적용범위는 지속적으로 넓어질 것으로 기대되고 있다. 특수교육의 목적 달성을 위하여 보조공학장치의 역할과 위치를 확고히 하기 위한 방안으로 특수교육현장에서는 장애아동들의 보조공학장치적 필요부분 탐색, 다양한 보조공학장치의 활용환경 조성, 보조공학장치에 대한 전문교육 및 연수 강화, 체계적인 과정을 통한 적용시스템 구축, 보조공학장치 활용을 위한 전문정보 구축 등이 요구된다고 할 수 있다.

2) 수업공학으로서의 특수교육공학

수업공학으로서의 특수교육공학을 특수교육장면에 적용할 수 있는 아이디어는 IEP의 작성과 활용이다. IEP는 특수아동뿐만 아니라 모든 아동에게 각자의 능력과 요구에 맞는 교육을 제공하기 위한 방법이다. 장애아동은 개인 간 또는 개인 내의 차가 일반아동들보다 심하기 때문에 효과적인 교육을 위해서는 각 장애아동의 구체적인 교육적 특성에 맞게 고안된 교육이 제공되어야 한다. 이는 독특한 교육적 욕구에 알맞게 계획된 교육과 관련 서비스를 장애아동에게 제공하여 장애아동의 발달가능성을 최대한으로 개발하기 위한 방안이라고 할 수 있다.

1975년 제정된 미국 「장애아교육법(PL 94-142)」부터 명문화된 IEP는 특수교육의 가장 중핵적인 활동이 되고 있다. 우리나라는 1994년 1월 7일 개정된 「특수교육진흥법」부터 IEP의 작성과 운영을 법제화함으로써, IEP의 활용은 이제 선택사항이 아닌 의무적인 교육활동이 되었다. 한국의 「특수교육진흥법 시행규칙」제9조 제3항에서 규정하고 있는 개별화교육계획의 구성요소는 ① 대상아동의 인적사항 ② 현재의 학습수행 수준 ③ 장·단기 교육목표 ④ 교육의 시작과 종료 시기 ⑤ 교육의 방법 및 평가계획 ⑥ 기타 개별화교육운영위원회가 정하는 사항을 포함시킬 것을 규정하고 있다. 이는 미국의 「PL 94-142」에서 규정하고 있는 내용요소와 유사하다고 볼 수 있다.

그리고 1998년 고시된 제7차 특수학교 교육과정에서는 지식은 고정된 것이 아닌 대상과 상황에 따라 변형되고 재구성되어야 한다는 구성주의 철학에 따라 학생 개인의 능력과 특성에 부응한 적절한 교육을 제공하기 위해 국가수준의 교육과정을 학생 개인에게 적절한 교육계획으로 전환하도록 하고 있다. 특수교육현장에서 IEP의 작성과 운영은 학교교육과정의 핵심이 되고 있다. 특수교사 입장에서는 특수교육의 전문성을 표현할 수 있는 가장 중요한 교육적 서비스다.

특수학교 교사는 IEP의 작성과정에 수업설계 기법을 도입하여 보다 성공적인 학습결과를 예견할 수 있게 해야 한다. 수업설계 이론 중에서 가장 대표적이고 현장 적용성이 높은 모델은 Dick과 Carey(2001)의 모델이다.

특수교육현장에서 수업설계 아이디어를 적용할 경우, 분석단계인

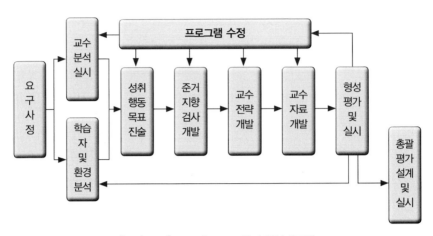

[그림 1-6] Dick과 Carey의 수업설계모델

① 요구사정, ② 교수분석 실시, ③ 학습자 및 환경 분석단계에서 일반아동을 위한 교육에서보다 세밀하고 특수교육학적인 전문적인 기술들이 요구된다고 본다.

특수학교에 근무하는 교사들은 장애아동의 교육적 성과를 위하여 요구사정과 학습자 및 환경 분석을 위한 다양한 진단기법의 이론과 실제의 무장이 요구된다. 또한 교수분석단계에서 교수·학습 목적분류표(Taxonomy)에 대한 이론과 국가수준 교육과정, 그리고 장애아동별 수준에 맞게 교육과정을 수정하여 편성·운영할 수 있는 실제적인 기술을 연수·연구해야 한다. 아울러 학습자의 환경에 대한 정확한 분석을 위하여 장애아동과 관련된 다양한 인적자원의 참여를 유도하고 보장하는 개방적인 태도를 가져야 한다.

장애아동의 교육적 성과를 위하여 특수교육현장에서 적용할 수 있는 Dick과 Carey(2001)의 수업설계 이론에 기초한 특수교육공학 아이디어를 그림으로 제시하면 다음 [그림 1-7]과 같다.

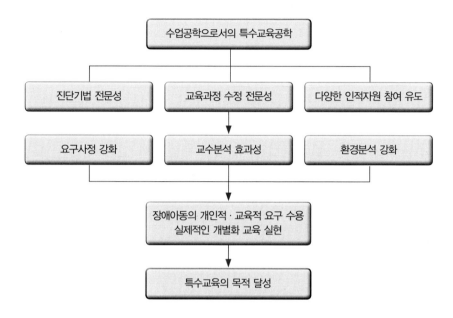

[그림 1-7] 수업공학으로서의 IEP 작성 아이디어

5. 특수교육공학의 과제 및 미래

이 교재에서 특수교육공학을 보조공학으로서의 공학과 수업공학장치로 서의 공학으로 이분하여 제시하였다. 보조공학장치로서의 특수교육공학 은 하드웨어적 매체론으로서 특수아동의 다양성을 극복할 수 있게 하여 다양한 가능성을 실현하고자 하는 노력이다. 수업공학으로서의 특수교육 공학은 특수교육현장에 수업의 효율성을 높이기 위해 수업설계 아이디어 를 도입하자고 주장하였다.

최근에는 특수교육공학의 유형 중 수업공학적 특수교육공학에 무게중 심을 두고 연구를 진행하였다고 할 수 있다. 그것이 특수교육공학의 발전 지향점이 되어야 한다고 믿고 있기 때문이다. 또한 보조공학장치 등 매체

40

론적 특수교육공학은 결국 교육의 목적 달성을 위한 수단적 부분요소라고 보기 때문이다.

마지막으로, 장애아동을 위한 특수교육현장에서 실제로 적용할 수 있는, 그리고 적용해야 하는 특수교육공학 콘텐츠 유형을 다음 [그림 1-8] 특수교육공학의 체제와 향후 과제로 제시하고자 한다. 이 그림이 본 연구의 정리 및 제언을 대표적으로 제시한다고 할 수 있다.

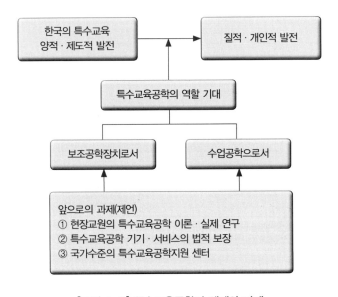

[그림 1-8] 특수교육공학의 체제와 과제

최근 특수교육 연구와 현장에서 특수교육공학에 대한 관심과 실제 연구가 증가하고 있다. 특수교육공학의 효율성이 확인되고 있다. 특히 보조공학장치가 주는 직간접적인 혜택들이 확인되면서, 특수교육현장에서 특수교육공학이 점점 필수적인 부분으로 인식되고 있다. 그러나 한국의 특수교육공학 연구 및 실제 활용은 아직 도입단계라고 할 수 있다. 이제는 한국의 특수교육서비스의 양적 성장과 걸맞게 질적 성장을 고민해야 할 때다. 그런 노력의 일환으로 특수교육공학에 대한 연구와 지원, 실제 활용이 절실히 요구된다고 본다. 이를 위해서는 무엇보다도 특수교육 일선 교사들의 특수교육공학에 대한 이론적 연구와 실제 활용의 실제적 기술이 요구된다. 또한 미국과는 달리 특수교육공학의 기기 및 서비스의 법제적인 보장이 되어 있지 않은 법적인 지원부분도 수정해야 할 과제다.

또한 국가수준의 특수교육공학 지원서비스 체제 구축도 요구된다. 특수교육현장에서 장애아동의 학습의 양과 질적 향상이 국가수준 교육과정의 목적달성을 가져다줄 것이다. 장애아동의 학습지원을 위한 가장 강력한 수단인 특수교육공학에 대한 폭넓은 연구 지원, 기존 상품화된 보조공학장치의 보급 지원, 새로운 보조공학장치의 요구 수용 및 실제 개발·보급·대여 등의 서비스가 필요하다고 제언해 본다.

〈이 장의 연구과제〉

1. 오늘날 특수교육 이론 및 실제 영역에서 특수교육공학의 위치와 역할에 대한 보고서를 작성해 보자.

2. 교육학 분야의 교육공학과 특수교육공학의 차이에 대한 간단한 보고서를 준비해 발표해 보자.

3. 보조공학으로서의 특수교육공학과 수업공학으로서의 특수교육공학의 두 팀으로 나누어 토론해 보자.

참고문헌

교육부(2007). 특수교육연차보고서.

교육부(2008). 특수교육연차보고서.

교육부(2009). 특수교육연차보고서.

교육부(2010). 특수교육연차보고서.

교육부(2011). 특수교육연차보고서.

교육부(2012). 특수교육연차보고서.

교육부(2013). 특수교육연차보고서.

교육부(2018). 특수교육연차보고서.

국립특수교육원(2018). 특수교육학 용어사전(개정판). 서울: ㈜도서출판 하우.

권충훈(2006). 특수교육공학을 활용한 교수·학습방법. 2006학년도 특수학교(초등)1
급 정교사과정II (pp. 179-188). 경기: 국립특수교육원.

김남진, 김용욱(2010). 특수교육공학. 서울: 학지사.

김남진, 김용욱(2017). 특수교육공학(2판). 서울: 학지사.

김승국(1996). 특수교육학. 서울: 양서원.

김용욱(2005). 장애학생을 위한 특수교육공학의 활용. 서울: 집문당.

김원경 외(2009). 최신특수교육학(2판). 서울: 학지사.

김정권, 한현민(공역).(1996). 특수아동의 이해와 교육. 서울: 도서출판 특수교육.

우이구(2005). 특수교육공학을 활용한 교수·학습 지도. 교원연수자료. 경기: 국립
특수교육원.

유승우, 임형택, 권충훈, 이성주, 이순덕, 전희정(2013). 교육방법 및 교육 공학(2판).
경기: 양서원

유승우, 임형택, 권충훈, 이성주, 이순덕, 전희정(2017). 교육방법 및 교육공학(제
3판). 경기: 양서원.

한현민(2001). 특수아동과 특수교육. 서울: 도서출판 특수교육.

「장애인 등에 대한 특수교육법」

「장애인복지법」

「특수교육진흥법」

AECT Definition and Terminology Committee. (2004). The meanings of educatinal technology.

Blackhurst, A. E., & Hofmeister, A. M. (1980). Technology in special education. In L. Mann & D. Sabatino (Eds.), *Fourth review of special education.* New York: Grune & Stratton.

Bryant, D. P., & Bryant, B. R. (2003). *Assistive technology for people with disabilities.* Boston, MA: Pearson Education, Inc.

Dick, W., Carey, L., & Carey, J. (2001). *The systematic design of instruction* (5th ed.), New York: Longman.

Galbraith. J. K. (1967). *The new industrial state.* Boston, MA: Houghton Mifflin.

Hallahan. D. P., & Kauffman, J. M. (2003). *Exceptional learners: Introuduction to special education* (9th ed.). Boston: Allyn and Bacon.

Heward, W. L. (2006). *Exceptional Children: An Introduction to Special Education* (8th ed.). Upper Saddle River, NJ: Person Education, Inc.

Heward, W. L. (2009). *Exceptional Children: An Introduction to Special Education* (9th ed.). Upper Saddle River, NJ: Person Education, Inc.

King, T. W. (1999). *Assistive technology: Essential human factors,* Needham Heights, MA: Allyn & Bacon.

Kirk, S. A., & Gallagher. J. J. (1979). *Educating exceptional children* (3rd ed.). Boston: Houghton Mifflin.

Lewis, R. (1993). *Special education technology: Classroom applications.* Belmont, CA: Wadsworth Pub.

Smith, D. D. (2004). *Introduction to Special education: Teaching in an age of opportunity* (5th ed.). Boston: Allyn and Bacon.

제 **2** 장
특수교육공학

보조공학으로서의
특수교육공학

〈이 장의 개요〉

이 장에서는 특수교육공학을 보조공학으로 인식하고 그 이해의 폭을 넓히고자 하는 내용을 중심으로 전개한다. 보조공학으로서의 특수교육공학은 주로 하드웨어적 접근이다. 보조공학으로서의 특수교육공학은 특수교육대상자들의 일상생활 및 교육활동을 지원하는 기계나 도구라고 판단한 것이다. 이 장의 주요 내용은 보조공학의 개념, 보조공학의 장치와 서비스, 보조공학의 유형, 특수교육현장에서 보조공학을 적용하기 위한 사정모델 등이다.

〈이 장의 학습목표〉

1. 특수교육공학을 보조공학으로 인식하고 이를 설명할 수 있다.
2. 보조공학장치와 보조공학 서비스를 구분하여 기술할 수 있다.
3. 주요 보조공학 유형들을 논리적으로 구분하여 간단한 표로 제시할 수 있다.
4. 특수교육대상자들에게 보조공학을 적용할 때 사용되는 보조공학 사정모델을 실제로 적용할 수 있다.

제1장 특수교육공학의 기초에서 특수교육공학의 개념을 '보조공학으로서의 특수교육공학'과 '수업공학으로서의 특수교육공학'으로 구분하여 접근하였다. 제2장에서는 보조공학으로서의 특수교육공학에 대한 이해의 폭을 넓혀 가게 될 것이다.

몇 해 전, SBS의 〈세상에 이런 일이〉라는 프로그램에서 심한 지체장애를 가진 택시기사님의 사연이 소개되었다. 소아마비를 가진 한 장애인이 운전 보조공학장치들을 이용하여 여유롭게 택시영업을 하는 감동적인 모습을 보여 준 것이다.

제2장에서는 특수교육공학을 '보조공학으로서 특수교육공학'으로 이해하는 입장에서 보조공학의 개념, 보조공학의 사정, 보조공학의 유형, 장애유형별 보조공학 적용 등을 확인해 보고자 한다.

1. 보조공학의 개념

보조공학(Assistive Technology: AT)은 우리나라에서 정확한 개념 정의를 하고 있지 않은 실정이다. 그런 관계로 보조공학이 지나치게 확대 또는 축소되어 이해되고 있는 측면이 있다. 보조공학의 확대해석은 특수교육공학을 보조공학으로 동일시하여 이해하는 것이다. 보조공학의 축소해석은 특수교육공학을 보조공학장치로만 보는 것이다(김남진, 김용욱, 2010).

1) 사전적 개념 정의

보조공학이라는 용어를 '보조'와 '공학'으로 분리하여 그 의미를 분명히 하고자 하는 작업을 진행해 보면 다음과 같다. 첫째, '보조'라는 용어를 『표준국어대사전』에서 찾아보면 다음과 같다.

보조(補助) | [보:조]

「명사」

1. 보태어 도움. [비슷한 말] 보비(補裨).

   예시) 보조가 끊어지다.

   　　　국가에서 보조를 받다.

   　　　친구는 삼촌의 보조로 대학을 마쳤다.

2. 주되는 것에 상대하여 거들거나 도움. 또는 그런 사람.

   예시) 보조 병력, 보조 수단, 보조 장치

둘째, '공학'이라는 용어는 제1장에서도 살펴보았듯이, 공학(technology)의 사전적 어원은 기예(craft) 및 기술(skill)을 뜻하는 'techne'와 학문을 뜻하는 'logos'의 합성어다. Galbraith(1967)는 공학의 개념을 "실제적 문제를 해결하기 위하여 과학적 지식 또는 조직화된 지식을 체계적으로 적용하는 것"으로 정의하였다.

보조공학은 국립특수교육원(2009)에서 발행한 『특수교육학 용어사전』에서 다음과 같이 정의되고 있다.

보조공학(輔助工學)

장애인이 직면하는 문제들을 개선하기 위한 보조공학기기, 보조공학 서비스, 그리고 그와 관련한 학문 분야 등을 의미한다. 보조공학기기(assistive technology devices)란 장애인이 과제나 작업을 할 때 그것이 없으면 할 수 없거나, 또는 더 쉽고 나은 방법으로 할 수 있게 해 주는 등 장애인의 기능적 능력의 개선, 유지, 확대에 필요한 도구나 물품 및 생산 시스템이다. 보조공학 서비스(assistive technology devices)란 보조공학 기기를 선택, 획득, 사용할 수 있도록 직접적으로 지원하는 서비스다. 보조공학이 활용되는 유형은 다음과 같다. ① 기초생활 지원, ② 의사소통 지원, ③ 신체지지 및 자세유지 지원, ④ 이동과 움직임 지원, ⑤ 감각 장애인을 위한 지원, ⑥ 환경적응 지원, ⑦ 교수 및 학습 지원, ⑧ 컴퓨터 사용 지원, ⑨ 여가활동 지원, ⑩ 주택 및 직장환경 지원이다.

2) 법률적 개념 정의

여기서는 보조공학의 개념 정의를 법적 근거에 기초하여 정리·제시하고자 한다. 우리나라의 특수교육 관련 법령에서는 보조공학에 대한 분명한 정의를 내리고 있지 않다. 1994년 전면 개정된 「특수교육진흥법」에서는 특수교육의 개념을 다음과 같이 제시하였다.

「특수교육진흥법」

제2조(정의)

1. '특수교육'이라 함은 특수교육대상자의 특성에 적합한 교육과정·교육방법 및 교육매체 등을 통하여 교과교육·치료교육 및 직업교육 등을 실시하는 것을 말한다.

이 정의에서 보조공학의 모습을 확인하여 보면, 보조공학을 '특수교육 대상자에게 적용하는 교과교육, 치료교육, 직업교육 등에 사용되는 교육 매체'로 이해하고 있는 것으로 파악된다.

현행 「장애인 등에 대한 특수교육법」에서는 보조공학과 가장 가까운 개념으로 '특수교육 관련 서비스'라는 용어를 사용하고 있다.

「장애인 등에 대한 특수교육법」

제2조(정의)

2. '특수교육 관련 서비스'란 특수교육대상자의 교육을 효율적으로 실시하기 위하여 필요한 인적 · 물적 자원을 제공하는 서비스로서 상담지원 · 가족지원 · 치료지원 · 보조인력지원 · 보조공학기기지원 · 학습보조기기지원 · 통학지원 및 정보접근지원 등을 말한다.

제28조(특수교육 관련 서비스)

④ 각급 학교의 장은 특수교육대상자의 교육을 위하여 필요한 각종 교구, 각종 학습보조기, 보조공학기기 등의 설비를 제공하여야 한다.

우리나라 현행 「장애인 등에 대한 특수교육법」에서의 보조공학의 모습을 확인하여 보면, 특수교육의 효율성을 위해 제공되는 보조공학기기, 학습보조기기, 정보접근 등으로 이해된다. 또한 각급 학교의 장은 이와 같은 특수교육 보조공학 관련 설비를 제공해야 한다는 것을 분명히 밝히고 있다.

2. 보조공학: 장치와 서비스

미국의 특수교육 관련 법령 중 보조공학에 관한 개념 정의를 한 최초의 법령은 '테크 액트(Tech Act)'로 더 잘 알려진, 1988년 제정된 「장애인을 위한 테크놀로지 관련 지원법(Technology-Related Assistance for Individual with Disability Act, PL 100-407)」이다. 이후 1990년 「장애인교육법(IDEA)」에서도 보조공학에 대한 개념을 정의하고 있다.

최근 이 두 법령은 각각 「1998년 보조공학법(Assistive Technology Act of 1998)」 과 「IDEA 2004(Individuals with Disabilities Education Improvement Act, PL 108-446)」로 개정되면서 보조공학에 대한 정의를 공유하고 있다. 또한 미국의 관련 법령에는 장애아동을 위한 공학의 광범위한 적용이 접근되어야 한다는 점, 그리고 보조공학의 범주에 물리적이고 장치적인 도구(보조공학장치)뿐만 아니라 이들을 적절히 제공하기 위한 서비스(보조공학 서비스)까지 포함되어야 한다는 점을 주장하고 있다(김남진, 김용욱, 2010).

1) 보조공학장치

미국에서 '테크 액트(Tech Act)'로 더 잘 알려진, 1988년 제정된 「장애인을 위한 테크놀로지 관련 지원법(PL 100-407)」에서는 보조공학장치를 다음과 같이 정의하고 있다.

> 보조공학장치란 상업적으로 기성화되고 개조된 여하를 막론하고 장애 아동의 기능적 능력을 증가, 유지 또는 향상시키기 위해 사용되는 어떤 부품, 장치의 일부분 또는 생산 시스템을 의미한다.

이 정의는 이동장애를 가지고 있는 사람들을 위한 전기휠체어에서부터 난독증을 지닌 아이들을 위한 난독증 치료 소프트웨어 프로그램에 이르기까지 다양한 부품이나 장치를 포함하고 있다. 보조공학장치에 관한 정의를 하는 데는 다음과 같은 세 가지 구성요소들이 있다. 그것은 무엇이며, 어떻게 만들어졌으며, 어떻게 사용되는가다.

Bryant와 Bryant(2003)는 보조공학장치에 관한 정의를 하는 데 다음 세 가지 구성요소들이 있다고 제시하였다. 그것은 무엇, 어떻게, 용도다.

첫째, 무엇(what)은 그 유닛 자체를 말한다, 그것은 하나의 아이템이 될 수도 있고(예를 들어, 시각장애인들이 움직이는 데 도움을 주는 후버지팡이), 하나의 장비도 될 수 있고(예를 들어, 어깨와 팔이 자유롭게 움직이도록 어린이의 몸통을 지지해 주는 코너 의자), 또는 어떤 생산 시스템(예를 들어, 음성 인식 소프트웨어를 지닌 컴퓨터와 컴퓨터에 말을 하면 그것을 문자로 바꿔 주는 마이크 부착물)이 될 수도 있다.

둘째, 어떻게(How)는 장치가 그 자체로 상점에서 파는 것인지(예를 들어, 판매상에게서 구입한 휠체어), 혹은 개조된 것인지(예를 들어, 모래사장에서도 사용할 수 있는 저압식 타이어를 장착한 휠체어), 그것도 아니면 주문 제작된 것인지(예를 들어, 고객의 특수한 필요에 맞추어 만들어진 휠체어)를 확인해야 한다. 여기서 중요한 점은 그 장치를 믿을 수 있는 판매자에게서 구입해야 하며 고객의 특수한 요구에 맞게 다른 장치와 응용할 수 있어야 한다는 것이다.

마지막으로, 용도(Use)는 사용자에게 알맞은 장치의 목적에 대해 다루고 있다. 장치는 사용자의 상태를 악화시키지 않도록, 기능을 강화하거나 현 상태를 유지하기 위한 용도로, 즉 장애를 가진 사람이 혼자서 할 수 없는 일을 할 수 있도록 하거나, 할 수 있는 일을 계속해서 할 수 있도록 도와주기 위한 것이다. 연방정부의 정의에 대한 실제적 해석은 다음과 같다. 즉, 보조공학장치란 장애인이 수행하기 어렵거나 하기 힘든 일을 할 수 있도록 도와주기 위해 구입하거나 제작한 기계다.

Bryant와 Bryant(2003)는 보조공학장치의 일곱 가지 유형을 제시하였는데, 자세잡기, 이동성, 보완/대체 의사소통장치, 컴퓨터 접근장치, 적응놀

이와 게임, 적응환경, 수업보조장치가 그것이다. Bryant와 Bryant의 보조
공학장치 일곱 가지 유형의 구체적인 내용은 다음 부분 보조공학의 유형
에서 자세히 제시하고자 한다.

2) 보조공학 서비스

「IDEA」(1997)에서는 보조공학 서비스를 다음과 같이 정의하고 있다.

> '보조공학 서비스'라는 용어는 장애를 가진 사람들이 보조공학장치를 선
> 택, 습득, 사용할 수 있도록 직접적으로 도와주는 것이다.
> - 각 개인의 일상적인 환경에서의 사람들에 대한 기능적 평가
> - 구매 또는 대여하기
> - 선택, 설계, 적응하기
> - 다른 치료방법이나 조정을 사용하거나 조화시키기
> - 장애를 가진 개인과 그 가족을 위한 훈련이나 기술적 보조
> - 전문가를 위한 훈련이나 기술적 보조

Bryant와 Bryant(2003)는 적응(adaption)이라는 용어를 많이 사용하였다.
그들은 적응은 수정이며, 수정이란 과제수행에 요구되는 필수적인 능력
이 없는 사람들에게 과제를 수행할 수 있도록 하는 것이라 하였다. 그들
이 말하는 적응은 보조공학장치로 이해할 수 있다. Bryant와 Bryant(2003)
는 보조공학장치의 선택, 사용, 적용 시 고려해야 할 사항을 제시하고 있
는데, 이런 고려사항을 보조공학 서비스로 볼 수 있다.

〈표 2-1〉 보조공학장치의 선택, 사용 시 고려사항

1. 적응의 목적
- 적응의 의도된 목적은 무엇인가?
- 적응이 필요한 특정 목표집단이 있는가?
- 어떤 과업을 위해서 적응이 사용되는 것인가(예를 들어, 읽기와 의사소통)?

2. 적응을 이용하기 위한 필요조건
- 사용자 또는 학생은 적응을 성공적으로 이용하기 위해서 어떤 능력을 갖춰야 하는가?

3. 환경적 접근가능성
- 적응은 다른 환경으로 이동이 가능한가?
- 적응은 쉽게 이동될 수 있는가?
- 여러 다른 환경에서 적응을 이용하기 위한 필요조건은 무엇인가(예를 들어, 전기, 가구)?

4. 공학적 요소
- 적응은 전자 하드웨어나 소프트웨어를 포함하는가?
- 목소리 입력이나 출력이 가능한가?
- 사용자 또는 학생이 적응을 이용하려면 키보드를 사용할 수 있어야 하는가?
- 적응이 다른 공학적 요소들과 호환되는가?

5. 사용의 용이성
- 적응장치의 이용법을 배우기 쉬운가?
- 배우는 데 시간이 걸리는 공학적 요소들이 있는가(예를 들어, 프로그래밍)?
- 적응의 활용은 개인의 독립성을 촉진하는가?

6. 트레이닝 조건
- 사용자와 가족, 교사는 적응을 이용하기 위해 어느 정도의 훈련이 필요한가?
- 트레이닝에 뒤따르는 프로그램으로 어떠한 것이 필요한가?
- 기술적 결함이 발견되었을 때 기술지원이 가능한가?

7. 유지 조건
- 적응은 얼마나 내구성이 있는가?
- 적응은 얼마나 신뢰성이 있는가?
- 적응을 계속 이용하기 위해서 어떤 정기적 유지작업이 필요한가?
- 누가 유지할 것인가?
- 문제를 바로잡기 위해서 유지 작업에 걸리는 시간은?
- 어떤 '대체품'이 있는가?

Bausch와 Hasselbring(2004)은 다양한 보조공학장치를 지원할 수 있는 보조공학 서비스 제공자가 갖추어야 할 역량을 제시하였다. 이런 부분을 통해 보조공학 서비스의 내용을 확인할 수 있다.

- 보조공학을 추천받은 학생의 진단 및 평가
- 진단 및 평가를 통한 가장 적절한 장치의 선택
- 학교 교직원 또는 개별교사와의 상담
- 특정 보조공학장치의 사용에 대한 학생, 교사, 가족의 훈련
- 개별화교육 계획팀 구성원들과의 협력
- 학교 교직원에게 전문성 개발 교육 제공
- 보조공학장치의 구입
- 통합교육을 위한 교직원 간의 협력
- 교육과정의 적응과 수정
- 사후점검 및 평가실시(김남진, 김용욱, 2010)

3. 보조공학의 유형

특수교육 관련 연구자 및 종사자는 특수교육대상자에게 도움을 줄 수 있는 보조공학의 다양한 유형에 대해 알고 있어야 한다. 여러 가지 유형을 알고 있다는 것은 다양한 특수교육대상자의 교육적 요구에 적절한 보조공학을 적용할 가능성을 높여 주기 때문이다.

1) 김용욱의 유형

일반적으로 특수교육에서 활용하는 공학적 접근은 크게 매체공학과 시

스템공학으로 분류할 수 있다(Blackhurst & Hofmeister, 1980). 매체공학은 다양한 도구의 사용에 초점을 맞춘 것이며, 시스템공학은 교수 · 학습 활동에 대한 체계적인 접근에 주목한다. 보조공학은 매체공학에 가까운 개념이며 분류다.

김용욱(2005)은 특수교육공학의 유형을 수업공학, 교수공학, 보조공학, 의료공학, 정보공학, 기타 공학도구로 분류하였다. 여기서 보조공학의 범주에 포함할 수 있는 것은 보조공학, 의료공학, 정보공학, 기타 공학도구라고 할 수 있다. 수업공학과 교수공학은 수업설계로서의 특수교육공학 영역으로 이해된다. 여기서 김용욱의 특수교육공학 분류 중 보조공학, 의료공학, 정보공학, 기타 공학도구를 간단히 살펴보면 다음과 같다.

보조공학(Assistive Technology)에는 다양한 형태의 서비스, 장애를 가진 학습자가 그들이 속한 환경에서 기능할 수 있도록 지원하기 위해 잘 설계된 도구들이 속할 수 있다. 보조공학은 기계, 전자, 마이크로프로세서가 내장된 장비, 그리고 비기계 및 전자보조기구, 특별한 교수자료, 서비스, 전략 등을 포함한다.

이와 같은 보조공학은 상업적인 제품 혹은 개인의 특성에 맞게 특별히 설계하여 직접 제작한 도구들이라 할 수 있는데, 예를 들어 의사소통을 지원할 수 있는 기기 및 서비스, 대체 키보드, 스위치, 언어치료사가 제공하는 서비스 등을 예로 들 수 있다.

김용욱(2005)은 특수교육대상자들에게 보조공학이 적용되었을 때 기대되는 장점을 제시하고 있다.

첫째, 학습의 효과성과 효율성을 높일 수 있다.

둘째, 환경에 대한 접근을 보다 용이하게 할 수 있다.

셋째, 직장에서 업무를 원활히 수행하게 할 수 있다.

넷째, 그들의 독립성을 향상시킬 수 있다.

다섯째, 그 외에 그들의 삶의 질을 향상시킬 수 있다.

의료공학(Medical Technology)은 특수교육대상자들을 위한 의료분야의 공학을 가리킨다. 공학의 발달은 의료분야에도 많은 진보를 가져왔다. 공학이 뒷받침된 외과상의 비약적인 발전은 특수교육대상자들을 보다 인간답게 살 수 있도록 돕거나 또는 병원이나 다른 의료 환경 밖에서도 기능할 수 있게 해 준다.

가정이나 일상생활에서 의료공학을 사용하는 사람들을 흔히 볼 수 있다. 또한 학교에서도 그런 학습자들을 볼 수 있는데, 어떤 학생들은 산소 공급을 하여 호흡을 보조해 주는 기계를 사용하거나, 공기의 통풍을 원활히 하는 장치 등을 사용한다. 이 밖에 잠재적인 생명의 문제에 대해 보호자에게 경고를 해 주는 호흡관찰 모니터, 파장산소 농도계 등과 같은 것들도 있다. 그리고 어떤 학생은 영양공급 보조기구를 활용하기도 한다. 튜브를 통하여 영양을 공급하도록 도와주거나 인공항문을 통해 배설을 도와주는 것 등이다. 또한 어떤 학습자들은 정맥치료기, 신장투석기를 사용하면서 교육 서비스를 받기도 한다.

정보공학(Information Technology)은 여러 가지 형태의 지식과 자료를 용이하게 수집 · 활용할 수 있도록 해 준다. 김용욱은 정보공학의 대표적인 예로 에듀넷(http://www.edunet4u.net)을 들었다. 에듀넷에서는 교사 및 학생들이 수록된 데이터베이스를 자신의 요구에 맞추어 쉽게 활용할 수 있다. 특히 일반교사 및 특수교사는 에듀넷에 있는 자료를 수업시간에 직접 이용하기도 하고 자신이 만든 자료를 쉽게 공유할 수도 있다. 또 다른 예로 ERIC(Educational Resources Information Center)의 데이터베이스, 국립특수교육원(http://www.knise.kr)의 데이터베이스 등을 들 수 있다.

기타 공학도구로는 앞서 언급한 공학의 유형 외에 여러 가지 공학적 도구와 서비스들이 관련 공학기술의 발전으로 새롭게 만들어지거나, 예전에는 다소 사용하기 힘들었던 것들이 보편화되어 가고 있다. 예를 들어, 데이터베이스 관련 프로그램은 누구나 손쉽게 자료를 저장하거나 관련할 수 있게 해 주며, 또한 신속하게 정보를 검색할 수 있도록 한다. 워드 프로세서 프로그램은 문서를 쉽게 생성·편집할 수 있게 해 주며, 전자우편 및 팩스 서비스는 문서자료를 먼 거리까지 쉽게 전달할 수 있게 해 준다.

2) Bryant와 Bryant의 일곱 가지 유형

Bryant와 Bryant(2003)는 보조공학장치를 일곱 가지로 구분하여 제시하였다.

〈표 2-2〉 보조공학장치 구분

구분	내용	주대상	참여 전문가
자세 잡기 (Positioning)	• 특정 기능 수행을 위한 적절한 자세 탐색	• 지체장애 아동 • 건강장애 아동 등	• 특수학교 교사 • 장애아동 부모 • 물리치료사 등
이동성 (Mobility)	• 이동 및 행동작용 보조 • 책장 넘기기, 비행기 탑승 등	• 지체장애 아동 • 건강장애 아동 등	• 특수학교 교사 • 장애아동 부모 • 재활 엔지니어 • 물리치료사 • 이동성 전문가 등
보완/대체 의사소통장치 (AAC)	• 발화 어려움 지원 • 비도구 사용 • 도구 사용	• 언어장애 아동 • 의사소통장애 아동	• 특수학교 교사 • 장애아동 부모 • 언어(치료) 전문가 • 일반 엔지니어
컴퓨터 접근장치 (Computer Access)	• 컴퓨터 접근 지원	• 시각장애 아동 • 청각장애 아동 • 지체장애 아동 • 지적장애 아동 • 건강장애 아동	• 특수학교 교사 • 장애아동 부모 • 컴퓨터 전문가 • 매체 전문가 • 일반 엔지니어 등

(계속)

적응놀이/ 게임 (Adaptive toys/games)	• 신체적·감각적 장애에 의해 또래집단과의 상호 작용 수준이 낮은 아동 지원	• 시각장애 아동 • 청각장애 아동 • 지체장애 아동 • 정서지체 아동 • 건강장애 아동 등	• 특수학교 교사 • 장애아동 부모 • 게임 전문가 • 일반 엔지니어 등
적응환경 (Adapive environment)	• 학습 – 사회 – 일상생활 의 편리성 지원	• 전 장애영역 아동	• 특수학교 교사 • 장애아동 부모 • 일반 엔지니어 등
수업보조장치 (Instructionall aids)	• 학교, 직장에서 학습하는 데 직접 사용되는 장치 지원 • 각종 개별교수 • 보조 장치	• 학습장애 아동 • 학습지진/부진을 동반하는 장애영 역의 아동	• 특수학교 교사 • 장애아동 부모 • 수업설계 전문가 • 컴퓨터 전문가 • 일반 엔지니어 등

출처: Bryant, D. P., & Bryant, B. R. (2003).

(1) 자세 잡기(Positioning)

사람이 특정 기능을 수행하는 데 가장 적절한 자세를 찾는 것이다. 이러한 기능은 한 장소에서 다른 장소로 움직이는 것, 대화 중에 앉는 것, 음식을 먹는 것, 잠자는 것 등을 함의한다고 볼 수 있다. 장애인들은 특이한 신체적 조건을 가지고 있기 때문에 일상적인 기능을 수행할 때 그들의 특별한 신체적 특성에 맞게 최대한 편하고 효율성이 허용되는 것을 채택해야 한다. 직업적 물리치료사는 자세 잡기를 다루는 중요한 전문가 집단이다.

(2) 이동성(Mobility)

문자 그대로 움직이는 행동을 뜻한다. 인간은 행동하는 피조물이기 때문에 이동성이야말로 책 페이지를 넘기는 것에서부터 비행기에 탑승하는 것에 이르는 모든 것을 가능하게 해 주는 것이다. 이러한 보조장치는 다양한 환경에서 사람들이 움직일 수 있도록 이동성을 촉진시켜 준다. 대부분 사람이 보조장치의 이동성에 관해서 생각할 때 휠체어 등을 떠올리지만, 이동성 장치는 아이들의 스쿠터 보드나 전자방향 찾기나 의족이동성 도우미 등도 포함한다. 재활엔지니어, 물리치료사, 방향성 및 이동성 전문가, 그리고 엔지니어들은 이동성에 관한 사안이 토론될 때 아주 중요한 팀 구성원이다.

(3) 보완/대체 의사소통장치(AAC)

발화에 어려움이 있는 사람들도 서로 의사소통을 할 수 있도록 도와준다. 한번은 어떤 전문가가 말을 못 하는 사람들을 지칭할 때 '비언어적'이라는 용어를 사용했다. 그러나 'aug com'이라는 대체 의사소통장치 덕분에, 오늘날 '비언어적'이라는 단어의 사용은 시대에 뒤처지고 적절치 않게 되었다. aug com 장치를 의사소통에 사용하는 사람들의 이야기는 때때로 깊은 감동을 전하기도 한다. 난생처음으로 말로써 그들의 사랑을 확인해 보는 감동적인 일화에 대해 들어 보았을 것이다. 이처럼 보완/대체 의사소통장치가 이러한 목적 또는 다른 목적으로 사용될 때 갖는 영향력에 대해서 쉽게 알 수 있다.

(4) 컴퓨터 접근장치(Computer access)

장애로 인해 컴퓨터에 정상적인 접근이 불가능한 사람들이 컴퓨터를 사용하도록 도와준다. 예를 들어, 신체장애를 가진 사람들은 키보드를 통해 정보를 입력하는 기존의 방식 대신에 광선을 이용하여 단말기를 작동시키거나 움직이게 할 수 있다. 또는 스틱을 입에 물면 공기가 나오게 되어 키보드를 눌러 컴퓨터를 작동시킬 수 있다. 그리고 그들은 마이크를 사용하여 컴퓨터에 무슨 기능들을 사용할지를 명령하기도 한다. 시각장애인들이 컴퓨터를 사용하기 위해서는 다른 출력방법이 요구되는데, 문서를 말로 읽어 주어 컴퓨터에 접근할 수 있게 하는 방법은 중요한 기능이다. 컴퓨터에 접근하는 것은 다른 나라의 사람들과 의사소통을 하기 위한 일반적인 워드 프로세스에서부터 데이터 분석에 이르기까지 모든 종류의 사용을 가능하게 한다. 일반적으로 교육자들과 사회복지 전문가들은 이러한 영역에 도움을 주기 위해 참여하고 있다.

(5) 적응놀이와 게임(Adaptive toys/games)

장애를 가진 아이들이 게임을 하거나 장난감을 가지고 놀 수 있는 기회를 줌으로써 이러한 활동과 연관된 인지능력을 발달시킬 수 있도록 한다. 아이들은 놀이를 통하여 초기 인지발달을 이루어 나간다는 것은 누구나 안다. 앉고 서는 데 장애를 가진 아이가 친구들과의 놀이에서 소외되고 있음을 보았다면 그러한 소외가 아이들의 사회적·인지적 발달에 영향을 준다는 것 또한 잘 알고 있을 것이다. 반대로, 신체적 또는 감각적 차이점에도 불구하고 아이들이 어울려 놀고 있다면 보기 즐거운 광경일 것이다(몇몇 독자는 '보기 즐거운 광경'이 다소 과장의 느낌을 주는 표현이라고 여길지도 모른다. 그러나 일상적으로 노는 무리에서 소외되어 온 아이들이 친구들과 어울려 노는 장면을 독자들에게 직접 지켜보도록 함으로써 또 다른 어떤 결론을 내릴 수 있을 것이다).

(6) 적응환경(Adaptive environment)

어떤 사람이 매일 공부도 잘하고 학교생활에서 다른 사람과 잘 놀 수 있는 환경을 자기 마음대로 조작할 수 있는 장치나 도구의 사용을 의미한다. 예를 들어, 대다수의 사람은 소파에서 일어서는 수고 없이 TV 채널을 바꾸기 위해 리모컨을 사용한다. 장애를 가진 사람들 또한 똑같이 그러한 일을 하거나 불을 켜거나 끌 수 있고, 초인종을 누를 수 있고, 자기 침대를 정돈할 수 있고, 집에서나 학교 또는 직장에서 다양한 활동을 수행할 수 있다. 우리는 항상 '간단한 장치들(gad-gets)'을 이로운 장난감이라고 생각한다. 현실적으로 그러한 장난감들이 장애를 가진 사람들로 하여금 다양한 환경에서 자신의 능력을 '향상, 유지, 개선'시킬 수 있도록 도와주는 보조공학장치가 된다.

(7) 수업보조장치(Instructional aids)

학교에서 학생을, 직장에서 직원을 교육할 때 도움이 된다. 이러한 수업 보조장치들은 또한 성인이 새로운 생활을 시작할 때 기능생활능력 훈련에도 도움을 준다. 어떻게 응용되든지 간에, 이러한 광범위한 분류항목에는 학습을 용이하게 하는 데 도움이 되는 장치들과 적응기술들이 포함되어 있다. 수업보조장치는 개인의 기능적 한계들을 보충해 주는 데 쓰이는 기술(예를 들어, 정보접근을 가능케 하는 독서 검색 프로그램)과 치료목적들로 쓰이는 기술(예를 들어, 수학 또는 독서 교육용 프로그램)을 포함하고 있다.

보조공학장치의 종류들은 종종 중복된다는 점을 주의해야 한다. 예를 들어, 자세잡기 및 이동성은 서로 긴밀하게 얽혀 있다. 적응 장난감들과 게임, 그리고 수업보조장치들도 마찬가지다. 따라서 대체할 만한 적응장치를 찾거나 분류 항목들에 대해 논의할 경우 보조공학장치들을 다룰 때는 항상 폭넓은 관점을 유지해야만 한다.

3) 보조공학 연속선상의 분류

Blackhurst(1997)는 보조공학장치에 적용된 기술력의 정도에 따라 고급, 중급, 저급, 무(無) 테크놀로지로 구분하고 있다.

- **고급 테크놀로지**(high-technology)
  - 컴퓨터, 상호작용 멀티미디어 시스템 등의 정교한 장치
- **중급 테크놀로지**(medium-technology)

- 비디오 장치, 휠체어 등의 덜 복잡한 전기장치 혹은 기계장치
- **저급 테크놀로지(low-technology)**
  - 덜 정교화된 기계 혹은 장치
- **무(無) 테크놀로지(no-technology)**
  - 장치나 기기를 포함하지 않음
  - 체계적인 교수절차의 사용 혹은 물리치료사나 작업치료사와 같은 관련 서비스

4) 보조공학의 특성에 따른 분류

여기서는 보조공학의 특성이 관점에 따라 어떻게 다르게 구분될 수 있는지를 확인한다. 오길승 등(2009)의 『보조테크놀로지의 원리와 실제』라는 책에서는 다음과 같이 보조공학을 분류하고 있다.

(1) 보조 대(對) 재활(또는 교육) 테크놀로지

테크놀로지는 크게 두 가지 목적에 사용된다. 돕는 것(helping)과 가르치는 것(teaching)이다. 어떤 사람이 기능적인 활동을 수행하도록 돕는 테크놀로지는 보조 테크놀로지라는 용어로 불린다. 테크놀로지는 교육이나 재활과정에서도 사용될 수 있다. 이러한 경우에 보통 테크놀로지는 전체적인 교육이나 재활 계획 중의 한 부분에 불과하다.

(2) 초급에서부터 고급 테크놀로지

이를 정확하게 구분할 수 있는 선을 설정하기는 어렵지만, 만들기가 간단하고 구하기 쉬워 구입비용이 비싸지 않은 기구를 보통 '초급' 테크놀로지 기구라고 하며, 반대로 만들기 어렵고 구하기 어려워 구입비용이 비싼 기구를 '고급' 테크놀로지 기구라고 한다.

(3) 하드 및 소프트 테크놀로지

보통 하드 테크놀로지는 구입하거나 수집이 가능하여 쉽게 이용할 수 있는 것을 말한다. 하드 테크놀로지에는 간단한 마우스 스틱에서부터 컴퓨터, 소프트웨어 등까지 해당한다. 반면에 소프트 테크놀로지는 의사결정, 전략, 훈련, 개념형성 등과 같은 인간적인 영역을 말한다.

(4) 실용제품 대(對) 도구

실용제품이란 '각 사람의 기술수준에 상관없이 사용할 수 있고, 그로 인해 그 사람에게 유익을 제공할 수 있는 기구'를 가리킨다. 반면에 도구는 그것을 사용하기 위해 어느 정도의 기술개발을 해야 한다. 예를 들어, 냉장고는 실용제품이고 기계톱 등은 도구다.

(5) 최소에서부터 최대 테크놀로지

보조 테크놀로지 서비스는 다양한 수준의 욕구를 충족시키기 위해 모색되고 고안된다. 어떤 경우에 보조 테크놀로지 기구는 일정한 과제를 수행하는 능력을 보완하거나 증대시키기 위해 사용된다. 반대로 어떤 보조 테크놀로지는 단순히 장애인의 잔존 기능을 보완하거나 증대시키는 수준이 아니라 그의 기능을 완전히 대체하기 위해 사용된다.

전통적으로 최소 테크놀로지와 같이 기능의 일부를 보완하거나 증대시키기 위한 기구는 보조기(輔助器, orthotic devices)라고 하고, 최대 테크놀로지와 같이 신체부위를 구조적으로, 기능적으로 완전히 대신하거나 대체하기 위해 사용되는 기구는 의장구(儀裝具, prosthetic devices)라고 한다.

(6) 일반적 대(對) 구체적 테크놀로지

일반적인 목적의 테크놀로지에는 자세유지 시스템, 제어 교류장치, 컴퓨터 등이 해당한다. 이러한 것은 광범위한 영역이나 분야 등에 활용되기 때문에 일반적 목적을 가진 것으로 분류된다. 반면 구체적인 목적의 테크놀로지란 특정 영역에서의 수행을 증진시키기 위해 개발된 기구를 말한다. 예를 들어, 의사소통기구, 수동 및 전동 휠체어, 음식 공급기, 청력보조기, 이동보조기 등이 있다.

(7) 상업적으로 시판되는 것에서부터 주문 제작되는 테크놀로지

상업적으로 시판되는 기구는 대량생산이 가능한 기구라는 것을 의미한다. 여기에는 일반 대중을 위해 개발된 상업용 기구와 장애인을 위해 개발되었지만 대량생산이 가능한 보조 테크놀로지 기구가 모두 포함된다.

상업적으로 시판되는 기구가 어떤 장애인의 욕구를 충족시킬 수 없다면 그것을 개조하거나 변형시킬 수 있다. 개조나 변형은 간단할 수도 있지만 복잡할 수도 있다. 상업적으로 시판되지 않거나 개조나 변형이 불가능할 경우, 누군가가 직접 손으로 장애인에게 필요한 보조 테크놀로지 기구를 만들어야 한다. 이 경우 대량생산이 불가능하기 때문에 상업적으로 시판되는 기구보다 단가가 비싸진다.

4. 보조공학 사정

1) 보조공학 사정의 이슈

(1) 일반적인 이슈

대부분의 사정(査定)은 그 프로그램의 강점과 약점을 확인하고, 효율성을 결정하고, 기록 작업을 하고, 중재를 선택하고, 조사를 시행하기 위해서 이루어진다. 실제로, 보조공학 사정은 이 모든 이유로 이루어지고 있다. 이 부분에서는 사정이 이루어질 때 고려되어야 할 사정의 기본적인 개념들을 확인한다. 즉, 신뢰도, 타당도, 그리고 기준을 포함하는 기초적인 사정 개념을 확인하는 것이다.

신뢰도는 특별한 부분을 측정하는 사정도구(예: 시험, 평정척도, 관찰체크리스트)의 일관성에 따라 밝혀진다. 보조공학 사정 동안, 검사도구가 내일이나 그다음 날 시행된다고 해도 오늘과 같은 결과가 얻어지도록 평가도구가 일관된 값을 산출한다는 것은 중요하다. 신뢰성 없는 도구가 사용되어졌을 때, 수반하는 결정을 무효화시키고, 자료가 잘못되었다는 것이 드러난 획득된 자료로 중요한 결정이 내려질 수 있다.

타당도는 도구로 측정하려는 것을 측정했을 때 밝혀진다. 교사가 학생의 읽기 능력에 대한 평정척도를 활용할 때, 보조공학 평가 팀은 척도의 결과가 학생의 읽는 기술을 나타낼 것이라고 기대한다. 만약 학생이 읽기 요청을 수행했을 때 훌륭하게 읽는 사람으로 판명되었음에도 척도의 결과가 서툴게 읽는 사람으로 나타낸다면, 척도의 결과는 타당하지 않은 것이다.

모든 평가는 **규준체계**(a frame of reference)가 있다. 규준 참조검사는 학생의 수행능력을 남학생이나 여학생의 또래집단과 비교한다(예: 검사의 표준화 또는 표준의 샘플). 표준 규준검사는 세부적인 기술의 숙달에 관한 수행능력을 평가한다. 규준이 없는 검사는 대신해서 개인의 내재된 수행능력에 대한 정보를 제공한다. 규준이 없는 측정의 예는 읽기실수분석표와 수학 문제들의 오류분석표다.

(2) 특수한 이슈

보조공학 사정은 일반적인 이슈들 이외 몇 가지 이슈들을 요구하게 된다. 첫째, 사정은 반드시 생태학적이어야 한다. 둘째, 보조공학 사정은 실용적이어야 한다. 셋째, 사정은 반드시 계속적으로 이루어져야 한다.

- **생태학적인 사정** 생태학적인 사정은 핵심적인 철학으로서 어떤 종류의 행동도 혼자만의 장소나 고립된 상태에서 일어나지 않는다는 인식을 갖고 있다. 그래서 행동이 발생하는 인간의 다양한 환경을 고려한다. 생태학적인 사정은 특이하게 보조공학에 잘 맞는다. 장치들이 다양한 경우와 다수의 중요한 사람들과 관련되어 사용되기 때문이다(예: 전문가, 동료, 가족 구성원). 결과적으로, 효과적인 사정은 사용자에게 영향을 끼칠 사람들과 장치가 사용될 다양한 상황을 고려해야 한다.

- **실천적인 사정** 보조공학 사정에 대한 기대를 가지고, 우리는 이것의 사전적 의미로서 '실천적인'이라는 용어를 사용한다. "실행하거나 행동하는 것과 관련되거나, 관계하는 것". 그래서 생태학적인 사정 아래서 나오는 생각들은 학생들의 행동이 나타날 상황(예: 교실, 직장)에서 장치들을 사용함으로써 현실적으로 계속되어야 한다. 실천적인 사정은 사용자들이 자연적인 환경에서 장치들을 사용하면서 경험을 얻는 것과 동시에, 장치로 훈련을 받는 것을 허용한다. 실천적인 사정은 또한 또 다른 보조공학 서비스가 있는 사용자들의 복합적인 환경에서 다양한 사람들(예: 선생님들, 동료들, 관리자들)과 함께 행해질수 있게 장치로 훈련하는 것을 허락한다. 장치가 선택되고 사용자에게 맞춰진 후, 사정은 장치들이 사용될 복잡한 상황에서 계속된다.

- **계속적인 사정** 사정의 주요 목적은 장애의 존재를 서류화하는 것과 대체 할 만한 적격성 여부를 결정하는 것이다. 그러한 사정은 보통 한 번에 행해지고, 그 정보는 학생의 문서의 목적과 자료를 위해 안전하게 보관된다. 반면에, 보조공학 사정은 끝이 없다. 사정이 한 가지 형식이나 다른 형식으로 계속된다. 사정팀의 결정이 정확하고 장치가 효과적이고 올바른 방향으로 사용되고 있는지 확인하기 위해 장치의 사용이 감시되고 지속적으로 평가되기 때문이다.

이런 내용의 과정을 통해 우리는 기능적 제한이 있는 사람을 도와주기 위한 보조공학의 이점을 논의한다. 이 기술이 효과적이기 위해서는 개인적으로 잘 맞아야 한다. 다른 장치 및 서비스와 개인적으로 잘 맞물려야 한다. 또한 공학 적용이 효과적임을 확실시하기 위해, 즉 가정한 대로 적용이 개인에게 이익이 되고 있다는 것을 지속적으로 평가해야 한다. 보조공학을 가정시험으로서 사용하는 것에 대한 생각은, 언급한 대로 가정을 검사하는 것이다. 이런 관점에서, 보조공학 사정팀은 특정한 장치가 관련 장애와 기능적 제한을 보상하는 데 개인에게 이익을 될 것이라는 가정을 세운다. 가정은 그 또는 그녀가 배우고, 공부하고, 활동하는 환경에서의 개인과 환경에 대한 평가를 마친 후에 세워진다. 때때로 가정이 옳다는 것이 증명된다(즉, 장치가 도움이 되는). 그러나 때때로 가정은 틀리기도 한다(즉, 장치가 기대한 수행결과를 나타내지 못하는). 한편 비판적이기 때문에 아직도 너무 자주 간과되는 평가요소인 가정은 반드시 끝없이 지속적으로 평가되어야 한다.

5. 보조공학 사정모델

Bryant와 Bryant(2003)는 특수교육대상자들이 주어진 과제를 해결할 수 있도록 하는 많은 방법 중의 한 가지인 보조공학에 대한 책을 집필하였다. 이 책에서 적응이란 수정이고, 여기서 말하는 수정이란 과제수행에 요구되는 필수적인 능력을 가지지 못한 사람들이 과제를 해결할 수 있도록 하는 것이다. 그들은 보조공학을 포함하는 적응의 사용을 고려하고, 선택하고, 평가하는 적응 프레임워크를 논의하였다.

여기서는 적응 프레임워크라는 생소하고 어려운 용어보다는 보조공학 장치 및 서비스를 특수교육현장에 적용할 때 사용되는 사정모델로 이해하고, 대표적인 사정모델들을 살펴보고자 한다.

1) Joy Zabala 모델

Joy Zabala는 보조공학 실천가, 전문 개발자, 그리고 보조공학 및 리더십 분야의 전문가다. 그녀는 독립된 실천가로서 주정부 교육부, 학교, 보조공학 기술 소비자, 그리고 그 밖의 미국 전역과 해외에 전문적인 서비스를 제공하고 있다. 그녀는 또한 미국 여러 주정부와 연방정부의 연구 과제 고문 및 자문위원회 위원으로 활동하고 있다. 그녀는 QIAT(Quality Indicators for Assistive Technology, http://indicators.knowbility.org/)연합과 SETT 프레임워크의 창립위원이기도 하다. QIAT는 전 세계의 보조공학 전문가와 사용자, 그리고 사용자의 부모가 질문과 답을 해 놓은 뉴스그룹이다.

Joy Zabala의 SETT 모델은 학생(Student), 환경(Environment), 과업(Tasks), 도구(Tools)의 머리글자를 따 명명한 모델이다. 이 모델은 특수교육현장에서 교사 및 관리자가 보조공학장치 및 서비스를 적용할 때 매우 단순하면서도 나름 효과적이다.

SETT 모델은 [그림 2-1]과 같이 정리하여 제시할 수 있다.

[그림 2-1] Joy Zabala의 SETT 모델

2) Bryant와 Bryant 모델

Joy Zabala의 SETT 모델은 보조공학 장치 및 서비스를 적용할 때, 매우 단순하면서도 나름의 효과성을 기대할 수 있는 모델이다. 그러나 지나치게 요소 제시형인 모델로서 특수교육현장에서 교사나 보호자가 적용하기에는 한계가 있다.

Bryant와 Bryant(2003)는 보조공학 장치 및 서비스의 사정모델로 SETT 모델보다는 더 체제적이고 역동적인 모델을 제시하였다. 그들의 보조공학 사정모델을 그림으로 제시하면 [그림 2-2]와 같다.

[그림 2-2]는 Bryant와 Bryant(2003)의 책에 나와 있는 표를 구조화하여 그려 본 것이다. 원래 책자에 나와 있는 표와 보조공학 사정의 예를 보면 다음과 같다.

[그림 2-2] Bryant와 Bryant의 보조공학 사정모델

〈표 2-3〉 Bryant와 Bryant의 보조공학 사정모델과 그 적용의 예

상황별 구체적인 요구사항		개인별 독특한 특성		적응
과업	필수능력	기능적 능력	기능적 한계	단순한 것에서부터 복잡한 것으로
양치하기	• 칫솔과 치약 잡기 • 칫솔에 치약을 짜기 • 이 닦기 • 입 헹궈 내기	• 시각 • 청각 • 인지적인 과업 완수능력	• 잡기 • 세부적인 움직임 • 난이도 계열화하기	• 조정된 손잡이 • 단계별 점검표 • 전동칫솔

Bryant와 Bryant의 보조공학 사정모델은 특수교육현장에서 다양한 교육적 요구를 가진 특수교육대상자에게 과업성취를 지원하기 위한 보조공학 장치 및 서비스를 선정하는 데 큰 도움을 줄 수 있을 것으로 기대된다. 또한 이 모델은 특수교육대상자뿐만 아니라 일반학생들의 교수 · 학습 활동 지도에도 적용하면 학습력 향상에 큰 도움을 줄 수 있을 것으로 기대된다.

3) Raskind와 Bryant 사정모델

보조공학 사정은 시간과 상황들에 걸치는 다양한 요소에 대한 역동적인 상호작용을 인지하는 다각적인 사정모델을 포함해야 한다. 이미 제시한 바와 같이 보조공학장치를 선택하고자 할 때 다음과 같은 요인 등이 반영된다.

- 사용자의 특별한 강점, 약점, 특별한 능력, 선행되는 경험 또는 지식, 흥미
- 수행되는 특별한 과업(예: 읽기, 쓰기, 운동 등)
- 특별한 장치의 질(예: 신뢰성, 편안함, 기술적 지지, 가격)
- 특별한 상호작용 내용[예: 장소(학교, 집, 직장) 시간(한 학기 또는 평생)]

Raskind와 Bryant(2002)는 다음 [그림 2-3]과 같은 보조공학 사정모델을 제시하였다.

(1) 과업

지구상에서 숨 쉬고 살아가면서 사람들은 매우 많은 기능과 일을 한다. 이것들은 개인적 기능, 학업적, 놀이, 일에 속하고 그 이상이기도 하다. 제2장에서 본 것처럼 각각의 일은 더 큰 일을 이루게 하는 필수적 기술(사

TASKS(과업) 수행되는 구체적인 과업/기능들 (예: 읽기, 쓰기, 기억력), 그리고 과업들 과 관련된 필수적인 기술들	INDIVIDUAL(개인) 개인의 구체적인 강점, 약점, 특별한 능력, 선행 경험 또는 지식, 그리고 흥미
DEVICE(장치) 구체적인 장치 (예: 신뢰성, 작동 용이성, 기술적인 지원, 가격)	CONTEXT(상황) 구체적인 접촉의 상황 (학교, 집, 공부하는 환경에 걸친 반년 또는 평생의 같은 시간에 관한)

[그림 2-3] Raskind와 Bryant의 보조공학 사정모델

실, 더 작은 일들)을 갖고 있다. 생태학적 사정의 부분은 어떤 일이 행해졌는지, 어떤 상황에서 무슨 내용의 과업이 이루어졌는지, 그러한 상황에서 누가 의미 있는 사람인지 밝히는 일이다. 이런 일(과업)들의 문서는 개인의 삶과 활동들을 상황에 맞게 계획하는 것을 제공한다.

(2) 상황

보조공학 사정을 도입했을 때 상황은 주요한 고려점이다. 구체적인 상호작용 상황(학교, 집, 그리고 학습 환경; 그리고 그것이 반년 만에 끝날지, 평생할지)들이 보조공학기구가 개인의 하루하루의 일과에 얼마나 잘 맞는지를 사정팀이 조사하는 것에 의해서 평가되어야 한다. 사정팀이 보조공학도구가 개인의 일상생활에 얼마나 잘 맞는지, 예를 들어 한 소년이 휠체어를 사용한다면 그의 운동성 필요에 따라 그가 가는 모든 다양한 장소가 고려되어야 할 것이다. 그의 학교 친구들은 어떻게 배치되어야 할 것인가? 그의 집은 어떻게 생겼을까? 어떤 보조장치가 필요할 것인가? 확실히 많은 질문을 받게 될 것이다. 만일 어린 소녀가 논쟁적인 의사소통장치를 사용한다면 그녀의 의사소통 필요를 충족시키기 위해 그 장치에 무엇이

장착되어야 할 것인가? 누가 그녀의 의사소통 파트너가 될 것인가? 그 장치를 어떻게 귀에 잘 맞게 할 것인가? 그녀가 사는 곳 이내에서 이런 내용과 관련해 질문이 생길 것이다. 이런 또는 다른 질문들이 고려될 때 사람과 기술은 더욱 정확한 관점에서 만나게 된다.

(3) 개인

장치를 사용하게 될 개인이 사정의 중점이다. 개인의 특수한 강점과 다양한 분야에서의 기능적 제한(예: 감각, 감정, 인지적, 운동적) 이전의 경험, 그리고 흥미 등 이러한 모든 것이 사정팀에 의해 평가되어야 한다. 개인의 누적된 기록은 이런 모든 영역에서 우선 고려되는 정보일 것이다. 예를 들어, 특수한 교육을 받아 온 고등학생이 3학년 때 평가받은 이후로 학창시절 내내 12번도 넘는 재평가를 받아 왔다. 그리고 수년에 걸친 많은 일화적인 자료가 있다. 부가적인 사정을 하기 전에 이러한 자료는 전체적으로 재검되고 자료는 추출되어야 한다. 만일 부족한 점이 나타나면 부가적인 자료수집의 필요가 나타나고, 부가적인 평가가 치러져야 한다.

(4) 장치

보조공학 사정팀은 선택할 수 있는 장치가 많다. 팀 구성원이 사정하는 동안 사용할 수 있는 잠재적 기술로 시작할 수 있기 때문에 좋은 점이다. 불행히도, 모든 보조공학장치가 똑같이 창조된 것은 아니다. 장치 자체가 평가되는 것이 필요하다. Raskind 와 Bryant는 장치의 유형을 시험하는 데 사용될 수 있는 척도를 만들었다. 보조공학 사정팀 구성원은 그들이 묘사한 장치의 유형을 위한 체크리스트를 만들어야 한다. 개인적 경험, 문학적 재검토, 사용자와의 인터뷰를 통해 보조공학 사정팀 구성원은 장치의 다양성을 평가할 수 있고, 의견을 결정할 때 그 평가를 이용할 수 있다.

6. 보조공학 적용 고려사항

특수교육전문가가 특수교육에서 보조공학을 실제로 적용할 때, 여러 가지 요인 및 문제를 조망감 있게 살펴보는 것이 중요하다. 모든 보조공학의 적용 시 고려되어야 할 사항을 살펴보면 다음과 같다.

1) 다양한 상황의 고려

미리 언급했듯이, 어떤 장치가 사용될 곳에서의 다양한 상황을 살펴보는 것이 중요하다. 그렇게 하기 위해 각 개인이 일하고 노는 곳에서의 다양한 상황을 파악할 수 있어야 하며, 기대되는 일들을 수행하기 위해 필요한 기술들을 조사할 수 있어야 한다. 평가자는 각 일이 조사된 각기 다른 상황들 속에서 행해지는 과정에서의 빈도(매일, 매주 또는 매달)를 파악하게 된다.

또 이전 단락에서 파악된 환경들을 아우르는 보조공학장치의 잠재적 유용성을 예상하길 희망할 것이다. 이 부분에서 조사된 영역들은 시간에 대한 장치들의 보상의 효과, 호환성, 사회적 정합성, 이동성, 지지 요구사항, 잠재적 적절성 등이 될 수 있을 것이다(Raskind & Bryant, 2002). 공학이 한 번 파악되고 실행되면, 우리는 그 공학의 적용이 미리 파악된 환경들을 가로질러 일반화되는 정도를 조사하고 싶어 할 것이다.

2) 강점과 약점에 관한 고려

다양한 학업적·인지적 과업들을 가로지르는 각 개인의 강점과 약점을 파악하는 것 역시 중요하다(예: 듣기, 기억, 조직, 신체적·운동 근력). 각 개인의 행동을 아는 사람은 흥미영역에서의 개인능력을 평가할 수 있을 것이다. 생태학적 전망을 얻기 위해서는 그러한 수준의 장치를 완성하기 위한 한 명 이상의 평가자가 더 나을 것이다.

그 장치로부터의 정보는 보조공학에 의해 기인될 수 있는 잠재적 영역의 어려움들을 파악하기 위해 사용될 수 있다. 또한 조사는 특정 어려움에 대처하기 위해 강조될 수 있는 장치에 대해 강한 영역들을 파악하는 것을 도와줄 수 있다. 세팅을 위한 요구사항들이나 필요한 능력들이 학생을 위해 파악되고 강점과 약점들이 고려되어야 하는 상황에서 이것은 특히 중요하다.

3) 공학 경험에 관한 고려

보조공학장치 경험 이전의 개개인을 파악하는 것 역시 도움이 될 수 있다. 사정팀 구성원은 평가될 개인과 대화를 해야 한다. 토의에 근거하여, 조사자는 특정 장치들을 사용하는 곳에서의 개개인의 특이사항들을 평가하게 된다. 이것은 언어 구사, 독서, 기억, 유동성, 조직성 등의 영역들에서 느끼는 어려움을 상쇄하기 위한 잠재력을 가진 다양한 장치를 파악함으로써 성취될 수 있을 것이다.

4) 공학 특성에 대한 고려

보조공학 사정에서 자주 간과되는 한 요소는 바로 장치 그 자체다. 이미 언급했듯이 사람들은 특정 장치가 행해져야 하지만 기술 의존성, 기술적 지원, 기록, 질의 우수성이 보이지 않을 때 좌절할 수 있다. 신뢰성, 목적의 효과, 호환성, 선별, 동작의 용이성, 기술적인 지원 등 영역의 사정에서 사용되는 특정 장치들을 조사하는 것 역시 중요하다. 우리는 기술은 믿을 수 없는 것이고 쇼룸에 남겨진 최상의 것이라는 점을 주지시킨 Raskind와 Bryant의 의견에 동의한다.

5) 개인과 공학의 조화에 대한 고려

모든 보조공학 사정은 특정 어려움들을 상쇄하고 특정 업무들을 수행하는 동안에 이루어지는 각 개인과 장치 사이의 상호작용을 조사해야 한다. 일련의 질문들이 상호적 효과, 흥미, 사용의 용이성, 작용적 용이성 또는 숙달, 행동적 반응(Raskind & Bryant, 2002) 등과 관련하여 질문될 수 있다. Raskind와 Bryant는 정확성/질, 스피드/효율, 용이성 등을 강화하기 위한 장치의 성능을 조사하기 위해서 장치의 원칙에 대해 안내한다. 앞서의 요건들의 기술적 능력들은 각 개인의 강점과 소질 등을 파악하기 위한 것이며, 그 기술들이 제대로 작동하지 않거나 검사 대상자가 그 기술을 사용하는 데서 오류를 범할 때 각 개인이 그때의 난점들을 어떻게 잘 극복하는가를 평가한다. 이때의 또 다른 특정 관심사는, 평가 대상자가 그 기술의 가치를 제대로 인식하는지, 기술 사용에 흥미를 느끼는지 등에 관한 것이다. 기술의 효과는 대상자가 관심을 보이지 않거나 무감각할 때 논쟁상의 문젯거리가 된다. 또한 대인기술 매치는 장치의 존재 유무와 함께 개인의 비교 내용을 포함해야 한다. 보조공학장치의 목적은 수행능력을 향상시키기 위한 것으로, 향상 또는 무향상 등에 대한 내용이 문서화되는 것이 중요하기 때문이다.

〈이 장의 연구과제〉

1. 장애유형별 특수교육대상자에게 적용할 수 있는 보조공학 유형을 분류해 보고, 실제 적용되고 있는 보조공학장치를 조사하여 발표해 보자.

2. 특수교육현장에서 특수교육대상자에 대한 보조공학 사정 작업을 실제 진행하여, 보고서를 작성하여 발표해 보자.

참고문헌

교육부(2018). 특수교육연차보고서.

국립특수교육원(2009). 특수교육학 용어사전. 서울: 도서출판 하우.

국립특수교육원(2018). 특수교육학 용어사전(개정판). 서울: ㈜도서출판 하우.

권충훈, 김훈희(2006). 특수교육공학-장애아동을 위한 보조공학. 경기: 양서원.

김남진, 김용욱(2010). 특수교육공학. 서울: 학지사.

김남진, 김용욱(2017). 특수교육공학(2판). 서울: 학지사.

김용욱(2005). 장애학생을 위한 특수교육공학의 활용. 서울: 집문당.

오길승, 남용현, 오도영, 남세현(2009). 보조테크놀로지의 원리와 실제. 서울: 학지사.

유승우 임형택, 권충훈, 이성주, 이순덕, 전희정(2017). 교육방법 및 교육공학(제3판). 경기: 양서원.

한국보조공학사협회(2016). 보조공학총론(2판). 서울: 학지사.

「장애인 등에 대한 특수교육법」
「특수교육진흥법」

Bausch, M. E., & Hasselbring, T. S. (2004). Assistive technology: Are the necessary skills and knowledge being developed at the preservice and inservice levels? *Teacher Educational and Special Education, 27*(2), 97–104.

Blackhurst, A. E. (1997). Perspective on technology in Special education.

Teaching Exceptional Children, 29(5), 41–48.

Blackhurst, A. E., & Hofmeister, A. M. (1980). Technology in special education. In L. Mann & D. Sabatino (Eds.), *Fourth review of special education.* New York: Grune & Stratton.

Bryant, D. P., & Bryant, B. R. (2003). *Assistive technology for people with disabilities.* Boston, MA: Pearson Education, Inc.

Galbraith, J. K. (1967). *The new industrial state.* Boston: Houghton Mifflin.

Raskind, M., & Bryant. B. R. (2002). *Functional evaluation for assistive technology.* Austin, TX: Psycho–Educational Services.

참고사이트

http://indicators.knowbility.org/

http://www.joyzabala.com/

제**3**장

특수교육공학

수업설계로서의
특수교육공학

제 3장에서는 특수교육공학을 수업설계 측면에서 이해하고 접근한다. 제2장에서는 특수교육공학을 보조공학 측면에서 이해하고 기술하였다. 보조공학으로서의 특수교육공학은 하드웨어적 성격이 강하다고 할 수 있다. 수업설계로서의 특수교육공학은 그에 비해 소프트웨어적 성격이 짙다고 할 수 있다.

교육기관의 가장 기본적인 목적은 학습이다. 형식교육의 가장 대표적인 형태인 학교뿐만 아니라, 다양한 교육활동이 전개되는 가정이나 학원 등에서도 학습자의 학습의 양과 질의 향상을 위해 노력한다.

특수교육은 특수한 학습자의 교육적 요구를 수용하는 교육이다. 즉, 일반교육의 일반아동보다 더 다양하고 복잡한 수업요소에 대한 체제적인 접근이 필요하다. 그런 점에서 수업설계의 이론 및 실제 기법들은 특수교육현장에서 꼭 필요한 내용이다.

이 장에서는 수업설계로서의 특수교육공학을 살펴볼 것이다. 주요 내용은 수업설계의 이해, 특수교육현장에서의 수업설계 적용, 주요 특수교육 수업설계론 등이다.

1. 학습과 수업

교육기관의 기본적인 목적은 학습자의 학습의 양과 질을 향상시키는 것이다. 학습이라는 개념은 다양하게 정의되지만, 보통 다음의 정의에 동의하고 있다.

> 학습이란 주어진 환경 속에서 계속적인 경험으로 일어나는 행동의 변화를 말한다. 단, 그러한 행동의 변화는 타고난 반응경향, 성숙 또는 피로나 약물에 의한 일시적인 변화로는 설명될 수 없다(Hilgard & Bower, 1975).

앞의 학습의 정의에서 확인할 수 있는 것은 크게 세 가지다. 첫째, 행동의 변화다. 이것은 행동주의 심리학의 영향으로 관찰 가능한 행동에 초점을 두고 있음을 알 수 있다. 둘째, 환경과의 상호작용을 강조하고 있다. 즉, 인간은 후천적인 연습이나 경험을 통해 학습이 일어나는 것을 알 수 있다. 그래서 성숙에 의한 변화는 학습에서 제외된다. 셋째, 영속적인 변화다. 학습이라는 작용에서 일시적인 변화, 약물이나 알코올 등에 의한 변화는 제외된다. 학습의 개념을 분명하기 위해서 그림으로 나타내면 다음 [그림 3-1]과 같다.

수업(授業)은 학습을 목표로 하는 활동이다. 수업과 유사한 용어로는 '교

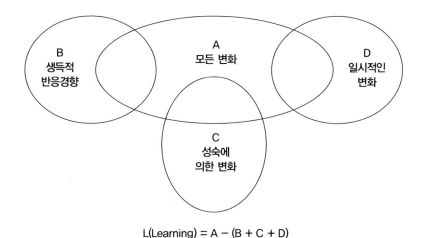

$$L(Learning) = A - (B + C + D)$$

[그림 3-1] 학습의 개념

수'가 있다. 수업 또는 교수는 영어의 'instruction'을 번역한 것으로 문맥에 따라 혼용해서 사용한다. 영어의 어휘 teaching을 '교수'로, instruction을 '수업'으로 사용하는 경우도 있다.

수업에 대한 정의는 다양하다. 주요 심리학파, 즉 행동주의, 인지주의, 구성주의에서 정의하는 학습의 정의는 모두 다르다. 그러나 교육학 분야에서 동의하는 학습의 개념으로 대표적으로 인용되는 정의는 다음 세 가지다. 첫째, Corey(1971)는 수업을 "개인이 구체적인 조건하에서, 또는 구체적인 상황에 대한 반응으로서 특정 행동을 나타내게 하거나 그 행동에 관여할 수 있게 하기 위하여 그의 환경을 의도적으로 조작하는 과정"으로 정의하였다. 둘째, 대표적인 수업이론가인 Gagné(1975)는 수업을 "학습자의 내적 학습과정을 지원하기 위해 의도적으로 설계 · 정렬된 외적 사상의 집합"으로 정의하였다. 셋째, 진위교(1988)는 여러 가지 선행 정의를 분석 · 종합하여 핵심 아이디어들을 포함하는 수업의 정의를 제시하였다. 그에 의하면 수업이란 목표로 설정한 행동유형의 변화, 즉 학습이 인간 학습자에게 일어나도록 그의 내적 과정에 맞추어 그의 외적 조건과 상황을 설계 · 개발 · 관리하는 과정이라고 하였다.

수업과 학습의 차이점을 확인하여 보면 다음과 같다.

첫째, 수업은 의도적이지만 학습은 의도적인 경우도 있고 무의도적인 경우도 있다. 우선 수업이라는 문자의 의미는 '일을 주는 것(授業)'이다. 준다는 것은 최소한 무엇인가를 누구에게 준다는 말을 전제로 한다. 즉, 수업은 주어야 할 내용과 대상을 이미 전제로 한다. 그러나 학습은 우리가 정의에서 보았듯이 이미 환경과의 상호작용을 포함하고 있기에 의도성을 확신할 수 없다.

둘째, 수업에 대한 연구는 실제 교육이 이루어지는 교실의 현상에 관심을 가지고 있으나, 학습에 대한 연구는 기본적으로 연구실이나 실험실에서의 실험장면에 관심을 가진다. 물론, 학습심리학의 다양한 이론이나 기법 등은 교실상황의 수업장면에서 유용하게 사용하게 된다.

셋째, 수업은 처방적(處方的)이지만, 학습은 기술적(記述的)이다. 여기서 처방(prescription)이라는 말은 뚜렷한 목적과 그 목적을 달성해야 할 현재의 요구를 바탕으로 어떻게 해야 하는지를 제시한다는 점을 강조한다. 학습이 기술적(descriptive)이라고 하는 것은 현재의 상황에 대한 설명만 하는 것을 강조한다(변영계, 김영환, 손미, 2007).

2. 수업설계의 이해

1) 교육학과 심리학

J. F. Herbart(1776~1841)는 보통 '교육학의 아버지'라고 불린다. 그는 1806년에 『일반교육학(Allgemetic Padagogik)』이라는 책을 출판함으로써 근대적인 교육학을 정립하였다고 평가받고 있다. Herbart는 그의 저서 『교육학 강의요강』(1835)의 서문에서 "과학으로서의 교육학은 실천철학과 심리학에 의한다. 전자는 도야의 목적을, 후자는 진로와 방법을 가르친다."라고 하였다. 그가 교육학의 체계를 수립할 때, 교육목적론은 철학(윤리학)에서, 교육방법론은 심리학에서 찾았다는 것을 알 수 있는 내용이다.

[그림 3-2] Herbart의 교육학 체계도

교육학은 인간행동의 변화를 추구하는 응용학문이다. 다양한 학문의 이론 및 실천기법을 지속적으로 도입하여 발전을 거듭하였다. 심리학은 인간의 행동을 연구하는 학문으로, 심리학 분야에서 발전되어 온 아동발달 이론, 학습 이론 등은 교육학 분야의 주요 기초 배경으로 활용되었다.

교육학과 심리학의 관계를 역사적인 측면에서 고찰하여 보면, ① 화합기→ ② 이산기→ ③ 재화합기→ ④ 수업강조기로 구분할 수 있다. 이 경로를 연도순으로 정리하여 보면, 20세기 초반을 화합기, 1930년대를 이산기, 1940년대 이후를 재화합기, 1960년대를 수업강조기로 분류할 수 있다.

교육학과 심리학의 관계의 변화를 그림으로 나타내면 다음 [그림 3-3]과 같다.

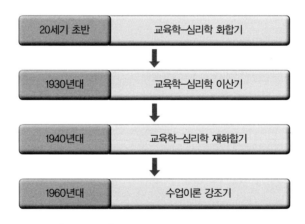

[그림 3-3] 교육학-심리학 관계 흐름도

20세기 초반은 새로운 과학 또는 학문으로서의 심리학이 성립된 시기로 심리학이 교육을 포함한 사회의 제 문제해결에 기여할 수 있다는 정열과 희망을 표시하였다. Dewey의 아동중심 교육사상과 실천방법 등은 발달심리학과 교육 실제의 화합의 증거로 볼 수 있다. Thorndike는 시행착오설 및 측정운동 등 교육문제에 대하여 과학적 방법을 적용해야 한다고 강조하였다.

1930년대는 이른바 심리학의 논쟁기로, 심리학자들은 교육 실제의 문제보다는 특정한 이론적 근거를 정립하는 데 주된 관심을 가졌다. 조건형성 이론, 형태주의 심리학 등은 각각 그 이론의 타당성을 밝히기 위하여 쥐, 고양이, 개, 비둘기, 침팬지 등의 동물을 사용하여 실험실 연구를 수행하였다. 당시의 심리학은 순수과학으로 분류되면서 교육학과의 인연이 잠시 멀어졌다.

1930년대에서 1940년대 초까지의 이론 형성 및 논쟁은 제2차 세계대전의 발발로 사라지게 되었다. 전쟁은 이론에서 실제적인 문제의 해결로 관심을 돌리게 하였다.

1957년 소련의 인공위성 Sputnik의 발사는 심리학에 교육 실제의 개선에 적극적으로 참여하라는 묵시적인 압력을 준 것 같다. 한편으로는 이러한 사회적·시대적 요청에 따라, 다른 한편으로는 학습 이론을 교육 실제의 개선에 직접적으로 응용할 수 있다고 보는 Skinner 등의 노력에 따라 1960년대에는 학습 이론보다는 수업 이론의 수립에 더 큰 관심을 갖게 되었다.

2) 수업설계의 개념 및 필요성

수업설계(Instructional Design: ID)는 교사가 수업을 더욱 일관성 있고 신뢰감 있게 계획하고 진행하기 위해 체계적이고 체제적인 청사진을 만들어 가는 활동이라 할 수 있다. 수업설계를 좁은 의미로 접근하면, 특정한 학습자를 대상으로 특정한 교과내용을 전달하고자 할 때 가장 좋은 수업방법을 결정하는 것이 된다. 수업설계를 넓은 의미로 확대하여 보면 수업을 통해 학습자가 무엇을 학습해야 하는지, 수업목표를 달성하기 위해 교사가 어떤 수업활동, 수업전략, 수업자료를 제공해야 하는지, 그리고 수업목표 달성 여부를 어떻게 판단할 것인지의 답을 찾아 가는 과정이다(박숙희, 염명숙, 2007). 결국 수업설계는 수업을 처음부터 끝까지 일관성 있게 계획함으로써 수업의 효과를 증진시키는 활동이라고 할 수 있다.

수업설계는 수업목표 달성을 위한 최적의 환경을 계획한다는 점에서 가치가 있다. 즉, 질 높은 수업을 계획하고 개발하기 위해 전문적이고 체계적인 지식과 과정을 적용한다는 측면에서 필요성이 제기된다. 더불어 다음과 같은 측면에서도 수업설계의 가치와 필요성이 제기된다.

첫째, 수업설계는 학습자의 요구와 실제 문제해결에 필요한 수행능력을 반영하는 수업목표를 선정할 기회를 제공한다.

둘째, 수업설계는 설정된 목표와 그에 맞는 수업내용, 수업방법, 수업매체 및 평가 간의 일관성 있는 유기적 통합을 위해 필요하다.

셋째, 수업설계는 학습자에게 적합한 수업을 계획하게 함으로써 학습자의 적극적인 수업참여를 유도하고 궁극적으로 수업의 효과를 높인다.

넷째, 수업에 관한 전체적인 청사진을 제공함으로써 관련된 사람들 사이의 원활한 의사소통을 가능하게 한다.

다섯째, 수업설계는 수업과정 중에 일어날 수 있는 오류나 잘못을 미리 찾아내어 이를 교정할 기회를 제공한다(유승우 외, 2013).

3) 수업설계 주요 모형

1960년대 이후, 학교교육현장에서는 수업의 효과성 및 효율성에 관심을 가지게 되었다. 학교교육과정은 Dewey를 중심으로 한 경험중심 교육과정에서 Bruner를 중심으로 한 학문중심 교육과정으로 전환되었다. 그후 다양한 수업설계 모형이 등장하고 적용되고 발전되어 오고 있다. 여기서는 수많은 수업설계 모형 중 주요 세 가지 수업설계 모형을 제시하고자 한다. 즉, 모든 수업설계 이론 및 모형의 기본이 되는 ADDIE 모형, 교과 단원이나 단위시간 수업의 교육프로그램을 설계하는 데 가장 유용한 Dick과 Carey의 모형, 수업장면에서 교수매체의 활용 아이디어를 제공해 주는 ASSURE 모형이다.

(1) ADDIE 모형

모든 수업설계 모형은 모형이 적용되는 상황과 설계전략 및 검증 측면에서 다소간의 차이가 있으나, 분석(analysis), 설계(design), 개발(development), 실행(implementation), 평가(evaluation)의 공통요소들을 포함하고 있다(Molenda, Pershing & Reigeluth, 1996). 그래서 수업설계의 공통 요소들의 영문 첫 음절을 따서 그 모형의 명칭을 ADDIE 모형이라 일반적으로 소개하고 있다. ADDIE 모형은 다음 [그림 3-4]와 같이 제시할 수 있다.

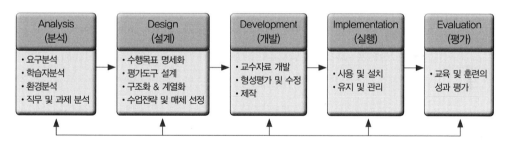

[그림 3-4] 수업설계의 기본 모형: ADDIE 모형

- **분석단계:** 분석단계에는 요구분석(needs analysis), 학습자분석, 환경분석, 직무 및 과제 분석이 포함된다.
- **설계단계:** 설계는 분석단계에서 나온 산출물을 창조적으로 종합하는 과정이다. 설계단계에는 수행목표의 명세화, 평가도구의 설계, 프로그램의 구조화 및 계열화, 수업전략과 매체의 선정 등이 포함된다. 설계단계에서는 교육훈련의 전체 모습, 즉 설계명세서를 만들어 낸다.

- **개발단계:** 개발단계는 설계단계에서 결정된 설계명세서에 따라 실제 수업에서 사용할 수업자료나 수업 프로그램을 제작하는 단계다. 개발단계에서는 먼저 수업자료의 초안(draft) 또는 시제품(prototype)을 개발하여 형성평가(pilot test)를 실시하고 프로그램을 수정한 뒤 마지막으로 최종 산출물, 즉 완제품을 제작하는 과정을 포함한다.
- **실행단계:** 실행단계는 개발단계에서 완성된 최종 산출물인 수업자료나 프로그램을 실제 교수·학습 현장에 적용하는 단계다. 실행단계는 개발된 수업자료나 프로그램이 교육과정 속에 설치되어 계속적으로 유지될 수 있도록 관리하는 활동도 포함한다.
- **평가단계:** 평가단계는 최종 수업산출물이 의도한 목적을 충실히 달성하였는지를 확인하는 단계다. 이를 위해 수업 프로그램의 가치를 판단하는 총괄평가를 실시한다.

(2) Dick과 Carey의 체제적 수업설계 모형

수업설계 모형은 ADDIE 모형을 기반으로 발전되어 왔다. Dick과 Carey의 체제적 수업설계 모형은 수업모형 중 단위시간(lesson)이나 교육프로그램을 설계하는 데 유용하게 적용할 수 있는 모형이다. Dick과 Carey의 모형은 체제적 접근에 입각한 절차적 수업설계 모형으로서, 효과적인 수업 프로그램을 개발하는 데 필요한 일련의 단계들과 그 단계들 간의 역동적인 관련성에 초점을 맞추고 있다. Dick과 Carey의 모형은 1978년 이후 매 5년 정도의 간격으로 수정과 보완을 반복해 오고 있다.

Dick과 Carey의 수업설계 모형은 초보자나 수업 경험이 적은 교수 설계자에게 매우 유용할 수 있게 수업설계단계를 세분화하여 제시하고 있다. 그런 관계로 Dick과 Carey의 모형은 실제 수업장면에 적용할 가능성이 높다고 평가되고 있다. 즉, Dick과 Carey의 모형은 수업설계 훈련을 위한 기본적인 수업설계 모형이다. 이 모형은 일반 교실뿐만 아니라 특수교육현장에서도 수업의 효과성과 효율성을 담보할 수 있는 수업설계 기법으로 큰 도움을 줄 수 있을 것이다.

Dick과 Carey의 수업설계 모형은 다음 [그림 3-5]와 같이 제시할 수 있다.

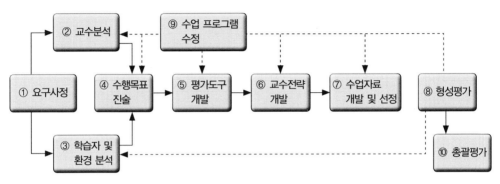

[그림 3-5] Dick과 Carey의 수업설계 모형

출처: Dick,W., Carey, L., & Carey, J. (2009)

(3) ASSURE 수업매체 활용

수업은 학습자로 하여금 학습의 양과 질을 확대시키는 것을 목적으로 하는 활동이다. 수업설계에서 학습목표 달성을 위한 학습내용을 전달할 수 있는 수업매체를 선택하는 것은 효과적인 수업을 위한 필수적인 활동이다.

ASSURE 모형은 수업매체와 관련 자료들을 효과적이고 체계적으로 활용하기 위한 절차적인 모형이다. Heinich와 그의 동료들(2002)이 수업장면에서 수업매체를 활용하여 원하는 수업목적에 도달할 수 있도록 교육구성요소들을 어떻게 체계적 · 체제적으로 조직하는가에 초점을 두고 제안한 모형이다. 이 ASSURE 모형은 매우 체계적으로 절차가 제시되기 때문에 수업 경험이 적은 초보 교수자도 교육현장에서 쉽게 활용할 수 있는 실천적인 수업설계 모형으로 평가된다. 그래서 이 ASSURE 모형을 따르면 교수자들이 수업에서 수업매체를 효과적으로 사용할 수 있음을 보장 (assure)해 준다는 의미도 내포하고 있다(강이철, 2011). ASSURE 모형은 다음 [그림 3-6]과 같이 제시할 수 있다.

A	S	S	U	R	E
학습자분석 (Analyze Learner)	목표진술 (State Objectives)	수업방법, 매체, 자료의 선정 (Select Method, Media and Materials)	매체와 자료의 활용 (Utilize Media and Materials)	학습자의 참여 유도 (Require Learner Participation)	평가와 수정 (Evaluation and Revise)

[그림 3-6] ASSURE 모형

- **학습자분석:** 학습자의 특성은 수업설계 요인 중 가장 중요한 요인이다. 수업설계 장면에서 분석해야 할 학습자의 특성은 학습자의 일반적 특성(연령, 학년, 직업, 지위, 사회경제적 요인 등), 출발점 행동, 학습양식 등이다.
- **목표진술:** 수업매체의 체계적인 활용을 위한 두 번째 단계는 학습자가 달성해야 할 수업목표를 구체적으로 설정하고, 학습의 결과로 습득하게 될 새로운 지식과 경험을 명확하게 진술하는 것이다. 수업목표 진술은 주로 메이거(Mager)식의 구체적인 목표진술로 진행되며, 학습대상자, 행동, 학습조건, 평가기준의 네 가지 요소가 포함된다.
- **수업방법, 매체, 자료의 선정:** 수업매체 활용 장면에서 학습자의 특성을 파악하고, 수업목표를 구체적으로 진술하고 나면, 이제 어떤 수업방법과 수업매체를 선택하여 활용할 것인지, 수업매체와 수업방법을 실행하기 위해 어떤 교재를 활용할 것인지를 결정해야 한다. 어떤 수업방법, 수업매체를 선택하여 활용할 것인지는 수업목표, 수업내용, 학습

대상자, 교수자의 교육관, 교수·학습 환경 등에 영향을 받게 된다.

- **매체와 자료의 활용:** 사용할 매체와 자료가 선택·결정되면, 이 매체와 자료를 수업에서 어떻게 활용할 것인가를 구체적으로 계획해야 한다. 수업매체의 효과적 제시를 위해서는 수업 전에 자료를 점검하고 내용과 제시순서 등을 정하여 미리 시연해 보는 노력이 요구된다. 또한 자료를 사용하기 위한 기자재나 시설, 환경을 미리 점검하고 정비해야 한다.

- **학습자의 참여 유도:** 학습은 교수내용의 일방적인 전달로만 이루어지는 것이 아니라, 학습자가 학습과정에 능동적으로 참여할 때 더욱 효과적으로 진행될 수 있다. 따라서 가장 효율적인 학습상황은 학습자가 목표달성을 위해 능동적으로 참여할 수 있도록 실제행동을 요구하는 것이다. 교수자는 학습자로부터 반응을 유도할 수 있는 학습자료를 제공하거나 자료를 제시한 후 연습기회를 제공하고, 학습자의 반응에 대해 적절한 피드백을 제공하는 방법 등을 통해 수업 참여 기회를 높여 줄 수 있다.

- **평가와 수정:** 모든 교육활동의 마지막 단계는 평가활동과 그에 따른 수정작업이다. 수업매체 활용에서도 수업매체와 수업방법 등에 대한 평가를 실시하여 사용한 특정 매체가 학습자의 목표달성에 도움이 되었는지, 흥미 유발에 효과적이었는지, 학습자 참여를 유도하였는지 등의 관점에서 평가하는 것이다. 평가의 결과가 다음 수업활동의 매체 및 방법 적용에 반영되어 수정과정이 진행된다.

3. 특수교육현장에서의 수업설계 아이디어

특수교육은 일반교육 체제로는 교육목적 달성에 어려움을 겪을 수 있

는 특수아동을 대상으로 하는 교육이다. 특수교육은 '특수한 교육적 요구'
를 가진 학습자에게 적절한 교육이다. 그런 관점에서, 특수교육현장은 일
반교육에서보다 수업설계 아이디어 적용이 더 요구되는 교육현장이다.

강경숙(2009)은 특수교육과 수업설계(관련 요소의 변화 관점)라는 주제로
특수교육현장에서의 수업설계 아이디어를 제시하였다. 수업설계의 가장
중요한 체제적 시각에서 특수교육(수업)의 하위요소들(학습자, 교수자, 교육
내용, 환경 등)을 살펴볼 수 있는 부분이다.

1) 학습자

수업에서 가장 본질적인 요소는 학습자다. 수업설계는 학습자 개개인으
로 하여금 어떻게 학업성취를 향상시킬 것인가에 초점을 두고, 학습자 개
개인의 특성들이 수업전략이나 전달방법에 일치하는 것을 주요 과업으로
하기 때문이다. 특수교육에서 '학습자'는 바로 특수교육을 요구하는 장애학
생이다. 장애학생은 특별한 요구(special needs)를 지닌 학생으로 심신의 장애
로 인해 교과 및 교과 외 활동 등을 그들의 요구수준에 맞게 조정하여 제공
된 교육내용, 교육방법 및 교육매체를 통해 체험하게 되는 교육적 체험의
주체다.

전통적인 특수교육은 학습자인 특수교육 요구아동을 인간병리의 관점
에서 파악하여 왔다. 이러한 인간병리는 과학적인 관리, 행동주의적인 모
델, 합리적인 검사를 통해 일반학교의 교육프로그램에서 실패한 아동에
게 '장애'라는 명칭을 부여하고, 그들만의 새로운 체제를 갖추어 교육하는
것이 합리적이라는 학습자관을 통하여 일반 주류의 보통교육에 참여하지
못하는 실패의 원인을 학습자의 병리적인 조건에서 찾는 관점이다.

반면, 현재의 장애학생에 대한 관점은 인간병리에서 교육병리 혹은 조
직병리로 그 속성이 변화되고 있다. 이는 학교가 그 역량의 부족으로 인

해 다양한 교육적 요구를 가진 학생의 교육에 적절히 대응하지 못한 데서 비롯한 교육의 실패 및 조직의 실패에 기인하는 관점으로 대치된 것이다.

2) 교수자

교수자는 개체가 집단 전체의 평균에서 일탈된 정도에 따라 비정상(장애)으로 규정된 특수교육 요구학생에게 '진단 – 평가 – 처방'이라는 원칙하에 과제분석이라는 절차를 통해 수동적으로 지식 및 정보를 주입하는 중재 수행자의 역할을 하여 왔다. 중재 수행자로서의 역할은 지금까지 특수교육의 실천모형, 즉 아동 개개인의 병리적 조건을 전제로 하여 아동의 장애를 객관적으로 정확히 진단하고 그 진단의 결과에 기초하여 아동이 '할 수 있는 것'과 '할 수 없는 것'을 확인하고, 그에 상응한 처방전으로 철저히 계획되고 통제된(위계화된) 프로그램을 개발하고, 이 프로그램의 위계적 순서에 한 치의 어긋남이 없이 교수·학습 활동을 전개해야만 하는 중재 수행자로 인식되어 왔다.

이와 같은 기술공학적 합리성에 기초하여 장애아동을 진단·평가·처방하고 과제분석이라는 절차를 통해 특수교육 요구학생에게 수동적으로 교육을 주입하는 종래의 중재 수행자 역할은 변화되고 있다. 최근의 특수교육 교수자는 교실생활 문화에서 중심적이며 지배적인 역할 수행자로 그 의미가 재고되고 있으며, 교수자의 결정과 행동이 교육의 성패를 가름하는 결정적인 요인으로 여겨지고 있다. 따라서 최근에 교실생활 환경에서 교수자가 수행하는 학습자, 교과(내용), 환경(맥락)과의 상호작용 과정, 교수자의 개인적·실제적 지식에 대한 광범위한 연구는 교수자가 자신의 세계를 이해하는 방식이 그들의 교실경험을 구조화하는 방식과 아동, 부모, 동료, 행정가와 상호작용하는 방식에 어떤 영향을 미치는가에 초점을 두고 있다.

결국 교수자는 자신의 축적된 경험과 많은 자료에서 수집된 생각들을 결합하여 교실문화 속에서 실제적인 지식을 창출하고, 실제적인 문제에 직면하여 그 의미를 탐색하고, 실행할 수 있는 대안을 마련하여, 그 결과에 대한 교육적인 가치판단을 한다. 따라서 교수자는 기술공학적 합리성에 의한 지식의 전달자에서 학습자, 교과(내용), 그리고 환경의 상호작용적 맥락 속에서 실제적 지식을 가진 '반성적 전문가 모델'로서의 속성의 변화를 보이고 있다.

3) 교과(내용)

수업설계에서 교과(내용)의 모습은 단순 매체(교과서)에서 다양한 매체(교과서, 자료, 멀티미디어 자료, 웹자료, 지역사회 자원 등)로서, 수업에서의 활동과 지식 전달체로서의 교과가 아닌 교육적 체험과 해석의 매개물로서 학생의 수준과 관련하여 적절하게 해석 · 변형 · 재조직이 가능한 의미형성체로서의 교과, 탈맥락화된 교과에서 생생하게 살아 움직이는 맥락화된 교과의 모습으로 변화되고 있다.

특수교육현장의 수업설계에서는 교수자와 학습자 간의 매체인 교수 · 학습 내용이 일반교육에서보다 그 중요성이 더 클 것이다. 일반교육이나 특수교육이나 교육활동의 목적은 학습자의 학습의 양과 질의 향상일 것이다. 국가의 교육과정상 교육목표 및 교육내용의 체계는 거의 동일하다. 그런 상황에서 특수교육에서는 정해진 교육목표 달성을 위해 선정된 교육내용을 어떤 형태로 학습자에게 전달하느냐가 성공 여부를 결정하게 될 것이다. 교수자는 학습자의 기능적 능력, 기능적 한계, 그리고 선호하는 학습형태 등을 고려하여 그에 적절한 교과(내용)를 선정하고 조직하는 노력을 지속적으로 진행하여야 한다. 결국 특수교육 교수자는 교육과정 수정능력을 필수적으로 갖추고 있어야 한다.

4) 환경(맥락)

환경(맥락)은 학습자, 교수자, 그리고 교과(내용)와 항상 상호작용적·상호보완적 영향을 미치는 중요한 요소다. 환경은 교육적 체험의 장을 마련하는 심리적·물리적 상황에서의 교육환경이다. 물리적 환경이든 심리적 환경이든 '환경'은 특수교육 요구학생의 교육의 품질을 좌우하는 중요한 관건이 되고 있다. 물리적 환경은 장애를 가진 특수교육 요구학생의 교육 접근권을 확보하는 측면에서 대단히 중요하다. 일반학생에게는 너무도 당연하고 자연스럽게 이루어질 수 있는 교육의 접근권이 장애를 가진 특수교육 요구학생에게는 교육적 접근의 장애물로 변질되어 교육기회의 박탈이라는 현상을 빚을 수도 있기 때문이다.

또한 심리적 환경은 특수교육 전달체제의 다양화, 즉 교류교육, 통합교육, 일반학교 순회교육 등의 특수교육 서비스 제공방법의 다양화에 따라 더욱 중요한 환경으로 부각되고 있다. 일반인과 일반학생의 특수교육 요구학생에 대한 심리적 환경이 개선되지 않고서는 특수교육의 질적 발달을 기대하기는 어렵다.

4. 주요 특수교육 수업설계 적용 방법론

특수교육은 일반교육 프로그램을 통해서는 그 교육적 성과를 기대하기 어려운 특수교육대상자들을 대상으로 진행하는 특별한 교육프로그램이다. 특수교육에서 적용되고 있는 수업설계의 주요 원리와 방법론을 살펴보고자 한다.

1) 특수교육의 주요 원리

1975년 미국 의회에서 「전장애아교육법(Education for All Handicapped Children Act: EAHCA)」인 공법 94-142가 통과되었다. 이 법은 역사상 특수교육에 가장 큰 영향을 미친 법으로 인정된다. 1975년 이후, 미국 의회는 다섯 번이나 「전장애아교육법」을 재인준하였으며, 1990년 개정 시에는 이 법의 이름을 「장애인교육법(The Individuals with Disabilities Education Act: IDEA)」으로 바꾸었다. 「장애인교육법」은 2004년 「장애인교육향상법(The Individuals with Disabilities Education Improvement Act)」이라는 이름으로 재인준되었다.

미국 「장애인교육법」은 여러 번 개정을 거치면서 변화되어 왔지만, 큰 틀에서는 그 원리를 유지하고 있다. 이 원리는 미국뿐만 아니라 전 세계, 특히 우리나라 특수교육의 기본적인 원리로 작용되고 있다.

(1) 배제 금지(Zero Reject)

학교는 장애를 가진 모든 아동을 아무도 배제하지 않고 교육해야 한다. 즉, 만 6세부터 17세에 해당하는 모든 장애아동은 장애의 성격이나 정도에 상관없이 무상의 공교육을 받아야 하며, 주정부가 3세부터 5세 아동에게 교육을 제공하거나 18세부터 21세의 아동에게 공교육을 제공하는 경우 모든 장애아동도 동등하게 교육적 혜택을 받아야 한다. 또한 각 주의 교육기관은 출생 후부터 21세까지의 장애아동과 장애를 가지고 있을 것으로 의심되는 아동들을 찾아내어 진단과 평가를 할 책임이 있다. 이것을 아동발견체계(child find system)라고 한다.

(2) 비차별적 판별 및 평가
(Nondiscriminatory Identification and Evaluation)

학교는 인종, 문화 및 언어에 관련된 편견이 없는 다양한 진단과 평가방법을 사용하여 장애아동을 판별함으로써 장애아동이 판별절차상에서 보호받도록 해야 한다. 이것을 '평가절차상의 보호'라고 한다.

(3) 무상의 적절한 공교육
(Free, Appropriate Public Education: FAPE)

모든 장애아동은 장애의 유형과 정도에 상관없이 무상의 적절한 공교육(FAPE)을 받아야 한다. 또한 학교는 각 아동의 교육적 요구에 맞게 구성된 개별화교육 프로그램(Individualized Educational Program: IEP)에 따라 적절한 공교육을 제공해야 한다.

(4) 최소제한환경(Least Restrictive Environment: LRE)

장애의 정도와 특성 때문에 분리시켜야 하는 경우를 제외하고, 장애아동은 가능한 한 비장애아동들과 함께 최소제한환경(LRE)에서 교육을 받아야 한다. 법은 아동이 학업적 활동과 비학업적 활동에서 어느 정도로 비장애아동과 함께 교육을 받을지 장애아동의 개별화교육 프로그램에 명시하도록 요구하며, 분리할 경우에는 타당한 근거를 제시하도록 한다. 각 장애아동이 자신의 교육적 요구에 따라 최소제한환경에서 교육을 받는 것을 보장하기 위해서 교육청은 연계적 배치와 서비스의 대안을 제공해야 한다.

(5) 적법절차에 의한 보호(Due Process Safeguards)

학교는 장애아동과 부모들의 권리를 보호하기 위해서 특수교육에 관련된 진단과 배치 전에 부모의 동의를 받게 되어 있으며, 아동의 장애에 대한 모든 정보는 비밀로 하되 부모에게는 모두 공개하도록 하고 있다. 만약 학교에서 실시한 진단과 평가의 결과에 대해 동의하지 않을 경우, 공적 자금으로 독립적 평가를 요구할 권리가 있다. 또한 진단 · 평가 · 배치·특수교육 프로그램 및 관련 서비스에 관하여 학교와 부모가 동의하지 않으면 부모는 정당한 법의 절차에 따라 공청회 등을 요구할 수 있다.

(6) 공동 의사결정
(Parent and Student Participation and Shared Decision Making)

학교는 장애아동의 교육프로그램을 계획하고 실시할 때 장애아동과 그의 부모를 참여시켜서 교육환경의 배치, 개별화교육 프로그램의 목표 및 관련 서비스 등에 대해 의사를 표현할 수 있도록 하고, 공동으로 의사결정을 해야 한다(Heward, 2009).

2) 특수교육 방법론

특수교육은 일반교육과는 다른 특별한 교육프로그램이다. 특수교육은 일반교육의 보편성과 더불어 특수교육대상자의 독특한 교육적 요구를 수용하기 위한 특수성이 있다. 그런 면에서 교육방법은 기본적으로 일반교육과 다를 바가 없다. 특수교육에서 사용되는 특별한 교육방법론으로 통합교육 방법, 개별화교육계획, 개별화전환교육계획을 소개하고자 한다.

(1) 통합교육 방법

특수교육대상자들은 각자의 교육적 요구와 필요에 따라 여러 가지 배치 형태로 교육이 진행되어야 한다. 일반적인 교육환경 측면에서 볼 때 일반학급이라는 최소한의 제한적인 배치에서부터 특별한 분리된 시설에 수용하는 가장 제한이 큰 수준에 이르기까지의 다양한 배치형태가 하나의 연계적인 서비스 체계를 이루고 있다.

특수교육의 연계적 서비스 체계는 다음 [그림 3-7]과 같다.

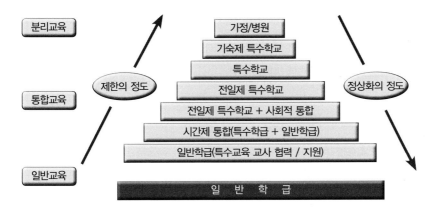

[그림 3-7] **특수교육의 연계적 서비스 체계**

출처: 이소현, 박은혜(2011: 24).

오늘날 특수교육의 가장 큰 특징은 통합교육이다. 특수교육은 더 이상 분리교육을 전제로 이루어지는 교육이 아닌 통합교육을 중심으로 발전되어 가고 있다. 통합교육은 한마디로 규정하고 이해하기 어려운 개념으로 특수교육 관련 문헌 및 여러 학자에 의해 다양하게 정의되고 있다. 일반적으로 통합교육이란 장애학생들과 일반학생(비장애학생)들이 함께 생활하고 교수·학습함으로써 서로를 이해하고 편견 없이 상호협조하여 공동체 의식을 함양하고자 하는 교육환경을 의미한다. 「장애인 등에 대한 특수교육법」에서는 "통합교육이란 특수교육대상자가 일반학교에서 장애유형·장애정도에 따라 차별을 받지 아니하고 또래와 함께 개개인의 교육적 요구에 적합한 교육을 받는 것을 말한다."라고 정의하고 있다.

통합교육과 관련된 유사한 용어로는 정상화(normalization), 최소제한환경(LRE), 주류화(mainstreaming), 통합교육(inclusion) 등이 있다. 정상화는 모든 인간이 문화적으로 정상적인 수단을 사용해야 한다는 철학적 신념에서 비롯되었다. 1960년부터 전 세계적으로 장애인들이 가능한 한 정상적인 사회에서 함께 생활해야 한다는 움직임이 일어났다. 최소제한환경(Least Restrictive Environment: LRE)은 미국의 「전장애아교육법(EHA)」에 명시된 법적 용어로, 장애학생을 교육할 때 다양한 교육서비스 전달체계를 마련해야 하며 장애학생들이 또래의 일반학생들과 최대한 상호작용할 수 있는 환경을 만들어 줘야 한다는 것이다. 주류화(mainstreaming)는 1980년대부터 주장된 일반교육주도(Regular Education Initiative: REI)의 흐름과 함께 장애학생이 특수교육환경에 속해 있지만 일반교육환경에 주로 배치되어 교육을 받게 하는 방식을 말한다. 1990년대부터 특수교육대상자들의 교육에서 통합교육(inclusion) 혹은 완전통합(full inclusion)이라는 개념이 정립되었다. 통합교육은 장애학생을 최대한 일반교육 교실에서 교육시키기 위해 모든 노력을 다하는 것이다.

특수교육에서의 특별한 교육방법론인 통합교육은 몇 가지 단계를 거쳐 진행하게 된다. 물리적 통합, 사회적 통합, 정서적 · 행동적 통합, 교육적 · 학업적 통합 단계다. **물리적 통합**이란 장애학생을 일반학생과 함께 일반학교 내 일반학급 및 특수학급에 배치한다는 장소적 의미가 있다. **사회적 통합**이란 같은 학급에 배치된 또래들과 개인적으로 상호작용하고 이러한 긍정적 상호작용을 통해 일반학생들과 관계를 형성할 수 있도록 만들어 주는 단계다. **정서적 · 행동적 통합**은 장애학생들이 같은 학급 내에서 행해지는 교육활동의 목적이나 가치들을 공유하고 다른 학생들과 감정적으로 연결되어 있는 단계를 말한다. 마지막으로 **교육적 · 학업적 통합**은 장애학생이 모든 교육적 활동을 일반학생과 똑같이 수행해야 하거나 수행할 수 있는 것은 아니지만 유사한 활동이나 일반학생이 받는 교육의 내용과 일관된 수행을 하는 상태를 말한다(김동일 외, 2010).

특수교육에서 통합교육은 나름의 중심 개념으로 자리 잡아 가고 있다. 그러나 아직은 여러 한계와 해결해야 할 과제들이 있다고 할 수 있다. 대표적인 한계와 과제는 다음과 같다. 첫째, 통합교육의 양적 확대와 장애 이해 교육의 확대, 둘째, 통합교육의 질적 향상을 위한 노력, 셋째, 교사 간 협력의 필요 및 통합교육 담당교사 양성 체제 구축, 넷째, 특수교육의 연속적 지원체제 보완 등이다.

(2) 개별화교육계획

개별화교육은 1975년 미국 「전장애아교육법」의 장애아동 교육의 여섯 가지 원리, 즉 '배제 금지, 비차별적 평가, 무상의 적절한 공교육, 최소제한환경, 적법절차에 의한 보호, 부모와 학생의 참여'에 근거하여 특수교육대상자는 무상의 적절한 공교육을 받아야 하며, 각 특수교육대상자에게 각자의 교육적 요구에 적절한 개별화교육 프로그램을 제공하도록 하고 있다(Heward, 2009).

우리나라 역시 개별화교육의 중요성을 인식하여 특수교육대상자의 교육권을 확립하고 특수교육대상자의 독특한 교육적 요구에 적합한 개별화교육을 실시하기 위해 노력하고 있다. 우리나라에서는 1977년 「특수교육진흥법」이 제정됨에 따라 특수교육대상자의 교육기회의 평등이 확보되었으나, 각 대상자의 개별적인 요구를 수용하기에는 제한적이었다. 1994년 「특수교육진흥법」이 전면 개정되면서 개별화교육에 관한 조항이 신설되어 개별화교육의 수립과 운영이 법적 근거를 갖추게 되었다. 이후 2007년 「장애인 등에 대한 특수교육법」이 제정되면서 특수교육대상자의 개별화교육 프로그램은 더욱더 강조되고 있다.

「장애인 등에 대한 특수교육법」 제2조 제7호에서는 '개별화교육'이란 "각급 학교의 장이 특수교육대상자 개인의 능력을 계발하기 위하여 장애유형 및 장애특성에 적합한 교육목표·교육방법·교육내용·특수교육 관련 서비스 등이 포함된 계획을 수립하여 실시하는 교육을 말한다."라고 정의하고 있다.

특수교육의 특별한 교육방법인 개별화교육계획의 주요한 기능은 다음

〈표 3-1〉 개별화교육계획 양식의 예시

개별화교육계획_(예시)

(1) 대상학생		(2) 위원회		
이 름		직 위	성명	승인
소 속		교장		
학년/반		교감		
생년월일		부장		
주 소		담임교사		
전 화		특수교사		
장애영역 (장애인등록증)		보호자		
장애정도		개별화교육 시작시기 및 종결시기		
(3) 진단평가 결과				
영역	도구명	검사일	검사 결과	
지능검사	K-WISCⅢ	2000.00.00.	전체 IQ:	
사회적응능력검사	사회성숙도검사	2000.00.00.	지적장애학생환산점수:	
운동능력검사	오세레츠키 운동 능력검사	2000.00.00.	운동능력에 어려움 없음	
발병 원인 및 시기	교사면담	2000.00.00.	어머니의 장애 유전	
건강상태	교사면담	2000.00.00.	건강상의 문제 없음	
행동관찰	교사의 관찰 및 부모면담	2000.00.00.	자폐성향이 있으며 고집이 세서 자신이 원하지 않는 일은 하지 않으려고 함 / 유아성향이 남아 있어 자신이 좋아하는 사람과 팔짱을 끼고 있는 것을 좋아함 / 말을 시작하고자 하는 의도는 있으나 사용하는 어휘의 수가 매우 제한적임	
부모 요구사항	교과학습	생활에 필요한 읽기 · 쓰기 · 셈하기		
	통합교육	친구들과 사이좋게 지내기		
	전환교육	사회적응능력 신장을 통한 독립적인 생활태도 희망		
종합의견	사회적응능력 신장 및 기본교육과정을 바탕으로 한 교육과정 편성이 요구됨.			

과 같다. 첫째, 개별화교육계획은 특수교육대상자를 위하여 특별히 고안된 교육(교육과정 및 특수교육 관련 서비스)을 보장하기 위한 계획서다. 둘째, 특수교육대상자의 교육성취를 점검하고 평가하는 평가계획서다. 셋째, 특수교육대상자와 보호자의 권리를 옹호하는 문서다. 넷째, 개별화교육 지원팀의 개별화교육 프로그램 실행에 대한 책무성을 강화하는 문서다. 다섯째, 개별화교육 지원팀(교사, 학부모 등)의 협력적 체계를 구축하고 의사소통을 돕는 문서로서의 기능이 있다(정은희, 2010).

특수교육대상자 개별화교육계획의 구성요소는 「장애인 등에 대한 특수교육법 시행규칙」 제4조 제3항에서 제시하고 있다. 구성요소는 특수교육대상자의 인적사항과 특별한 교육지원이 필요한 영역의 현재 학습 수행 수준, 교육목표, 교육내용, 교육방법, 평가계획 및 제공할 특수교육 관련 서비스의 내용과 방법 등이다.

특수교육대상자의 개별화교육계획 양식은 특수교육이 이루어지는 교육기관이나 대상자, 교사의 여건 등을 고려하여 다양하게 작성하여 사용할 수 있다. 양식의 전체를 제시하기에는 지면의 제한 등의 이유가 있어, 초기 양식만을 제시하면 다음 〈표 3-1〉과 같다.

(3) 개별화전환교육계획

특수교육의 최종목표는 특수교육대상자들로 하여금 우리 사회에서 자립된 삶을 영위하도록 지원하는 것이다. 그래서 특수교육의 꽃은 취업이라는 말이 있다. 특수교육대상자들이 독립적이고 통합된 삶을 살아가기 위한 가장 중요한 요인은 직장에 취직하는 것이다. 특수교육대상자의 취업은 매우 어려운 과업이다. 실제로 2010년 2월 졸업한 특수교육대상자 중 진학하지 않은 3,556명의 42.2%인 1,500명이 취업을 하였지만, 복지관 등 직업재활시설로 배치된 학생이 47.7%(716명)나 되어 실제 취업률은 그보다 훨씬 낮다고 판단된다. 또한 진학한 학생 2,353명 중 전공과로 진학한 학생이 59.1%(1,391명)나 된다(교육과학기술부, 2010).

일반교육에서 보편적으로 사용하고 있는 용어인 '진로교육'을 특수교육 분야에서는 1980년대부터 '전환교육'이라는 용어로 사용하는 경향을 보인 다. 전환(transition)이란 한 가지 조건이나 장소에서 다른 조건이나 장소로 변화해 가는 과정이며, 개인은 생애를 통해 이러한 전환의 다양한 형태를 경험하게 되고, 그 과정을 통해 발전해 나간다(조인수, 2005).

전환교육은 특수교육대상자들의 독립생활, 진로설정, 지역사회 참여 등 성인기의 요구사항들에 대하여 대상자들을 준비시키는 데 그 목적이 있 다. 이를 위해서는 교육, 의료, 직업, 복지, 심리 서비스 등 다양한 분야의 지원이 필수적이다. 특수교육대상자에게 효과적인 전환계획과 서비스를 촉진, 개발, 지원하고 구조화된 서비스를 제공하기 위해서는 특수교육대 상자의 현재, 미래의 삶과 관련 있는 모든 이의 긴밀한 연계와 협력이 이 루어져야 한다.

전환교육 또한 특수교육대상자들의 다양성에 기초하여 개별화된 전환 교육이 필수적이다. 특수교육의 최종적 목적인 특수교육대상자의 사회통 합을 가능하게 하는 직업 취득을 위한 특별한 교육방법론이 '개별화전환 교육계획'이다. 개별화전환교육 및 계획에 참여하는 주요 구성원은 특수 교육대상자, 가족구성원, 특수교육 교사, 중등학교 교육 담당자(일반학급 담임 등), 학교 상담교사, 지역사회 직업 관련 담당자 등이다. 특수교육대 상자의 체계적인 전환교육이 이루어지기 위해서는 계획되는 개별화전환 교육계획에 다음의 특징들이 포함되어야 한다.

① 전환계획은 장애학생과 장애가족이 중등 이후 교육과 고용, 지역사 회 생활에 참여할 수 있는 프로그램을 포함한다.
   - 전환계획 수립 시 특수교육대상자에 관해 잘 아는 사람(부모, 후견 인)을 포함한다.

② 전환계획에는 지역사회에서 기능적으로 활용할 수 있는 기술을 습득하기 위한 연간 목표와 단기목표가 포함되어야 한다.

③ 전환계획에는 적절한 기관 의뢰, 직무배치, 직업현장에서의 훈련, 직무에 대한 것을 포함한다. 또한 특수교육대상자들의 전환과정 각 단계에서 책임을 질 사람에 대해 명시한다.

④ 전환계획은 졸업하기 5~7년 전에 개발되어야 하고, 그에 따른 종단적인 계획이어야 한다.

⑤ 전환계획은 학령기에는 개별화교육계획(IEP)의 일부분이 되며, 지역사회 서비스를 받을 때는 개별화재활계획의 일부분이 된다.

⑥ 전환계획에서는 전환 서비스에 참여하는 모든 기관의 협력이 이루어지도록 계획한다.

⑦ 장애학생과 부모가 쉽게 이해할 수 있도록 친숙한 용어로 서술한다(김동일 외, 2010).

특수교육대상자의 개별화전환교육계획(ITP) 양식은 특수교육이 이루어지는 교육기관이나 대상자, 교사의 여건 등을 고려하여 다양하게 작성하여 사용할 수 있다. 여기에서는 2008년 경기도교육청에서 제시한 개별화교육계획 양식을 다음 〈표 3-2〉와 〈표 3-3〉에서 제시하고자 한다.

〈표 3-2〉 개별화전환교육계획 양식의 예시 1

개별화전환교육계획서(장기목표)

• 작성일자: 2000년 00월 00일   작 성 자: ○ ○ ○ (인)

<table>
<tr><td rowspan="6">인
적
사
항</td><td>이름</td><td colspan="2"></td><td>학년/반</td><td></td></tr>
<tr><td>생년월일</td><td colspan="2"></td><td>장애등급</td><td></td></tr>
<tr><td rowspan="2">보호자</td><td>성명</td><td></td><td>관계</td><td></td></tr>
<tr><td>연락처</td><td></td><td>휴대전화</td><td></td></tr>
<tr><td colspan="5"></td></tr>
<tr><td colspan="5"></td></tr>
</table>

<table>
<tr><td rowspan="2">기
간</td><td>시작일</td><td></td><td>종료일</td><td></td></tr>
<tr><td></td><td></td><td></td><td></td></tr>
</table>

<table>
<tr><td rowspan="2">요
구
조
사</td><td>학부모</td><td></td></tr>
<tr><td>학생</td><td></td></tr>
</table>

진 단 평 가 결 과	검사명	검사일	검사결과	검사기관
	취업준비 체크리스트 (ERCD)			
	종합의견			

지 도 계 획	영역	가정생활	사회생활	여가생활	진로탐색	직업준비	직업생활
	현재 수행 능력						
	장기목표						

〈표 3-3〉 개별화전환교육계획 양식의 예시 2

연간 개별화전환교육계획서(단기목표)

주거생활 장기목표	집 안에 있는 가전제품을 자유롭게 사용하며 집 안을 정리정돈하고 관리한다.							

학기	월	단기목표	관련 교과	평가				
				1	2	3	4	5
1학기	3	세탁기를 사용하여 옷을 세탁하고 마무리를 깔끔하게 한다.	사회, 직업					
	4	계절과 상황에 맞는 옷차림을 한다.	국어, 사회, 직업					
	5	물건을 사고 제값에 맞게 지불하며 거스름돈을 받는다.	사회, 수학					
	6	재활용품 분리 · 배출을 바르게 한다.	사회, 직업					
	7	집 안을 깨끗하게 정리정돈한다.	국어, 사회					
종합 평가	• • •							

사회생활 장기목표	다른 사람의 취향이나 감정을 살피며 분위기와 상황에 맞는 적절한 대화를 나눈다.							

학기	월	단기목표	관련 교과	평가				
				1	2	3	4	5
1학기	3	대중목욕탕을 이용할 수 있고, 미용실을 출입한다.	사회, 직업					
	4	상황이나 상대에 맞는 대화를 나눈다.	국어, 사회					
	5	대중교통 수단을 자유롭게 이용한다.	국어, 사회, 직업					
	6	자신의 의견을 상대방이 기분 상하지 않게 말하고 상대방의 의견에 귀 기울인다.	국어, 사회					
	7	시간관리를 하고 계획을 세워 실천한다.	국어, 수학, 사회					
종합평가	• • •							

※ 평가란 작성 준거: 1. 많은 노력 요함 2. 노력 요함 3. 보통임 4. 잘함 5. 아주 잘함

출처: 경기도교육청(2008).

<이 장의 연구과제>

1. 교수자 입장에서 학습과 수업의 개념을 정리하고, 수업 전문가로서의 교수자의 자질에 대해 발표해 보자.

2. 특수교육현장에서 수업설계의 이론 및 실제 기법의 필요성과 역할에 대한 간단한 보고서를 준비해 발표해 보자.

3. 특수교육현장(특수학급)에서 진행되고 있는 주요 특수교육 방법론을 장애유형별로 팀을 나누어 발표 및 토론해 보자.

참고문헌

강이철(2011). 교육방법 및 교육공학의 입문. 경기: 양서원.

경기도교육청(2008). 개별화전환교육(ITP)의 이해와 실제(경기도교육청 장학자료).

교육과학기술부(2010). 2010 특수교육 연차보고서.

교육부(2018). 특수교육연차보고서.

국립특수교육원(2018). 특수교육학 용어사전(개정판). 서울: ㈜도서출판 하우.

김남진, 김용욱(2017). 특수교육공학(2판). 서울: 학지사.

김동일, 손승현, 전병운, 한경근(2010). 특수교육학개론. 서울: 학지사.

박숙희, 염명숙(2007). 교수 · 학습과 교육공학. 서울: 학지사.

변영계, 김영환, 손미(2007). 교육방법 및 교육공학(3판). 서울: 학지사.

유승우, 임형택, 권충훈, 이성주, 이순덕, 전희정(2013). 교육방법 및 교육공학. 경기: 양서원.

유승우, 임형택, 권충훈, 이성주, 이순덕, 전희정(2017). 교육방법 및 교육공학(제3판). 경기: 양서원.

이소현, 박은혜(2011). 특수아동교육(3판). 서울: 학지사.

정은희(2010). 특수교육학개론. 서울: 학지사.

조인수(2005). 장애인 삶의 질 향상을 위한 전환교육. 대구: 대구대학교 출판부.

진위교(1988). 교육방법 · 교육공학. 서울: 정민사.

특수교육교과교육학회(2009). 특수교육 교과 교재연구 및 지도법. 경기: 교육과학사.

한국교육공학회(2005). 교육공학 용어사전. 경기: 교육과학사.

한정선, 김영수, 주영주, 강명희, 조일현, 이정민(2011). 21세기 교사를 위한 교육방법 및 교육공학. 경기: 교육과학사.

「장애인 등에 대한 특수교육법」

「특수교육진흥법」

Corey, S. M. (1971). The nature of instruction. In M. D. Merrill (Ed.), *Instructional design: Readings*. Englewood Cliffs, NJ: Prentice-Hall.

Dick, W., Carey, L., & Carey, J. O. (2009). *The Systematic Design of Instruction* (7th ed.), Upper Saddle River, NJ: Pearson.

Gagné, R. M. (1975). *Essentials of learning for instruction* (Expanded ed.), Hinsdale, Il: The Dryden Press.

Heward, W. L. (2009). *Exceptional Children: An Introduction to Special Education* (9th ed.). Upper Saddle River, NJ: Pearson Education, Inc.

Heinich, R., Molenda, M., Russell, J. D., & Smaldino, S. E. (2002). *Instructional media and technologies for learning* (7th ed.). Upper Saddle River, NJ: Merrill Prentice.

Hilgard, E. R., & Bower, G. H. (1975). *Theories of learning*. Englewood Cliffs, NJ: Prentice-Hall.

Molenda, M., Pershing, J., & Reigeluth, C. (1996). Designing instructional system. In R. Craig (Ed.), *Training and development handbook* (4th ed.). New York: McGraw-Hill.

제4장

특수교육공학

보편적 설계와
특수교육공학

〈이 장의 개요〉

이 장에서는 최근 특수교육공학 분야에서 가장 활발하게 논의되고 연구되고 있는 「보편적 설계(Universal Design: UD)」에 대해 공부하게 될 것이다. 보편적 설계는 건축학 분야에서 시작된 인본주의적 개념으로서 모든 인간(비장애인-장애인, 노인-아이 등)에게 추가적인 변화 없이 최대한 편리하게 사용하게 하고자 하는 아이디어다. 보편적 설계는 이후 그 적용범위를 확대하여 장애아동을 위한 교육과정 및 수업 분야에도 적용되기 시작하였다. 그것이 보편적 학습설계(UDL)다. 이 장의 주요 내용은 보편적 설계의 개념, 등장배경, 유사 용어, 보편적 설계의 주요 원리 및 지침, 보편적 학습설계의 원리 및 적용, 통합교육에서의 보편적 설계의 적용 등이다.

〈이 장의 학습목표〉

1. 보편적 설계의 개념, 등장 배경, 유사 용어를 설명할 수 있다.
2. 보편적 설계의 주요 원리를 말할 수 있고, 각 원리의 적용사례를 조사하여 설명할 수 있다.
3. 보편적 설계의 아이디어가 수업설계 분야에 적용된 보편적 학습설계의 원리를 확인하고, 보편적 학습설계에 근거한 수업지도안을 작성할 수 있다.
4. 통합교육현장에서 적용되고 있는 보편적 설계 아이디어를 제시할 수 있다.

제4장에서는 특수교육 분야에서 활발하게 논의되고 적용되고 있는 '보편적 설계(Universal Design: UD)'에 대해 공부하는 장이다. 보편적 설계는 아직 일반인들에게는 낯선 용어지만, 건축학이나 (특수)교육학 분야 연구자 및 종사자에게는 제법 익숙한 용어다. 보편적 설계는 이미 우리 생활 속에 많이 들어와 있다. 우리가 미처 인식하지 못할 뿐 우리 생활 곳곳에 인간을 배려한 UD가 적용된 제품들이 숨어 있다.

[그림 4-1] 수도꼭지에 숨어 있는 보편적 설계

현재 우리가 대부분 사용하고 있는 수도꼭지는 손잡이를 위로 올렸다 내리면서 물을 틀고 잠글 수 있다. 좌우로 살짝 돌리면 온수와 냉수도 조절할 수 있다. 손잡이 하나로 물을 틀고, 잠그고, 온도를 조절할 수 있어서 매우 편리하다. 과거의 수도꼭지는 돌리는 형태였다. 그리고 온수와 냉수가 나오는 손잡이가 나뉘어 있었다. 돌릴 때 손잡이가 너무 미끄럽고 힘이 들어가자, 손잡이를 쉽게 잡고 돌릴 수 있도록 홈을 팠다. 홈을 파는 것으로도 부족하자 지금과 같이 손잡이 하나로 온수·냉수를 조절할 수 있고, 누르는 것만으로 물을 틀 수 있는 수도꼭지를 만들어 냈다. 팔이 하나 없는 사람들도, 손에 힘이 없는 사람들도 쉽게 쓸 수 있는 수도꼭지가 된 것이다.

[그림 4-2] 문고리에 반영된 보편적 설계

문고리에서도 UD를 발견할 수 있다. 요즘 나오는 문고리들은 위아래로 누르면 문이 열린다. 손에 힘이 없어도, 손가락이 펴지지 않아도 쉽게 문을 열 수 있다. 동그랗게 생겨서 힘주어 잡고 돌려야만 열리던 과거의 문고리와는 다르다.

이 장에서는 최근 특수교육공학 분야에서 가장 활발하게 논의되고 연구되고 있는 '보편적 설계(universal design)'에 대해 공부할 것이다. 보편적 설계는 건축학 분야에서 시작된 인본주의적 개념으로 모든 인간(비장애인-장애인, 노인-아이 등)에게 추가적인 변화 없이 최대한 편리하게 사용하게 하고자 하는 아이디어다.

보편적 설계는 특수교육공학 분야에서 가장 의미 있게 논의되고 있는 개념이다. 특수교육공학과 동일한 개념으로 이해되기도 할 정도다. 이 보편적 설계는 하드웨어적 측면과 소프트웨어적 측면을 함께 가지고 있다고 할 수 있다. 즉, 초기 건축학 분야에서 시작된 보편적 설계는 시설물이

나 상품 등에서 장애인들이 비장애인들과 동일하게 사용할 수 있게 하는
원리와 결과물이었다. 그런 보편적 설계는 특수교육현장(교실 등)에서의
수업방법이나 교육과정에 투영되면서 소프트웨어적 측면이 강조되는 방
향으로 전환되고 있다.

이 장의 주요 내용은 보편적 설계의 개념, 보편적 설계의 주요 원리 및
적용, 보편적 학습설계의 원리 및 적용사례 등이다.

1. 보편적 설계의 개념, 등장 배경, 유사 용어

여기에서는 보편적 설계(universal design)에 대한 이해의 폭을 넓히고자 우
선적으로 보편적 설계의 개념을 정의하고자 한다. 그다음 보편적 설계의
등장 배경을 확인한다. 마지막으로 보편적 설계와 유사한 용어를 확인함
으로써 보편적 설계에 대한 조망감을 형성하게 될 것이다.

1) 보편적 설계의 개념

'보편적 설계'라는 용어는 '보편적'이라는 용어와 '설계'라는 용어가 결합된
용어다. '보편적'이라는 용어를 『표준국어대사전』에서 찾아보면 다음과 같다.

보편적[普遍的] | [보:편적]

「관형사 · 명사」

1. 두루 널리 미치는. 또는 그런 것.

2. 모든 것에 공통되거나 들어맞는. 또는 그런 것.

[비슷한 말] 일반적

'설계'라는 용어는 교육공학에서 널리 사용하는 '수업설계'라는 개념에서 그 내용을 잘 확인할 수 있다. '설계'라는 용어는 두 가지의 중요한 특징이 있다. 첫째, 사전계획성이라는 특징, 둘째, 요소들의 합(合)이라는 특징이다.

『특수교육학 용어사전』에서 확인한 보편적 설계의 개념은 다음과 같다.

보편적 설계(普遍的 設計)

제품과 환경을 개조하거나 또는 추가적인 특별한 설계 없이도 모든 사람이 최대한 편리하게 사용할 수 있도록 설계하는 공학적 개념이다. 이 개념은 건축학에서 비롯된 것으로 무장애 설계, 통합 설계, 혹은 모든 사람을 위한 설계라고도 한다. 장애인이든 비장애인이든 모든 사람의 다원적인 요구와 변화하는 유동적 요구를 포용할 수 있는 공통 설계요인을 최대한 반영하여야 한다. 보편적 설계를 적용하기 위한 기본 원리는 다음과 같다.

- 공평한 사용(어떤 집단의 사용자들에게도 유용하고 시장성이 있음)
- 융통성 있는 사용(광범위한 개인의 능력이나 기호에 유연하게 적응될 수 있어야 함)
- 단순하고 직관적인 사용(사용자의 경험, 지식, 언어능력 또는 일반적인 집중도에 관계없이 이해하기 쉬움)
- 인식가능한 정보(주위 여건이나 사용자의 지각능력에 상관없이 필요한 정보를 효과적으로 전달함)
- 실수에 대한 포용(우발적이거나 의도하지 않은 작동으로 발생할 수 있는 부정적 결과를 최소화함)
- 적은 신체적 노력(신체적 피로를 최소화하기 위해 효율적이고 편안하게 사용함)
- 접근과 사용 가능한 크기와 공간(사용자의 신체 크기, 자세, 운동성에

상관없이 접근, 도달, 작동, 사용할 수 있는 적당한 크기와 공간의 제공)

최근에는 보편적 설계의 개념 적용 범위가 넓어져 장애학생들만을 대상으로 하는 특수교육이 아니라, 처음부터 모든 학생을 위한 보편적 설계에 기반한 학습(universal design for learning)이 강조되고 있다.

출처: 국립특수교육원(2009).

보편적 설계라는 용어는 노스캐롤라이나 주립대학의 보편적 설계 센터(Center for Universal Design: CUD)의 설립자인 Mace가 1985년에 처음 사용한 것으로 확인된다. Mace는 소아마비 장애인으로서 자신이 겪은 어려움을 바탕으로 건축학 분야에서 창안한 보편적 설계라는 개념을 다음과 같이 제안하였다. 요즘 교육부 등에서 많이 사용하고 있는 무장애(barrier-free)라는 용어를 포함하고 있음을 알 수 있다.

보편적 설계란 장애를 가지고 있거나 그렇지 않은 모든 사람에게 매력적이고 기능적인 건물이나 시설을 별도의 비용이 거의 없이 설계하는 방법이다.

출처: Mace, R. L. (1985).

보편적 설계라는 용어는 1990년대에 이르러 그 개념이 확산하면서, 다양한 연구자에 의해 약간씩 차이를 보이며 개념이 정립되어 왔다. 주요 연구자들의 보편적 설계의 개념을 정의해 보면 다음 〈표 4-1〉과 같다.

〈표 4-1〉 보편적 설계의 개념

연구자	보편적 설계 개념
Mace (1985)	• 연령과 능력에 상관없이 최대한 많은 사람이 사용할 수 있는 환경과 제품을 만들기 위한 접근 • 건축에서의 보편적 설계는 건축물의 모든 구성요소가 장애를 가지지 않은 것(ability)과 장애를 가진 것(disability)의 정도를 고려하지 않고 모든 사람이 사용할 수 있도록 하는 것
Lobbovich (1993)	• 장애인 및 노인의 증가와 같은 인구구조의 변화와 법적 요구에 대한 해결책 • 다양한 능력을 가진 사람들 간의 차이를 제거하고 지원성, 접근성, 안정성 등의 원리를 고려하도록 요구하는 새로운 디자인 철학
Wilkoff & Abed (1994)	• 새로운 요소들이 환경에 도입되는 것이 아니라 기존 요구들의 기능을 향상시킨 디자인 • 장애를 가진 사람뿐 아니라 모든 사람을 위한 안정하고 기능적이며 편리한 환경을 만드는 것
Langmuir (1996)	• 다수의 존엄성과 독립성을 증진시키는 디자인 • 제품의 원래 상태를 변화시키지 않고 사용자의 특별한 요구를 수용할 수 있는 디자인 • 미적으로 즐거움을 줄 수 있는 디자인 • 최적의 요구를 수용하는 디자인 • 소비자를 이해하는 디자인 • 지속적인 디자인
Whitehouse (1996)	• 모든 사람을 위한 디자인으로, '하나의 크기가 모두를 충족시키는 단일화가 아닌 모든 이의 요구에 최대한 반응하는 디자인' • 가능한 모든 자원이 한 시점에 최대한 많은 사람이 접근가능한 환경을 만드는 디자인
Reuschel (1996)	• 노인과 신체적 장애가 있는 사람들이 환경이나 제품을 이용할 때 장애를 느끼지 않도록 사물을 창조, 배열하는 것
Moore (1996)	• 모든 사람을 환영하는 장소나 제품이 보편성을 포함해야 하며, 모든 사람의 요구를 평등하게 반영하는 디자인

출처: Cobington, G., & Hannah, B. (1997).

보편적 설계라는 용어는 이후 많은 분야에서 논의가 이루어지고 있으며, 법률적인 용어로 개념화되어 왔다. 보편적 설계의 초기 개념은 건축학 분야에 제한되었으나, 점차 도시설계를 비롯한 다양한 분야로 확대되어 왔다. 미국의 「보조공학법(Assistive Technology Act of 1998)」에서는 보편적 설계를 다음과 같이 정의하고 있다.

> 보편적 설계란 가능한 기능적 능력으로 가장 광범위한 범주의 사람들에 의해 사용가능한 제품과 서비스를 설계하고 전달하는 개념 또는 철학을 의미하며, 직접 사용할 수 있는 제품과 서비스, 그리고 보조공학과 함께 사용할 수 있는 제품과 서비스를 포함한다.

2) 보편적 설계의 등장 배경

강병근(2008)은 보편적 설계는 장애인 편의시설에 대한 부작용 때문에 등장했다고 주장하였다. 덴마크와 스웨덴에서 1959년에 시작된 장애인 건축에 대한 설계 기준의 법제화 시도는 1960년대 초반(1960년 독일과 스위스, 1961년 미국, 1963년 이탈리아, 1964년 네덜란드 등)에 전 세계적으로 확산하였다.

미국의 '접근가능한(accessible / usable)' 설계 기준은 장애물의 제거범위 등에 대한 한계는 있었지만 매우 강력한 영향력을 지닌 시설물 설계 기준으로서의 역할을 훌륭하게 해냈다. 특히 미국이 1973년 개정한 「장애인재활법」 제504조는 미연방과 관련된 사업에서 장애인의 차별을 금지하였고, 1977년 이 법이 시행되면서 장애인의 권리의식이 높아져 사회 전반에 걸친 광범위한 장애인 권리운동이 확산하기도 하였다.

그러나 이러한 장애인 권리운동과 강력한 설계 기준은 1970년대 후반에 접어들면서 지나치게 장애인 편의시설 중심으로 설계가 특화되고 있다는 비판이 미국 건설업계에서 강하게 형성되기 시작하였다. 특히 편의시설 설치기준이 장애인만을 대상으로 한 설계 기준으로 적용되고 또한 인식되어서 임대주택의 경우 장애인 입주자가 이주하면 그 집을 빌리러 오는 사람이 없게 되고, 심지어는 함께 살고 있는 가족 또한 사용하기 어렵게 되거나 병원의 병실과 같은 특수하고 익숙하지 않은 설계에 대한 반발이 나타나기 시작하였다.

그런 관계로, 장애인만을 위한 여러 가지 지침이나 법안들은 많은 이로 하여금 불편함과 심지어 거부감을 느끼게 하였다. 이런 문제점들을 해결하기 위한 것이 보편적인 설계를 하는 계기가 되었고, 미국 기준협회와 보편적 설계의 최초 제안자인 Mace 등이 '특정인을 대상으로 한 특정 설계'를 '모두를 위한 보편적인 설계'로 바꾸는 운동을 전개하게 되었다.

3) 보편적 설계의 유사 용어

보편적 설계는 다양한 용어로 불린다. 이들 유사 용어를 확인하는 것은 보편적 설계의 개념을 명확하게 정의하는 데 큰 도움이 된다. 김남진과

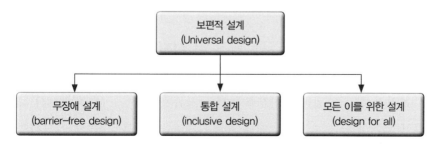

[그림 4-3] 보편적 설계의 동의어들

출처: 김남진, 김용욱(2010: 118).

김용욱(2010)은 보편적 설계의 동의어들을 다음 [그림 4-3]과 같이 제시하였다.

강병근(2008)은 보편적 설계의 이론적 개념을 확인하면서 다음과 같은 다양한 유사 용어를 제시하였다. 첫째, '생애주기 디자인(life span design: 어린이부터 노인까지 사용할 수 있는 환경과 상품 디자인)'으로서 생애주기가 변하여도 무리 없이 수용할 수 있는 디자인을 의미하고, 유사 용어로 '초세대적 디자인(trans-generation)'도 사용되고 있다. 둘째, '융통 또는 가변성 디자인(adaptive design: 요구에 따라 생활환경 자체를 변할 수 있게 만든다는 디자인)'으로서 단순한 추가 또는 변경만으로 진화가능한 생활환경 디자인을 의미하고, 유사 용어로는 '적응가능한 디자인(adaptable design)'이 있다. 셋째, '첨가적 디자인(additive/expandable design: 수요자의 요구 변화를 점진적으로 수용하는 디자인)'이다.

이외에도 유럽에서 널리 사용되고 있는 '모두를 위한 설계(design for all: 모든 범위의 능력이나 상황에 있는 사람들에게 편리한 환경이나 서비스를 제공하는 디자인)' '접근가능한 디자인(accessible design: 일상생활에 제약을 받는 사람들의 설계요구에 맞추어 환경이나 서비스를 확장한 디자인)' '포괄적인 디자인(inclusive design: 만인의 요구에 대응하는 포괄적인 디자인)' 등이 보편적 설계와 유사 용어로 사용되고 있다고 주장하였다.

2. 보편적 설계의 주요 원리 및 지침

보편적 설계는 원리와 지침을 통해 구체화된다. 여기서는 학계에서 나름 동의되고 있는 보편적 설계의 일곱 가지 원리와 30개 지침을 구분하여 살펴볼 것이다.

1) 보편적 설계의 주요 원리

보편적 설계의 주요 원리는 노스캐롤라이나 주립대학교의 보편적 설계 센터(Center for Universal Design: CUD)에서 제시하였다. 보편적 설계 센터는 1997년 보편적 설계의 일곱 가지 원리와 30개의 상세 지침을 제시하였다. 먼저 보편적 설계의 일곱 가지 원리의 내용을 살펴보면, 다음 〈표 4-2〉와 같다.

〈표 4-2〉 보편적 설계의 일곱 가지 원리

원리	내용
제1원리 공평한 사용 (equitable use)	서로 다른 능력을 가지고 있는 다양한 사람들에게 유용하게 사용될 수 있는 설계
제2원리 사용상의 융통성 (flexibility in use)	개별적으로 다양한 선호와 능력에 따라서 조정할 수 있는 설계
제3원리 간단하고 직관적인 사용 (simple, intuitive use)	사용자의 경험, 지식, 언어, 기술, 집중력 등에 관계없이 이해하기 쉬운 설계
제4원리 쉽게 인지할 수 있는 정보 (perceptible information)	사용자들의 지각능력이나 주변조건에 관계없이 필요한 정보를 효과적으로 전달할 수 있는 설계
제5원리 오류에 대한 포용성(관용) (tolerance for error)	우연적이거나 의도하지 않은 행동에 의한 부정적인 결과나 위험을 최소화할 수 있는 설계
제6원리 적은 신체적 노력 (low physical effort)	최소한의 육체적 노력으로 효율적이고 편리하게 사용할 수 있는 설계
제7원리 접근과 사용을 위한 크기와 공간(size and space for approach and use)	사용자의 신체 크기, 위치, 이동성에 상관없이 접근, 도달, 조작, 사용할 수 있는 여유 있는 적절한 크기와 공간을 제공하는 설계

2) 보편적 설계의 구체적인 지침

보편적 설계 센터에서는 보편적 설계의 일곱 가지 원리에 근거한 구체적인 30개 지침을 제시하여, 관련 연구자 및 종사자들에게 보다 친절한 안내를 하고 있다. 보편적 설계의 30개 지침을 살펴보면, 다음 〈표 4-3〉과 같다.

〈표 4-3〉 보편적 설계의 30가지 지침

원리	지침
제1원리 공평한 사용	• 모든 사용자가 똑같이 사용할 수 있는 방법을 제공한다. 가능하면 동일한 것으로, 그렇지 못할 경우에는 동등한 것으로 제공한다. • 어떤 사용자도 분리되거나 낙인 찍히지 않도록 한다. • 모든 사용자에게 사적 자유, 보호, 안전이 똑같이 확보되는 설비를 제공한다. • 모든 사용자에게 매력적으로 설계한다.
제2원리 사용상의 융통성	• 사용방법에서 선택사항을 제공한다. • 오른손잡이나 왼손잡이 모두 접근해서 사용할 수 있도록 한다. • 사용자의 정확성을 촉진한다. • 사용자의 속도에 맞추어 적응된 양식을 제공한다.
제3원리 간단하고 직관적인 사용	• 불필요한 복잡성을 제거한다. • 학습자의 기대와 직관에 일관되게 제시한다. • 문해 및 언어 능력의 다양한 수준에 맞게 조정하도록 한다. • 일관된 중요도로 정보를 배열한다. • 과제수행 동안과 이후에 효과적인 촉진과 피드백을 제공한다.
제4원리 쉽게 인지할 수 있는 정보	• 필수정보는 여러 형태(그림, 구어, 촉각 등)를 사용하여 중복적으로 제시한다. • 필수적 정보와 배경 간에 적절한 대비가 이루어지도록 한다. • 필수정보의 가독성(legibility)을 최대화한다. • 요소들의 제시방법을 차별화하여 중요한 정보가 명확하게 전달되도록 한다.

(계속)

	• 감각장애 아동들이 사용하는 다양한 기술이나 장비들과 호환성을 갖도록 한다.
제5원리 오류에 대한 포용성 (관용)	• 위험이나 오류를 최소화하도록 요소들을 배치한다. 많이 사용되는 요소는 가장 근접하게 배치하고, 오류요소들은 제거, 분리, 가리도록 한다. • 위험이나 오류에 대해 경고한다. • 오류를 방지할 수 있는 도움을 제공한다. • 주의해야 하는 과제에서 무의식적인 반응이 나오지 않도록 한다.
제6원리 적은 신체적 노력	• 신체자세를 바르게 유지할 수 있도록 한다. • 조작을 위해 적절한 힘을 사용하도록 한다. • 반복적인 행동을 최소화한다. • 지속적인 신체적 노력을 최소화한다.
제7원리 접근과 사용을 위한 크기와 공간	• 앉거나 서 있는 사용자에게 중요한 요소들이 명확하게 보이도록 한다. • 앉거나 서 있는 사용자가 모든 요소에 편리하게 접근할 수 있도록 한다. • 손의 크기와 손을 쥐는 정도에 따라 조정할 수 있도록 한다. • 보조장비나 개인적 지원을 사용할 수 있는 적절한 공간을 제공한다.

출처: Center for Universal Design(1997).

　보편적 설계의 일곱 가지 기본 원리와 30개의 구체적 지침은 보편적 설계를 사용하고자 하는 연구자나 교사들에게 중요한 자료가 되고 있다. 이 교재에서는 원리별 예시를 제시하지 않고 있다. 이 교재를 가지고 공부하는 학생들은 원리별 예시를 찾아보는 것이 연구과제가 될 것으로 기대한다.

3. 보편적 학습설계의 원리 및 적용

보편적 설계는 그 출발점을 건축학에 두고 있다. 초기 보편적 설계는 장애인들의 시설물, 상품 등에 그 범위를 두고 연구 및 논의가 진행되었다. 최근에는 장애아동의 교육과정 및 수업 등에도 보편적 설계 아이디어가 접목되고 있다. 여기에서는 보편적 학습설계의 등장배경과 개념, 주요 원리 및 적용, 보편적 설계와 통합교육 비교, 통합교육에서의 보편적 설계 등에 대해 서술한다.

1) 보편적 학습설계의 등장 배경과 개념

보편적 설계(Universal Design)는 1985년 Mace에 의해 창안되어 장애인의 접근성 강화를 위한 의미 있는 사회운동으로 확대되고 있다. 특수교육의 발달과정은 분리교육 시기에서 정상화(normalization) 운동과 탈시설화(deinstitutionalization) 과정, 최소제한적 환경(LRE), 주류화(mainstreaming), 일반교육주도 정책 등을 거쳐 통합교육으로 이동하고 있다.

보편적 설계는 건축학 분야에서 출발하였지만, 모든 사용자의 접근성과 편리성을 강화하는 방향으로 확대되어, 특수교육에서의 교육과정과 수업 분야까지 그 개념과 원리(지침)들이 확산했다. 이런 과정에서 등장한 용어가 '학습을 위한 보편적 설계(Universal Design for Learning: UDL)'다.

'보편적 학습설계'라는 용어는 1989년 미국의 국립일반교육접근센터(The National Center for Accessing the General Education Curriculum)에서 최초로 사용하였다고 한다. 미국의 응용특수공학센터(Center for Applied Special Technology: CAST)에서는 장애인을 포함한 모든 사람에게 교육의 기회를 확대하기 위해 공학을 사용할 것을 주장하였고, 일반교육과정에의 접근·참여·진전도를 촉진시키기 위한 교육과정 설계방법으로 '학습을 위한 보편적 설계(Universal Design for Learning: UDL)'를 제안하였다.

정해진(2004)은 보편적 학습설계란 기존의 보편적 설계의 개념을 두 가지 측면에서 확장시킨 것이라고 주장하였다. 첫째는 교육과정에 내재한 융통성(built-in-flexibility)의 개념을 적용하는 것이고, 둘째는 교실에서 정보에 대한 접근성의 향상뿐만 아니라 학습에 대한 접근성을 향상시킨 개념이라고 하였다. 김남진과 김용욱(2010)은 보편적 학습설계란 다양한 특성을 가진 모든 학생이 동등하게 교육과정에 접근하고 참여하는 과정을 통해 바람직한 교육적 결과를 극대화할 수 있도록 계획단계에서부터 학생들의 일반성과 특수성을 고려하는 설계라고 정의하였다.

보편적 학습설계(Universal Design for Learning: UDL)는 건축학 개념에서 주창된 보편적 설계를 교육영역에서 활용하고자 하는 패러다임으로서 모든 학습자가 일반교육과정을 수행할 때 부딪히게 되는 높은 장벽을 개선하기 위한 방법이며, 융통성 있는 수업목적, 수업방법, 수업자료, 평가를 학습자 차이에 따라 조절한 상세 계획을 말한다. 이 중 '보편적'이라는 개념은 모든 사람을 위한 한 가지의 최적화된 해결책을 의미하는 것이 아니라, 장애학생을 포함하여 가능한 한 다양한 학습자가 공통의 환경에서 학습할 수 있도록 교육과정 및 학습환경을 탄력적으로 설계하는 것을 말한다. 보편적 학습설계는 장애학생만을 대상으로 하는 특수교육을 일반교육과 분리된 이원적 체계로 설계하기보다는 다양한 특성을 가진 모든 학생이 일반교육과정에 접근할 수 있도록 계획단계에서부터 학생들의 다양한 범위를 보다 확장하여 교육과정이나 교수법 등을 설계하는 과정이 포함된다.

2) 보편적 학습설계의 주요 원리 및 적용

Rose와 Mayer(2002)는 보편적 학습설계의 주요 세 가지 원리로 복합적인 내용제시방법, 복합적인 표현방법, 복합적인 참여방법의 제공을 제안하였다. 그들이 제시한 보편적 학습원리와 적용된 교수방법의 예는 다음 〈표 4-4〉와 같다.

〈표 4-4〉 보편적 학습설계 원리와 적용된 교수방법

보편적 학습설계 원리	보편적 학습설계 원리가 적용된 교수방법
복합적인 내용제시방법 (multiple methods of presentation)	• 복합적인 예 제공 • 정보의 중요한 특징 강조 • 복합적인 매체와 형태 제공 • 배경지식 및 맥락에 대한 정보 제공
복합적인 표현방법 (multiple methods of expression)	• 융통성 있는 수행 모델 제공 • 연습을 지원하는 기회 제공 • 지속적이고 관련된 피드백 제공 • 기술시연을 위한 융통성 있는 기회 제공
복합적인 참여방법 (multiple methods of engagement)	• 내용과 도구의 선택사항 제공 • 적절한 목표수준 제공 • 보상의 선택 제공 • 학습상황의 선택 제공

출처: Rose, D., & Mayer, R. (2002).

김남진과 김용욱(2010)은 노석준(2006) 등의 연구를 바탕으로 보편적 설계와 보편적 학습설계를 비교하여 제시하였다. 보편적 학습설계를 이해하는 데 의미 있는 비교라고 평가된다.

보편적 설계 및 보편적 학습설계 모두 접근과 참여의 수단 측면에서 추가적인 조정이 필요 없도록 사전에 설계되어야 한다는 점에서는 공통점이 있다. 그러나 활용 측면에서 보편적 설계는 남의 도움 없이 아동 스스로 사용가능하도록 하는 것이 중요하지만, 보편적 학습설계에서는 아동 스스로 접근수단을 조정하되 교수자가 아동들의 학습진도를 점검하고 어떤 속성들을 활성화할 수도 있다고 하였다. 그리고 도전 측면에서 일반적인 보편적 설계에서는 예측되는 모든 장애물을 제거하는 데 중점을 두지만, 보편적 학습설계에서는 접근한 장애물은 제거하되 아동의 분발을 위한 적절한 도전이 유지되도록 해야 한다는 차이가 보인다고 평가하였다.

〈표 4-5〉 보편적 설계(UD)와 보편적 학습설계(UDL)의 차이

구분	보편적 설계(UD)	보편적 학습설계(UDL)
접근과 참여 수단	생산물과 환경은 부가적인 조정이 필요 없이 모든 사람에 의하여 사용될 수 있게 한다.	교육과정은 교사에 의한 추가적인 조정이 필요 없이 모든 학습자에게 활용가능해야 한다.
활용	사용자들이 모든 접근을 통제하며, 다른 사람들의 도움이 없거나 거의 필요하지 않다.	학습자들이 접근수단을 통제하지 않지만 교사들은 교수와 촉진, 학습자들의 학습에 대한 평가를 계속한다.
도전	• 만약 제거할 수 없다면 최소화한다. • 접근에 대한 장애는 될 수 있는 대로 없앤다. • 가장 좋은 설계는 가장 쉽게 광범위한 접근을 제공한다.	• 몇몇 인지적인 도전이 여전히 유지되어야 한다. • 접근에 대한 장애들은 없어져야 하지만 적합하고 적당한 도전은 유지되어야 한다. • 만약 접근이 너무 없다면 학습은 더 이상 일어나지 않을 것이다.

출처: 김남진, 김용욱(2010: 129).

3) 보편적 설계와 통합교육

김용욱(2008)은 보편적 설계의 아이디어를 통합교육에서 찾을 수 있다고 주장하였다. 그는 통합교육은 모든 학생을 위한 교육이고 보편적 설계는 모든 사람을 위한 설계로, 통합교육과 보편적 설계는 그 철학적 배경, 목적, 대상 및 방법 등에서 공통적인 특성을 공유한다고 주장하였다. 그가 주장한 보편적 설계와 통합교육의 공통점은 다음 〈표 4-6〉과 같다.

〈표 4-6〉 보편적 설계와 통합교육의 공통점

구분	보편적 설계	통합교육
철학적 배경	• 인간중심 사고 • 인간의 다양성 포용	• 인간의 다양성 인정 (인본주의 패러다임)
대상	• 모든 생활영역 (제품, 서비스, 거주, 교육, 고용 등)	• 장애학생을 포함한 모든 학생
목적	• 참여, 접근, 사용 보장	• 통합, 동등한 학습기회 제공

방법	• **원리**
	  - 기능지원 디자인
	  - 수용가능한 디자인
	  - 접근가능한 디자인
	  - 안전한 디자인
	• **원칙**
	  - 동등한 사용
	  - 사용상의 융통성
	  - 손쉬운 이용
	  - 정보이용의 용이
	  - 안정성
	  - 힘들이지 않는 조작
	  - 적절한 크기와 공간
		• **교육과정**
		  - 원리: 수용가능한 · 접근가능한 디자인
		  - 원칙: 동등한 사용, 사용상의 융통성
		• **교수 · 학습 운영**
		  - 원리: 기능지원 디자인
		  - 원칙: 손쉬운 이용, 정보이용의 용이, 안정성
		• **교육환경**
		  - 원리: 접근가능한 · 안전한 디자인
		  - 원칙: 힘들이지 않는 조작, 적절한 크기와 공간

출처: 김용욱(2008).

4. 통합교육에서의 보편적 설계의 적용

오늘날 특수교육은 통합교육 패러다임에서 진행되고 있다. 현행 「장애인 등에 대한 특수교육법」 제2조(정의)에서 확인하여 보면 그 내용을 더 분명하게 확인할 수 있다.

「장애인 등에 대한 특수교육법」

제2조(정의)

1. '특수교육'이란 특수교육대상자의 교육적 요구를 충족시키기 위하여 특성에 적합한 교육과정 및 제2호에 따른 특수교육 관련 서비스 제공을 통하여 이루어지는 교육을 말한다.
6. '통합교육'이란 특수교육대상자가 일반학교에서 장애유형·장애정도에 따라 차별을 받지 아니하고 또래와 함께 개개인의 교육적 요구에 적합한 교육을 받는 것을 말한다.

통합교육은 장애학생을 포함한 모든 학생의 다양성을 인정하고 그들의 교육적 요구에 적합한 교육을 제공하기 위한 것으로, 현재의 통합교육이 효과적으로 이루어지기 위해서는 보편적 설계에 기초하여 특수교육 및 통합교육에 대한 이론 및 실제적인 접근의 변화가 필요하다고 할 수 있다. 즉, 이론적으로 장애를 인간의 다양성과 차이성의 한 구성요소로 인정하고 수용하며, 교육의 실제에서 누구도 배제되지 않는 교육과정과 수업을 설계 및 실행해야 한다는 책무성의 변화가 먼저 이루어져야 한다.

김용욱(2008)은 통합교육에서 보편적 설계의 적용 방향과 그 실제에 대하여 교육과정 측면, 교수·학습 측면, 교육환경 측면으로 구분하여 제시하였다.

1) 교육과정 측면: 보편적 설계 적용

보편적 설계에 기초하여 통합교육을 재조명해 보면 통합교육의 근본 목적은 단지 일반학급에서 장애학생을 위하여 특수교육 서비스를 실시하는 것이 아니라 문제행동을 포함한 폭넓은 범위의 학생 간 차이를 일반학급 내에서 보편적인 것으로 수용하는 것이라고 할 수 있다. 이러한 통합교육이 실현되기 위해서는 모든 학생이 학교의 구성원에 포함되어 활동하고 참여할 수 있도록 학습자들의 다양한 요구와 다양성을 수용하고 처음부터 개개 학생의 특성을 구분하거나 분리하지 않는 토대가 갖추어져야 한다. 이를 위하여 가장 먼저 고려되어야 할 것은 학교교육의 기본적인 틀인 교육과정에서의 '보편성'을 고려하는 것이다.

통합교육에서의 교육과정은 장애학생을 포함한 모든 학생이 동등하게 접근하고 사용상의 융통성이 있도록 설계되어야 한다. 교육과정 측면에서 보편적 설계의 적용방향에 대해 좀 더 구체적으로 살펴보면 다음과 같다.

(1) 보편적 교육과정 설계

통합교육에서 장애학생과 비장애학생, 학습부진학생과 학습우수학생 등 모든 학생을 고려하여 이들에게 적합한 교수적 경험을 제공할 수 있는 보편적인 교육과정으로 설계되어야 한다. 즉, 장애학생에게 기본교육과정 또는 일반교육과정과 기본교육과정의 수정 및 재구성에 의한 교육과정을 제공하는 것이 아니어야 하며, 학습부진학생의 경우에도 일반교육과정 수준의 하향조정에 의한 교육과정을 제공하는 것이 아니어야 한다. 처음부터 모든 학생의 다양한 능력과 요구를 고려한 교육과정이 되어야 한다. 그래서 교육과정에 대한 수정 없이도 다양한 학생의 요구에 부합할 수 있는 교육과정이 계획·개발되어야 할 것이다. 이를 위한 교육과정 설계의 구체적 실행방안으로 구성주의 기반 교육과정과 수준별 교육과정을 제안한다.

① 구성주의 기반 교육과정

구성주의 기반 교육과정은 학습자의 학습에 대한 주인의식, 학습에서의 적극적 참여, 자기주도성을 강조하며, 이를 바탕으로 학습자에게 다양하고 의미 있는 경험을 제공하여 개인의 독특성과 창조성을 이끌어 내는 교육과정이다. 또한 학습자들의 다양성을 최대한 수용하여 학습자의 요구와 특성을 바탕으로 융통성 있게 교육과정이 설계되고 운영될 수 있는 특징을 내포하고 있다. 이러한 구성주의 기반 교육과정의 주요 원칙과 특성들은 보편적 설계의 기본 원칙인 '동등한 사용' '사용상의 융통성'과 같은 맥락으로 볼 수 있기 때문에 통합교육을 위한 교육과정 설계 및 운영의 구체적인 방향이라고 할 수 있다.

② 수준별 교육과정

수준별 교육과정은 학습자 개개인의 능력, 관심, 흥미, 진로 등에 맞는 학습내용과 방법을 통하여 학습동기를 유발하고 학습활동을 강화하는 것으로 모든 학생에게 알맞은 속도로 학습하도록 할 수 있고, 자기주도적으로 학습활동을 하며 교수·학습 태도를 기를 수 있는 교육과정이다. 이를 통하여 학생 개개인의 성장 잠재력과 교육의 효율성을 극대화할 수 있다.

(2) 디지털 교과서와 매체

디지털 교과서는 텍스트뿐만 아니라 교재의 내용을 동영상, 애니메이션, 가상현실, 하이퍼링크 등 첨단 멀티미디어 기능으로 통합해 제공할 수 있고, 다양한 학습보조 자료와 사회 각 분야 최신 정보 및 지식 DB의 정보를 활용하여 학습할 수 있는 다양성과 융통성의 특성이 있기 때문에 다양한 교육적 요구를 지닌 장애학생들에게 그들의 요구에 적합한 교육을 제공할 수 있을 것으로 기대된다.

2) 교수·학습 운영 측면: 보편적 설계 적용

보편적 설계를 적용할 수 있는 교수·학습은 모든 학생의 학습 진보가 일어날 수 있도록 운영되고, 이를 위해 융통성 있는 교육과정 접근을 위한 다양한 대안이 마련되어 필요에 따라 선택할 수 있도록 해야 한다. 즉, 교수 · 학습의 운영에서 학습내용 제시 방식, 의사표현 방식, 학생들의 참여 및 상호작용 등에 하나의 방식이 아닌 다양한 대안을 마련하여 학습자들이 요구에 맞는 방법을 필요에 따라 선택해 학습에서 진보가 일어날 수 있도록 설계되어야 한다. 교수 · 학습 운영 측면에서 보편적 설계의 적용 방향에 대해 좀 더 구체적으로 살펴보면 다음과 같다.

첫째, 학습내용의 제시에서 탄력적인 설명 수단이 제공되어야 한다. 수업은 다양한 능력의 학습자들에게 접근되고 유용하도록 설계되어야 한다. 따라서 다양한 학습자의 요구를 수용하기 위해 학습내용의 제시에서 복잡한 개념을 줄이고 중요한 개념을 중심으로 디지털 텍스트, 설명문이 있는 오디오, 설명이 있는 이미지와 그래픽 등의 다양한 방법으로 설명 수단이 제공되어야 한다.

둘째, 학습자의 의사표현에서 탄력적인 표현 수단이 제공되어야 한다. 다양한 특성을 지닌 학습자들에게 학습에서의 타인과의 의사소통을 위해 특정의 단일한 표현방법이 아닌 말하기, 쓰기, 그리기, 컴퓨터를 이용한 의사표현 등 다양한 방식의 표현 수단이 제공되어야 한다.

셋째, 학습자의 참여를 위한 탄력적인 참여 수단이 제공되어야 한다. 학습자들의 지적발달 경험과 정도, 교육 및 사회 · 문화적 배경 등에서의 다양한 특성을 고려하여 교육과정의 신기성과 친숙성, 지원과 도전의 균형, 융통성 있는 교수 · 학습 자료 등이 제공되고 학습 흥미와 동기를 향상시키기 위해서는 탄력적인 참여 수단이 제공되어야 한다.

넷째, 학습자의 교육 진보 평가방법에서도 보편적인 설계가 이루어져야 한다. 즉, 교육에서 학습자의 학업적 성취를 평가하는 도구와 방법 또한 모든 학생이 접근할 수 있도록 보편적으로 설계되어야 한다. 이를 위해서는 평가 양식, 평가에 사용되는 기기나 자료, 평가 시간이나 환경이 다양화되어야 한다.

다섯째, 교수·학습 활동에 참여하는 일반교사와 특수교사 및 장애학생과 비장애학생 등 다양한 구성원 간의 보편적인 상호작용과 협력이 이루어져야 한다. 즉, 통합교육에서 장애학생을 포함한 모든 학생에게 직접적이고 실질적인 교수를 제공하는 일반교사와 특수교사 간의 협력은 교육방법의 공유와 협력적인 교수를 제공할 수 있고 모든 학생을 통합하게 한다.

3) 교육환경 측면: 보편적 설계 적용

교육환경 측면에서 보편적 설계는 학습의 모든 구성원이 지원적이고 편리한 교육환경에서 통합교육이 이루어질 수 있도록 설계되어야 할 것이다. 교육환경 측면에서 보편적 설계의 적용 방향을 물리적 환경과 인적 환경을 중심으로 좀 더 구체적으로 살펴보면 다음과 같다.

첫째, 물리적 환경과 학습 및 학교생활에서의 접근성 확보와 이를 위한 지원을 보장할 수 있도록 설계되어야 한다. 먼저 장애학생이 일반학교 및 통합학급에 통합될 수 있도록 경사로, 출입구, 화장실 등의 장애학생 편의시설 제공을 통한 물리적 접근성이 확보되어야 한다. 다음으로 학습과 학교생활에 참여하고 효과적으로 활동하기 위해 이에 필요한 각종 학습도구 및 보조공학의 지원이 이루어져야 한다.

둘째, 장애학생과 비장애학생 간의 사회적 관계 형성 및 상호작용이 촉진되도록 설계되어야 한다. 즉, 학습자 간의 원활한 관계형성 및 다양한 상호작용은 학습의 모든 구성원이 환영받고 통합적이 되는 교육 분위기를 형성하고, 나아가 통합교육이 추구하는 학업적 진보와 더불어 사회적 관계 형성을 촉진하여 진정한 사회적 통합이 이루어질 수 있게 한다.

김용욱(2008)이 제시한 통합교육에서의 보편적 설계의 아이디어를 그림으로 정리하여 제시하면 다음 [그림 4-4]와 같다.

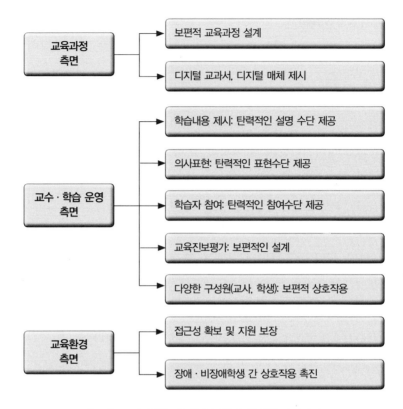

[그림 4-4] 통합교육에서 보편적 설계의 아이디어

〈이 장의 연구과제〉

1. 우리 주변의 시설물과 상품 중에서 찾아볼 수 있는 보편적 설계의 예시를 조사하고, 그 예시들을 보편적 설계의 원리 및 지침에 의해 분류하여 발표해 보자.

2. 보편적 설계와 보편적 학습설계의 유사점과 차이점 등에 대한 간단한 보고서를 준비해 발표해 보자.

3. 보편적 설계 아이디어가 통합교육현장에서 어떻게 적용되고 효과를 발휘하고 있는지에 대하여 팀을 나누어 발표 및 토론해 보자.

⟨참고문헌⟩

강병근(2008). 보편적 디자인(Universal Design)의 이론적 배경과 철학적 개념. 한국특수교육학회 2008 추계학술대회 자료집.

교육부(2018). 특수교육연차보고서.

국립특수교육원(2009). 특수교육학 용어사전. 서울: 도서출판 하우.

국립특수교육원(2018). 특수교육학 용어사전(개정판). 서울: 도서출판 하우.

김남진, 김용욱(2010). 특수교육공학. 서울: 학지사.

김남진, 김용욱(2017). 특수교육공학(2판). 서울: 학지사.

김남진, 김용옥 역(2018). 보편적 학습설계 기반 수업. 서울: 학지사.

김동일, 손승헌, 전병운, 한경근(2010). 특수교육학개론 – 장애 · 영재아동의 이해. 서울: 학지사.

김동일, 손지영, 윤순경(2008). e–러닝에서 보편적 설계의 적용에 대한 사용성 평가–시각, 청각, 지체장애 대학생을 중심으로. 특수교육저널: 이론과 실천, 9(2), 97–127.

김용욱(2008). 통합교육을 위한 방법론적 접근: 보편적 설계. 한국특수교육학회 추계학술대회.

노석준 역(2006). 보편적 학습설계 – 교사들과 교육전문가들을 위한 지침서. 서울: 아카데미프레스.

노석준(2006). 보편적 설계원리의 교수 – 학급에의 적용: 보편적 학습설계(UDL). 제11회 이화특수표육학술 대회 자료집.

민천식, 권택환, 신재한(2014). 특수교육공학. 경기: 교육과학사.

박재국, 김경희, 김소희(2006). 통합교육을 위한 유니버설 디자인에 관한 교사의 인식. 특수교육재활과학연구. 45(4), 191–213.

유승우, 임형택, 권충훈, 이성주, 이순덕, 전희정(2017). 교육방법 및 교육공학(제3판). 경기: 양서원.

정해진(2004). 학습에 있어서의 보편적 설계. 장애아동과 테크놀로지, 제4호, 16–18.

표준국어대사전 http://stdweb2.korean.go.kr

한국특수교육학회(2008). 통합교육을 위한 방법론적 접근: 보편적 설계(Universal Design). 한국특수교육학회 2008년 추계학술대회 자료집.

「장애인 등에 대한 특수교육법」

Blackhurst, E. (1997). Perspectives on technology in special education. *Teaching Exceptional Children.*

Center for Universal Design. (1997). *Environments and products for all people.* Raleigh: North Carolina State University.

Cobington, G., & Hannah, B. (1997). *Access by Design.* New York: Van Nostrand Reinhold.

Heward, W. L. (2009). *Exceptional Children: An Introduction to Special Education* (9th ed.). Upper Saddle River, NJ: Pearson Education, Inc.

Mace, R. L. (1985). Universal design: Barrier free environment for everyone. *Designers West, 33*(1), 147-152.

Mace, R., Pace, R., & Shaake, C. (1996). *Residential Remodeling and Universal Design: Making Homes More Comfortable and Accessible.* Upper Darby, PA: Diane Pub Co.

Rose, D., & Mayer, A. (2002). *Teaching every student in digital age: University design for learning.* Alexander, VA: Association for Supervision and Curriculum Development(ASCD).

제**5**장

특수교육공학

접근성과 특수교육공학

〈이 장의 개요〉

이 장에서는 특수교육공학에 접근하는 제도적 장치로서 접근성을 이해하고자 내용을 전개한다. 1절은 접근성의 이해로서 장애인 접근권의 개념, 장애인 접근권의 필요성 및 관련 법률과의 관계에 대해 살펴보고, 2절은 외국의 장애인 접근권 발달과 관련 법에 대해 알아보았으며, 3절은 우리나라 장애인 접근권 관련 법률에 대해 장애인 접근권(이동권), 시설(설비)에 대한 접근권, 특수교육공학과 정보 접근권으로 나눠 제시하였다.

이 장의 주요 내용으로는 정보 접근성의 개념, 특수교육 현장에서 시설에 관계되는 정보 접근권의 이해 및 실제, 정보접근의 개념 및 관련 법률 등이다.

〈이 장의 학습목표〉

1. 특수교육현장에서 접근성의 중요성을 설명할 수 있다.
2. 특수교육현장에서 시설(설비)에 대한 접근권을 설명할 수 있다.
3. 특수교육대상아동에게 접근권 관련 법률의 중요성과 적용 등에 대해 논리적으로 설명할 수 있다.

제5장에서는 특수교육공학에 접근하는 제도적 장치로서 접근성을 이해하고자 내용을 전개하였다. 특수교육공학은 특수교육대상아동에게 적합한 접근성으로 구현될 수 있다.

이에 따라 1절은 접근성의 이해로서 장애인 접근권의 개념, 장애인 접근권의 필요성에 대해 이동권, 편의시설 접근, 정보 접근으로 살펴보고, 장애인 접근권과 관련 법의 필요성에 대해 살펴보았다. 2절은 장애인 접근권에 영향을 미친 비엔나 선언 및 행동계획(1993)의 주요 내용과 미국, 유럽의 주요 국가의 관련법 및 일본의 장해자(障害者) 기본법에 대해 알아보았다. 3절은 정보접근의 개념 및 관련 법률 등에 대해 살펴보고자 우리나라 장애인 접근권 관련 법률을 장애인 이동권, 시설(설비)에 대한 접근권, 정보 접근권으로 나눠 살펴보았다.

정보 접근권은 특수교육현장에서 양질의 특수교육공학을 실현해 나가는데 중요한 구심점이 될 것이다. 따라서 특수교육대상아동이 정보접근권의 수혜를 받을 수 있는 장애인 접근권들에 대해 기술하였다.

이 장에서는 특수교육대상아동을 위한 접근성의 개념, 장애인 접근권의 이해 및 실제, 정보접근의 개념과 외국의 장애인 접근권 발달 과정 및 우리나라의 장애인 접근권과 관련된 법률 등을 살펴보게 될 것이다.

1. 접근성의 이해

접근성(Accessibility)은 웹이나 앱 등에서 제공하는 정보를 신체적·기

술적 여건과 관계없이 장애인 등이 비장애인과 동등하게 접근하고 이용
할 수 있도록 보장하는 것을 의미한다.

1) 장애인 접근권의 개념

장애인 접근권은 인간으로서의 존엄과 가치 및 행복을 추구할 권리를
보장받기 위하여 장애인이 시설과 설비를 다른 사람의 도움 없이 동등하게
이용하는 한편, 다른 사람의 도움 없이 정보에 자유롭게 접근할 수 있는
권리다. 장애인 접근권은 법률적으로 장애인의 자유로운 이동과 시설이용
에 필요한 편의를 제공받으며, 의사표현과 정보이용에 필요한 통신, 수어
통역, 자막, 점자 및 음성도서 등 모든 서비스를 제공받을 권리를 갖는다.

장애인 접근권은 편의시설을 장애인 등이 생활을 영위함에 있어 이동
과 시설이용의 편리를 도모하고 정보 접근을 용이하게 하기 위한 시설과
설비로 규정하고 이러한 편의시설을 설치하여야 하는 구체적인 대상물로
도로, 공원, 공공건물 및 공중이용시설, 공동주택, 교통수단, 통신시설 등
을 둔다.

일반적으로 장애인은 장애로 인하여 파생되는 여러 가지 제약으로 비
장애인 중심으로 설치된 사회적 제반 시설을 이용하는 것에 제약이 따를
수 있으므로 장애인들의 사회적응에 대한 불편이나 제약을 최소화하기
위하여 법률적으로 편의시설에 관한 규정을 두고 있다.

2) 장애인 접근권의 필요성

장애인 접근권은 무장애(barrier-free)라는 이념에 영향을 받고 있다. 장애
인의 사회참여는 개인적인 손상이나 기능적 장애에 의한 것이 아니라 장
애인을 둘러싼 사회적 환경에 따라 나타나는 사회적 편견이나 사회생활

에서 불이익에 따라 제한을 받는다. 그러므로 장애인이 어려움 없이 사회 환경에서 자유로이 편의시설이나 정보에 접근할 수 있도록 하기 위해 장애인 접근권이 필요하다.

장애인의 접근성을 높이는 최선의 방법은 장애인을 위한 편의시설 접근이나 이동을 법으로 보장하는 것이다. 장애인 접근법은 환경적 장벽을 장애인에 대한 차별로서 이를 불법으로 규정하고 있다. 하지만 법적 구속력으로 장애인 접근권이 보장되는 것은 아니다. 장애인 접근권은 국가뿐 아니라 사회구성원의 이해와 협력이 없이는 효율적인 지원을 기대할 수 없다.

장애인 접근권의 궁극적 목표는 장애인의 완전한 사회참여와 평등을 통한 사회통합이다. 장애인 접근권은 이동권과 편의시설 접근권, 정보 접근권으로 살펴볼 수 있다.

(1) 이동권

이동권은 장애인에게 이동에 필요한 보행로 등을 포함한 각종 교통수단에서부터 정보통신시설 및 주거 등 공공건축물에 이르기까지 생활하면서 반복해서 사용하는 생활필수시설을 장애인이 이용하는 데 어려움이 없도록 만드는 것이다.

(2) 편의시설 접근

장애인 편의시설 설치의 시작은 「심신장애자복지법」(1981)으로서 같은 법 제13조는 "도로·공원·공공건물·교통시설·통신시설·기타 공중이 이용하는 시설을 설치하는 자는 심신장애자가 이를 편리하게 이용할 수 있는 시설이나 설비를 갖추도록 노력하여야 한다."라고 권고하고 있다. 하지만 이 조항은 법적인 규정일 뿐 이에 대한 지침이나 처벌이 없는 선언적인 내용에 불가하다.

편의시설에 대한 법령과 관련법은 보건복지부령으로 「장애인 편의시설 및 설비의 설치기준에 관한 규칙」(1995)이 시행되면서부터 법적으로 장애인의 이동권을 보장받고 있다. 그러나 현실 사회에서 장애인은 여전히 사회생활 전반에 걸쳐 이동과 시설이용 정보 등의 접근을 포괄적으로 보장받지 못하고 있다.

(3) 정보 접근

정보 접근권은 의사표현과 정보이용에 필요한 통신, 수어통역, 자막, 점자, 및 음성도서 등 모든 서비스를 받을 권리다.

정보통신기술의 비약적인 발달은 장애인의 삶의 질에 도움을 주고 있다. 다양한 정보통신기술 서비스는 이동능력에 제한이 있는 장애인에게 사회참여의 기회를 제공하고 있으며, 서비스 전달체계를 네트워크화 함으로써 서비스 전달의 유효성을 높이고, 장애인들에게 사회적 의사소통에 참여할 수 있는 기회를 넓혀 주고 있다. 특히, 특수교육공학은 특수교육대상아동의 교육적 요구를 충족시키며 학력 신장에 가능성을 높이고 있다. 특수교육공학의 영역으로 교수공학, 수업공학, 보조공학, 생산적 도구공학, 의료공학, 정보공학 등의 제반 영역은 장애인 접근권과 밀접한 관계를 맺고 있다.

특수교육대상자의 요구를 이동성과 접근성에 대한 요구, 적응성과 입력도구에 대한 요구, 교수에 대한 요구, 창의적 표현수단에 대한 요구로 구분하고 있다(Belson, 2003). 이동성과 접근성은 특수교육대상아동 요구의 기본적 영역으로 일상생활에 보다 접근성이 높은 교육공학에 만족도를 보인다, 또한 휠체어, 제어수단으로 쓰이는 스위치나 음성작동 시스템 또는 장애학생의 편의를 위해 수정된 기기들과 같은 이동성과 접근성 보조기구들은 특수교육보조공학에 밀접한 관계가 있다.

3) 장애인 접근권과 관련 법

특수교육공학이 효과를 얻기 위해서는 특수교육대상아동에게 이동성과 접근성을 장애인 접근권으로 보장해 주어야 한다. 특수교육공학이 실효를 거두기 위해서는 특수교육대상아동의 이동성과 접근성을 높여 주는 장애인 접근권이 준수되어야만 한다. 장애인 접근권이 보장받아야만 특수교육대상아동에게 정보기기의 활용과 보조공학서비스 지원관리의 설립 및 운영의 내실화가 이루어질 수 있으며 장애인 접근권 확보를 위한 예산을 지원받을 수 있다.

이러한 문제들을 해소하기 위해서는 관련 제도의 개선 못지않게 장애인 접근권을 보장하는 강제성을 지니는 법률 제정이 필요하다.

따라서 장애인 접근권은 장애인에게 이동과 편의시설 이용 및 정보를 능동적으로 보장받을 수 있는 관련 법을 제정하고 강제성이 부여되어야 하고 구체적인 집행 장치가 규정될 필요가 있다.

2. 외국의 장애인 접근권 발달과 관련 법

1) 비엔나 선언 및 행동계획

비엔나 세계인권회의(World Conference on Human Rights, Vienna)는 1993년 171개 정부대표와 유엔인권기구 및 국가인권기구, 민간단체 등 7,000여 명이 참석한 가운데 비엔나 선언 및 행동계획을 발표하였다. 비엔나 세계인권회의에서 발표한 비엔나선언과 행동계획(Vienna Declaration and Programme of Action: VDPA)은 참석자 전원합의로 얻어진 결과로서 제1부 39개항과 제2부 100개항으로 구성되어 있다.

비엔나선언과 행동계획은 인권의 보편성을 재확인하고, 인권보호를 위한 강력한 이행방안을 제도적 장치로 보강했으며, 국제사회에서 대두되는 새로운 인권규범을 명문화하였다. 이에 따라 인권측면에서 권리를 쉽게 침해받는 사람들의 인권보호, 인권교육의 강화, 경제·사회·문화적 권리의 향유를 측정하기 위한 접근권을 강조하고 있다. 이는 전 세계의 국가에 영향을 주었다. 비엔나 선언 및 행동계획 제2부의 12절의 2에서는 "사회 모든 부문에 대한 적극적 참여를 포함해서, 장애인들이 차별받지 않고, 모든 인권과 기본적 자유를 평등하게 누릴 수 있도록 하는 데 특별한 관심이 주어져야 한다."라고 명시하고 있다.

비엔나 선언 및 행동계획의 장애인의 권리에 대한 주요 내용은 〈표 5-1〉과 같다.

〈표 5-1〉 비엔나선언 및 행동계획에서 주요 내용

제3부 II. 평등, 존엄 그리고 관용

E. 장애인의 권리

1. 세계인권대회는 모든 인권과 기본적 자유는 보편적이고 따라서 따로 규정을 두지 않더라도 장애인들을 포함하는 것임을 재확인한다. 모든 사람은 평등하게 태어나고 생명과 복지, 교육과 노동, 독립적인 삶과 사회 모든 측면에 대한 적극적인 참여에 대하여 똑같은 권리를 가진다. 그러므로 장애인에 대한 어떠한 직접적 차별이나 기타 소극적인 차별적 처우도 그 권리에 대한 침해다. 세계인권대회는 각국 정부가 필요한 경우에는 장애인에게 이들 및 기타 권리에 대한 접근을 보장해 줄 입법을 채택하거나 체계화할 것을 촉구한다.

2. 장애인은 어디에나 있다. 장애인들은 육체적이건, 재정적이건, 사회적이건 혹은 심리적인 것이든, 사회에 대한 완전한 참여를 배제하거나 제약하는 사회적으로 결정된 모든 장애물의 제거를 통하여 평등한 기회를 보장받아야 한다.

3. 총회가 제37차 회기에 채택한 「장애인에 관한 세계행동계획(the World Programme of Action concerning Disabled Persons)」을 상기하면서 세계인권대회는

(계속)

총회와 경제사회이사회가 「장애인을 위한 기회의 평등화에 관한 표준규칙」 초안(the draft Standard Rules on the Equalization of Opportunities for Persons with Disabilities)을 1993년 회합에서 채택할 것을 촉구한다.

2) 미 국

(1) 「재활법」(1973)

「재활법」(The Rehabilitation Act of 1973)은 장애인의 정보 접근권과 관련된 최초의 법이다. 「재활법」은 장애인에게 시민으로서의 기본적인 권리를 부여하고 장애인을 비장애인과 함께 주류 사회에 통합시키는 데 목적이 있다. 이 시기에 미국은 캠퍼스 운영이 전산화되기 시작함으로써 컴퓨터가 장애인에게 접근가능해야 한다는 것을 법으로 규정한다.

(2) 「장애인 통신법」(1982)

「장애인 통신법」은 정보 접근권을 직접적으로 명시한 최초의 법이다. 이 법은 공공기관 및 시설에 설치되는 모든 전화는 보청기와 호환되어야 할 것과 장애인을 위한 특수 이용자 기기를 적정 가격으로 이용할 수 있도록 규정한다.

(3) 「미국 장애인법(Americans with Disabilities Act)」(1990)

미국의 차별금지 및 평등권 실현은 연방헌법 수정 제14조에 규정된 법의 평등보호에 근거를 두고 있으며 이는 1964년의 「시민권법」에서 그 영역을 확대하고 구체화되었다. 이러한 시민권법의 차별금지조치는 「미국 장애인법(ADA)」에 반영되어 장애인에 대한 차별금지법제의 골격을 이룬다.

과거 장애차별을 금지하는 「재활법」(1973)이 주정부와 연방정부, 이들과의 계약기관들에게만 적용된 반면 「미국 장애인법」은 장애인의 시민권을 공공부문뿐만 아니라 모든 사회영역, 즉 민간부문에서도 보장할 것을 규정한다.

이 법은 정보통신뿐만 아니라 건축, 교통 등 모든 물리적 장벽 제거에 관한 내용이 제시되어 있다.

「미국 장애인법」은 공공부문과 민간부문을 가리지 않고 장애인의 생활에 영향을 미치는 전 부문에서 차별을 없애기 위한 의지가 반영되어 있다. 내용면에서 살펴보면 장애를 이유로 한 차별을 강력히 금지하면서도 적용대상이 부담하여야 할 비용을 고려하여 면책사유와 유예기간을 두고 있다.

「미국 장애인법」의 주요 내용은 〈표 5-2〉와 같다.

〈표 5-2〉 「미국 장애인법」 주요 내용

Title I: 고용상의 장애인 차별금지

종업원을 고용하는 사용자에게 유자격 장애인에 대하여 고용과 관련된 모든 기회에서 비롯되는 편익을 다른 사람과 동일하게 제공하도록 하고 있다.

Title II: 공공서비스(public service) 제공상 장애인차별금지

주정부나 지방정부는 장애인에 대하여 공공교육, 고용, 공공교통, 레크리에이션, 복건의료조치, 사회서비스, 법원, 투표, 지역회의 등 그들의 모든 기능에 있어서 동등한 편익을 향유할 수 있는 동등한 기회를 제공하도록 요구하고 있다.

Title III: 민간제공 공공편의시설 및 서비스 제공상 장애인차별금지

공공기관이 운영하는 시설이나 제공하는 서비스가 아니라 민간이 운영하는 공공 편의시설, 일정 종류의 교육과정과 시험, 교통수단, 상업시설 등에 대하여 장애인에 대한 배제, 분리 및 불평등 취급 등의 차별행위를 금지하고 신·개축 건축물에 대한 기준을 설정하고 정책과 관행 및 절차에 대한 합리적인 수정 의무를 부과하고 지각장애가 있는 사람과의 효과적인 의사소통수단을 마련하는 등의 접근성을 높이도록 의무를 부과하고 있다.

(계속)

Title IV: 전기통신의 이용권 보장

청각 및 언어능력 장애를 가진 사람들에 대하여 전화통화 서비스 및 연방정부의 재정보조를 받는 공공서비스의 T.V. 공고에 대한 장애인의 접근권을 보장하고 있다.

(4) 「미국 장애인 재활법」(1998)(Rehabilitation Act Amendmant)

미국은 1986년 지원고용을 경쟁적 고용이 불가능한 상태에 있거나 심한 장애로 인하여 고용이 제한되는 중증장애인을 대상으로 통합된 작업장에서 계속적인 지원 서비스를 제공하도록 「재활법」을 개정한다.

「재활법」 개정은 1973년에 제정된 「재활법」에 'electronic curb cuts' 법률이라고 불리는 508조를 추가하여 개정한다. 「재활법」 508조(Section 508 of Rehabilitation Act, 1998)는 모든 전자 정보기술의 데이터와 정보를 비장애인에게 제공되는 것과 동등하게 장애인에게 제공하도록 의무화하는 것이 주요 내용이다. 이 조항에 따라 정보통신장비 및 기기 제조업자와 서비스 제공자는 장애인이 사용할 수 있도록 제품과 서비스를 개발하여 제공해야 하며, 연방정부는 정보기술을 장애인들도 비장애인과 동등하게 접근할 수 있도록 보장해야 한다. 또한 전자 및 정보기술의 접근성 권고 위원회(Electronic and Information Technology Access Advisory Committee: EITAAC)는 건물, 교통, 고용, 의료, 교육 등에서 장애인과 비장애인간의 차별을 없애기 위해 전자 및 정보기술의 접근성 표준을 제정하여 홍보하고 있다.

(5) 「21세기 통신 및 비디오 접근성 법」(2010)

「미국 장애인법」은 인터넷 등이 활성화되지 않은 1990년도에 제정되어 인터넷, 휴대폰 등 주요 정보통신 제품과 서비스가 명시되지 않았다. 이에 따라 정보통신 제품과 서비스, 웹사이트에 대한 장애인 차별을 없애고자 「21세기 통신 및 비디오 접근성 법(The 21st Century Communication & Video

Accessibility Act of 2010)」을 제정한다. 「21세기 통신 및 비디오 접근성 법」
은 통신 접근(Communication Access)과 비디오 프로그래밍 접근(Video Programming
Access) 2개 분야로 제시된다.

「21세기 통신 및 비디오 접근성 법」은 통신 접근 분야에서 청각 및 언
어장애인에 대한 인터넷 기반 통신중계 서비스 보장, 고급화된 통신 서비
스와 장비의 접근성 준수, 접근성 미준수 시 장애인의 민원 제기 및 조사,
스마트폰에 대한 접근성 준수, 시청각 중복 장애인의 통신 이용 보장, 재
난 접근 자문위원회 구성·운영 등을 규정한다. 비디오 프로그래밍 접근
분야는 비디오 프로그래밍 및 재난 접근성 자문위원회 구성, 화면해설 및
닫힌 자막 제공, 디지털 방송수신 장비에서의 사용자 인터페이스(UI) 등을
규정하고 있다.

「21세기 통신 및 비디오 접근성 법」은 미국 장애인은 통신 및 비디오
분야에서 비장애인과 동등하게 접근권을 보장받을 수 있도록 한다. 이 법
의 효력은 미국에만 영향을 미치고는 있지만 다른 나라의 장애인 접근권
보장에 영향을 미치고 있다.

3) 유 럽

e-유럽 행동 계획 2002(e-Europe Action Plan 2002)는 공공 웹사이트인 WAI
(Web Accessibility Initiatives)에 지침을 채택하여 준수하도록 하고 있다.
국가별 장애인 접근권은 다음과 같다.

(1) 영국

영국은 「장애인 차별 금지법(Disability Discrimination Act)」을 1995년 제정한
다. 이 법에 의하면 고용, 상품, 시설, 서비스 제공, 교육, 교통수단 등에
대한 장애인 차별금지를 포괄적으로 규정하고 있다. 장애권리위원회(The

Disability Rights Commission: DRC)는 온라인상으로 제공되는 모든 정보 및 서비스 제공 시에는 접근성을 준수하도록 하고 있다. 또한 시각장애인기관(Royal National Institute for the Blind: RNIB)에서는 웹접근성 인증마크 제도를 시행하고 있다.

또한 장애인 차별에 대해 다음과 같이 규정하고 있다.

- 장애인에게 서비스 제공을 거절한 경우
- 장애인에게 낮은 수준의 서비스를 제공한 경우
- 장애인에게 덜 유리한 조건을 제공한 경우
- 장애인이 사용하기 불가능하거나 비합리적으로 어려운 서비스나 설비를 개선하지 못한 경우

이와 같은 경우는 서비스 제공자가 장애인에게 불법적인 차별을 가한 것으로 제재를 가한다.

(2) 덴마크

사회보장제도가 일찍부터 발달한 덴마크의 장애인 접근권은 다음과 같이 실천되고 있다.

- **보편적 접근**
  - 공공부문의 정보와 서비스는 장애인을 포함한 모든 사람들이 접근할 수 있도록 한다.
  - 정보통신 기기는 공공부문이나 민간부문에 상관없이 공공장소에 설치될 경우 장애인을 포함한 모든 사람이 사용할 수 있도록 한다.
- **전산망에 대한 접근**
  - 공공부문과 사용자 간에 전산망을 통한 접촉이 활성화되도록 한다.

- 원격 전산망의 활용으로 장애인들에게 근로기회를 제공할 수 있도록 장려되어야 한다.
- **보편적 설계 촉구**
  - 정보통신기술의 활용과 개발은 보편적인 설계를 하여 장기적으로 불편을 줄여 나가야 한다.
  - 정보기술 제품의 성능 안내문에 장애인을 위한 접근성에 관한 내용을 명시한다.
  - 단기적으로 정보통신기술이 갖고 있는 잠재력에 관심을 갖고 광범위하게 적용될 수 있도록 한다.
- **각종 장애에 대한 고려**
  - 보편적 설계 원칙에 준하는 제품의 개발 시 특정 장애인이 차별받지 않도록 주의하며 기능적으로 유연성을 최대한 제공한다.
- **특정 서비스를 위한 기술 개발**
  - 공공서비스를 통해 제공되지 않는 장애인의 특정한 요구를 충족시키기 위해 보장구 기술의 수준을 높여야 한다.

4) 일 본

1993년 비엔나 선언 및 행동계획에서 장애인 접근권과 장애인의 접근권 보장에 대한 사회적 책임을 제기한 이후, 2002년 일본 아시아태평양 지역대회에서 '아시아 – 태평양 장애인 10년(1883~2002) 행동 계획안' 이행에 대한 종결과 평가에 따른 보고내용이 채택되었다.

이에 따라 일본에서는 장애인의 완전한 사회참여라는 평등을 통한 사회통합을 구현하기 위해 장애인들의 사회참여를 제한하는 부적절한 사회환경을 개선하고자 하는 움직임이 본격적으로 나타났다.

일본은 정보 접근권으로 「장해자(障害者) 기본법」이 있다.

「장해자 기본법」의 내용은 다음과 같다.

> 국가 및 지방 공공단체는 장애인이 원활히 정보를 이용하고 의사를 표시할 수 있도록 전기통신 및 방송의 역무 이용에 관한 장애인의 편리증진, 장애인에 대한 정보제공시설의 정비 등 필요한 시책을 강구하여야 한다.

이 법은 장애인의 정보 접근을 보장하는 보편적 서비스를 기본방침으로 웹사이트의 보편적 접근성에 대한 기본 조건을 제시하고 있다. 또한 정보장애를 해소하기 위한 표준화 연구 위원회가 설치되어 있으며 전기통신 접근성 위원단(Telecommunication Accessibility Panel: TAP)은 1999년부터 정보격차를 제거하기 위해 웹 접근성 지침을 제공하고 있다. 이에 따라 2000년부터 일본의 모든 관공서와 공공기관은 우정성이 만든 웹 콘텐츠 접근성 지침을 준수하고 있다.

3. 우리나라 장애인 접근권 관련 법률

특수교육공학이 효과를 거두기 위해서는 기본적으로 장애인 접근권이 보장되어야 한다. 장애인 접근권은 사회적으로 이동 및 시설(설비) 이용 및 정보활용에 약자인 특수교육대상아동을 사회로부터 분리시켜 특수하게 취급하는 것이 아니라 그들에게 균등한 기회를 제공하는 것이다.

1) 장애인 접근권과 이동권

우리나라 역시 「미국 장애인법」과 영국의 「장애인 차별 금지법」 등의 동향에 맞춰 「장애인 차별금지 및 권리구제 등에 관한 법률」(2007)을 제정했다. 특히, 「국가정보화 기본법」 제32조(장애인·고령자 등의 정보 접근 및 이용 보장) 및 「장애인 차별금지 및 권리구제 등에 관한 법률」 제21조(정보통신·의사소통에서의 정당한 편의제공의무) 등은 특수교육대상아동들이 특수교육공학에 접근하는 데 법적으로 보장하고 있다. 우리나라의 장애인 접근권과 관련된 법 조항을 살펴보면 〈표 5-3〉과 같다.

〈표 5-3〉 우리나라 장애인 접근권 관련 법률 주요 내용

「대한민국헌법」(헌법 제10호, 1987. 10. 29.)

제34조

⑤ 신체장애자 및 질병·노령 기타의 사유로 생활능력이 없는 국민은 법률이 정하는 바에 의하여 국가의 보호를 받는다.

「장애인 등에 대한 특수교육법」(법률 제12127호, 2013. 12. 30.)

제28조(특수교육 관련 서비스)

① 교육감은 특수교육대상자와 그 가족에 대하여 가족상담 등 가족지원을 제공하여야 한다.

② 교육감은 특수교육대상자가 필요로 하는 경우에는 물리치료, 작업치료 등 치료지원을 제공하여야 한다.

③ 각급학교의 장은 특수교육대상자를 위하여 보조인력을 제공하여야 한다.

④ 각급학교의 장은 특수교육대상자의 교육을 위하여 필요한 장애인용 각종 교구, 각종 학습보조기, 보조공학기기 등의 설비를 제공하여야 한다.

⑤ 각급학교의 장은 특수교육대상자의 취학 편의를 위하여 통학차량 지원, 통학비 지원, 통학 보조인력의 지원 등 통학 지원 대책을 마련하여야 한다.

⑥ 각급학교의 장은 특수교육대상자의 생활지도 및 보호를 위하여 기숙사를 설치·운영할 수 있다. 기숙사를 설치·운영하는 특수학교에는 특수교육대상자의 생활지도 및 보호를 위하여 교육부령으로 정하는 자격이 있는 생활지도원을 두는 외에 간호사 또는 간호조무사를 두어야 한다.

(계속)

⑦ 제6항의 생활지도원과 간호사 또는 간호조무사의 배치기준은 국립학교의 경우 교육부령으로, 공립 및 사립 학교의 경우에는 시·도 교육규칙으로 각각 정한다.

⑧ 각급학교의 장은 각급학교에서 제공하는 각종 정보(교육기관에서 운영하는 인터넷 홈페이지를 포함한다)를 특수교육대상자에게 제공하는 경우 특수교육대상자의 장애유형에 적합한 방식으로 제공하여야 한다.

⑨ 제1항부터 제8항까지의 규정에 따른 특수교육 관련 서비스의 제공을 위하여 필요한 사항은 대통령령으로 정한다.

「장애인차별금지 및 권리구제 등에 관한 법률」(법률 제12365호 일부개정 2014. 01. 28.)

제14조(정당한 편의제공 의무)

① 교육책임자는 당해 교육기관에 재학 중인 장애인의 교육활동에 불이익이 없도록 다음 각 호의 수단을 적극적으로 강구하고 제공하여야 한다.

　1. 장애인의 통학 및 교육기관 내에서의 이동 및 접근에 불이익이 없도록 하기 위한 각종 이동용 보장구의 대여 및 수리

　2. 장애인 및 장애인 관련자가 필요로 하는 경우 교육보조인력의 배치

　3. 장애로 인한 학습 참여의 불이익을 해소하기 위한 확대 독서기, 보청기기, 높낮이 조절용 책상, 각종 보완·대체 의사소통 도구 등의 대여 및 보조견의 배치나 휠체어의 접근을 위한 여유 공간 확보

　4. 시·청각 장애인의 교육에 필요한 수어통역, 문자통역(속기), 점자자료, 자막, 큰 문자자료, 화면낭독·확대프로그램, 보청기기, 무지점자단말기, 인쇄물 음성변환 출력기를 포함한 각종 장애인보조기구 등 의사소통 수단

　5. 교육과정을 적용함에 있어서 학습진단을 통한 적절한 교육 및 평가방법의 제공

　6. 그 밖에 장애인의 교육활동에 불이익이 없도록 하는 데 필요한 사항으로서 대통령령으로 정하는 사항

② 교육책임자는 제1항 각 호의 수단을 제공하는 데 필요한 업무를 수행하기 위

(계속)

하여 장애학생지원부서 또는 담당자를 두어야 한다.

③ 제1항을 적용함에 있어서 그 적용대상 교육기관의 단계적 범위와 제2항에 따른 장애학생지원부서 및 담당자의 설치 및 배치, 관리 · 감독 등에 필요한 사항은 대통령령으로 정한다.

제19조(이동 및 교통수단 등에서의 차별금지)

① 「교통약자의 이동편의 증진법」 제2조 제5호 및 제6호에 따른 교통사업자(이하 '교통사업자'라 한다) 및 교통행정기관(이하 '교통행정기관'이라 한다)은 이동 및 교통수단 등을 접근 · 이용함에 있어서 장애인을 제한 · 배제 · 분리 · 거부하여서는 아니 된다. [개정 2010. 5. 11.]

② 교통사업자 및 교통행정기관은 이동 및 교통수단 등의 이용에 있어서 보조견 및 장애인보조기구 등의 동승 또는 반입 및 사용을 거부하여서는 아니 된다.

③ 교통사업자 및 교통행정기관은 이동 및 교통수단 등의 이용에 있어서 장애인 및 장애인 관련자에게 장애 또는 장애인이 동행 · 동반한 보조견 또는 장애인보조기구 등을 이유로 장애인 아닌 사람보다 불리한 요금 제도를 적용하여서는 아니 된다.

④ 교통사업자 및 교통행정기관은 장애인이 이동 및 교통수단 등을 장애인 아닌 사람과 동등하게 이용하여 안전하고 편리하게 보행 및 이동을 할 수 있도록 하는 데 필요한 정당한 편의를 제공하여야 한다.

⑤ 교통행정기관은 교통사업자가 장애인에 대하여 이 법에 정한 차별행위를 행하지 아니하도록 홍보, 교육, 지원, 감독하여야 한다.

⑥ 국가 및 지방자치단체는 운전면허시험의 신청, 응시, 합격의 모든 과정에서 정당한 사유 없이 장애인을 제한 · 배제 · 분리 · 거부하여서는 아니 된다.

⑦ 국가 및 지방자치단체는 장애인이 운전면허시험의 모든 과정을 장애인 아닌 사람과 동등하게 거칠 수 있도록 정당한 편의를 제공하여야 한다.

⑧ 제4항 및 제7항을 적용함에 있어서 그 적용대상의 단계적 범위 및 정당한 편의의 내용 등 필요한 사항은 대통령령으로 정한다.

「장애인차별금지 및 권리구제 등에 관한 법률 시행령」[대통령령 제24454호
(보건복지부와 그 소속기관 직제) 일부개정 2013. 03. 23.]

제8조(정당한 편의의 내용)

법 제14조 제1항 제6호에 따라 교육책임자가 제공하여야 하는 사항은 다음 각
호와 같다.

1. 원활한 교수 또는 학습 수행을 위한 지도자료 등
2. 통학과 관련된 교통편의
3. 교육기관 내 교실 등 학습시설 및 화장실, 식당 등 교육활동에 필요한 모든
   공간에서 이동하거나 그에 접근하기 위하여 필요한 시설 · 설비 및 이동수단

「장애인 등에 대한 특수교육법 시행령」(대통령령 제25865호 일부개정 2014.
12. 23.)

제16조(통합교육을 위한 시설 · 설비 등)

① 일반학교의 장은 법 제21조 제2항에 따라 통합교육을 실시하는 경우에는 특
   수교육대상자의 교내 이동이 쉽고, 세면장 · 화장실 등과 가까운 곳에 위치
   한 66제곱미터 이상의 교실에 특수학급을 설치하여야 한다. 다만, 배치된 특
   수교육대상자의 수 및 그 학교의 여건 등을 고려하여 시 · 도 조례로 정하는
   바에 따라 44제곱미터 이상의 교실에 학급을 설치할 수 있다.
② 일반학교의 장은 법 제21조 제2항에 따라 통합교육을 실시하는 경우에는 배
   치된 특수교육대상자의 성별, 연령, 장애의 유형 · 정도 및 교육활동 등에 맞
   도록 정보 접근을 위한 기기, 의사소통을 위한 보완 · 대체기구 등의 교재 ·
   교구를 갖추어야 한다.

제27조(통학 지원)

① 교육감은 각급학교의 장이 법 제28조 제5항에 따른 통학 지원을 원활하게
   할 수 있도록 통학차량을 각급학교에 제공하거나 통학 지원이 필요한 특수
   교육대상자 및 보호자에게 통학비를 지급하여야 한다.
② 각급학교의 장은 특수교육대상자가 현장체험학습, 수련회 등 학교 밖 활동
   에 참여할 수 있도록 조치를 취하여야 한다.

이 가운데 장애인 이동권과 관련하여 살펴보면 다음과 같다.

「장애인 등에 대한 특수교육법」(2013) 제28조(특수교육 관련 서비스) ⑤항은 학교의 장은 특수교육대상자에게 통학 지원 대책을 마련하도록 하고 있다. 통합교육대상아동을 위한 이동권을 살펴보면 「장애인 등에 대한 특수교육법 시행령」(2014) 제16조(통합교육을 위한 시설·설비 등) ①항은 일반학교의 장은 통합교육 대상자에게 교내 이동이 쉽고, 세면장·화장실 등과 가까운 곳에 특수학급을 설치하도록 하고 있다. 또한 제27조(통학 지원) ①항에 의하면 교육감은 각급학교의 장이 통학 지원을 원활하게 할 수 있도록 통학차량을 지원하거나 통학비를 지급하도록 하고 있으며 특수교육대상자가 현장체험학습, 수련회 등의 교외 활동에 참여할 수 있도록 조치를 취하도록 하고 있다.

통학 및 교통편의와 관련하여 「장애인차별금지 및 권리구제 등에 관한 법률」(2014) 제14조(정당한 편의제공 의무)는 장애인의 통학 및 교육기관 내에서의 이동 및 접근을 위해 이동용 보장구의 대여 및 수리를 제공하도록 하고 있으며 제19조에서는 이동 및 교통수단 등에서의 차별금지를 법으로 규정하고 있다. 또한 「장애인차별금지 및 권리구제 등에 관한 법률 시행령」(2013) 제8조(정당한 편의 내용)는 통학과 관련된 교통편의 제공과 교육활동에 필요한 모든 공간에서 필요한 이동수단을 제공하도록 하고 있다.

2) 시설(설비)에 대한 접근권과 학교 시설(설비)의 기준

(1) 시설(설비) 접근권

장애인은 비장애인과 동등한 인간으로서의 권리를 가지며 장애인이 동등하게 사회적 존재로서의 삶을 누릴 권리를 보장받는다. 접근권은 서비스에 대해 욕구를 가진 사람들이 시설(서비스)을 이용할 수 있는 기회에 대한 권리로서 일상적인 생활 속에 장애인이 모든 시설물을 제한 없이 이용할 수 있는 기본적인 권리를 의미한다.

이들 주요 내용을 담고 있는 관련 법률을 살펴보면 〈표 5-4〉와 같다.

〈표 5-4〉 「장애인 · 노인 · 임산부 등의 편의증진보장에 관한 법률」 주요 내용

「장애인 · 노인 · 임산부 등의 편의증진보장에 관한 법률」(법률 제11443호 일부개정 2012. 05. 23.)

제1조(목적)

이 법은 장애인 · 노인 · 임산부 등이 생활을 영위함에 있어 안전하고 편리하게 시설 및 설비를 이용하고 정보에 접근하도록 보장함으로써 이들의 사회활동참여와 복지증진에 이바지함을 목적으로 한다.

제3조(편의시설 설치의 기본원칙)

시설주는 장애인 등이 공공건물 및 공중이용시설을 이용함에 있어 가능한 최단거리로 이동할 수 있도록 편의시설을 설치하여야 한다.

제4조(접근권)

장애인등은 인간으로서의 존엄과 가치 및 행복을 추구할 권리를 보장받기 위하여 장애인 등이 아닌 사람들이 이용하는 시설과 설비를 동등하게 이용하고 정보에 자유롭게 접근할 수 있는 권리를 가진다.

제6조(국가 및 지방자치단체의 의무)

국가 및 지방자치단체는 장애인 등이 생활을 영위함에 있어 안전하고 편리하게 시설 및 설비를 이용하고 정보에 접근할 수 있도록 각종 시책을 마련하여야 한다.

제8조(편의시설의 설치기준)

① 대상시설별로 설치하여야 하는 편의시설의 종류는 대상시설의 규모, 용도 등을 고려하여 대통령령으로 정한다.

(계속)

② 편의시설의 구조·재질 등에 관한 세부기준(이하 "세부기준"이라 한다)은 보건복지부령으로 정한다. 이 경우 편의시설에 대한 안내표시에 관한 사항을 함께 정할 수 있다.

제9조(시설주의 의무) 벌칙규정

① 시설주는 대상시설을 설치하거나 대통령령이 정하는 주요부분(용도변경을 포함한다)을 변경하는 때에는 장애인 등이 항상 대상시설을 편리하게 이용할 수 있도록 편의시설을 제8조의 규정에 적합하게 설치하고 이를 유지·관리하여야 한다.

제13조(설치의 지원)

① 국가 및 지방자치단체는 민간의 편의시설 설치에 따른 부담을 경감하고 설치를 촉진하기 위하여 금융지원과 기술지원 등 필요한 조치를 강구하여야 한다.

② 법인 및 개인이 이 법에서 정하는 편의시설을 설치한 경우에는 당해 시설의 설치에 소요된 금액에 대하여 「조세특례제한법」「지방세특례제한법」 등 조세관계법령이 정하는 바에 의하여 조세를 감면한다.

제15조(적용의 완화)

① 시설주는 다음 각호의 1에 해당하는 경우로서 제8조 제2항의 세부기준에 적합한 편의시설의 설치가 곤란하거나 불합리한 경우에는 세부기준을 완화한 별도의 기준을 정하고 시설주관기관의 승인을 얻어 이에 따라 편의시설을 설치할 수 있다.

1. 세부기준에 적합한 편의시설의 설치가 구조적으로 곤란한 경우
2. 세부기준에 적합하게 편의시설을 설치할 경우 안전관리에 중대한 위험을 초래할 우려가 있는 경우
3. 대상시설의 용도 및 주변여건에 비추어 세부기준을 완화하여 적용하는 것이 적합하다고 인정되는 경우
4. 기타 대통령령으로 정하는 경우

(계속)

② 시설주관기관은 제1항의 규정에 의한 승인을 함에 있어 장애인 등의 이용에 불편이 없도록 하여야 한다.

③ 제1항 및 제2항의 규정에 의한 승인의 절차 기타 필요한 사항은 대통령령으로 정한다.

제16조(시설이용상의 편의 제공)

① 장애인 등의 이용이 많은 공공건물 및 공중이용시설의 시설주는 휠체어 · 점자안내책자 · 보청기기 등을 비치하여 장애인 등이 당해 시설을 편리하게 이용할 수 있도록 하여야 한다.

② 제1항의 규정에 의하여 휠체어 · 점자안내책자 · 보청기기 등을 비치하여야 하는 공공건물 및 공중이용시설의 범위와 휠체어 · 점자안내책자 · 보청기기 등 비치하여야 할 용품의 종류등에 관한 사항은 보건복지부령으로 정한다.

③ 제1항의 규정에 의한 휠체어 · 점자안내책자 · 보청기기 등의 이용료는 무료를 원칙으로 하되 수리에 소요되는 비용 등을 감안하여 실비로 할 수 있다.

제16조의 2(장애인에 대한 편의제공)

① 장애인은 대통령령이 정하는 공공건물 및 공중이용시설을 이용하고자 할 때에는 시설주에 대하여 안내서비스 · 수화통역 등의 편의제공을 요청할 수 있다.

② 제1항의 규정에 따라 장애인으로부터 편의제공을 요청받은 시설주는 정당한 사유가 없는 한 이에 응하여야 한다.

제23조(시정명령 등) 벌칙 규정

① 시설주관기관은 대상시설이 이 법의 규정에 위반한 경우에는 해당 시설주에게 대통령령이 정하는 바에 따라 기간을 정하여 이 법에 적합하도록 편의시설의 설치 및 개선 등 필요한 조치를 명할 수 있다.

② 보건복지부장관은 시설주관기관에게 소관 대상시설에 대한 편의시설의 설치 및 개선 등 시정조치를 취할 것을 요청할 수 있으며 시설주관기관은 특별한 사유가 없는 한 이에 응하여야 한다.

(계속)

제25조(벌칙)

제9조 제1항의 규정에 위반한 자로서 제23조 제1항의 규정에 의한 시정명령을 받고 시정기간 내에 이를 이행하지 아니한 자는 5백만 원 이하의 벌금에 처한다.

제26조(양벌규정) 신구조문

법인의 대표자나 법인 또는 개인의 대리인, 사용인, 그 밖의 종업원이 그 법인 또는 개인의 업무에 관하여 제25조의 위반행위를 하면 그 행위자를 벌하는 외에 그 법인 또는 개인에게도 해당 조문의 벌금형을 과(科)한다. 다만, 법인 또는 개인이 그 위반행위를 방지하기 위하여 해당 업무에 관하여 상당한 주의와 감독을 게을리하지 아니한 경우에는 그러하지 아니하다.

제28조(이행 강제금)

① 시설주관기관은 제23조 제1항의 규정에 의하여 시정명령을 받은 후 시정기간 내에 당해 시정명령을 이행하지 아니한 시설주에 대하여 편의시설 설치비용 등을 고려하여 3천만 원 이하의 이행 강제금을 부과한다.

② 제1항의 규정에 의하여 이행 강제금을 부과하는 위반행위의 종별과 위반정도에 따른 금액 기타 필요한 사항은 대통령령으로 정한다.

③ 시설주관기관은 제1항의 규정에 의한 이행 강제금을 부과하기 전에 제1항의 규정에 의한 이행 강제금을 부과·징수한다는 뜻을 미리 문서로써 계고하여야 한다.

④ 시설주관기관은 제1항의 규정에 의한 이행 강제금을 부과하는 경우에는 이행 강제금의 금액·부과사유·납부기한 및 수납기관·이의제기 방법 및 이의제기 기관 등을 명시한 문서로써 행하여야 한다.

⑤ 시설주관기관은 최초의 시정명령이 있은 날을 기준으로 하여 매년 1회 당해 시정명령이 이행될 때까지 반복하여 제1항의 규정에 의한 이행 강제금을 부과·징수할 수 있다.

⑥ 시설주관기관은 제23조 제1항의 규정에 의하여 시정명령을 받은 자가 시정명령을 이행하는 경우에는 새로운 이행강제금의 부과를 즉시 중지하되, 이미 부

(계속)

과된 이행강제금은 이를 징수하여야 한다.

⑦ 제27조 제4항 내지 제6항의 규정은 이행강제금의 징수 및 이의절차에 관하여 이를 준용한다.

제29조(권한의 위임 · 위탁)

이 법에 의한 보건복지부장관의 권한은 그 일부를 대통령령이 정하는 바에 의하여 시 · 도지사에게 위임하거나 보건복지부장관의 허가를 받아 설립된 법인에게 위탁할 수 있다.

이상과 같이 「장애인 · 노인 · 임산부 등의 편의증진보장에 관한 법률」(1997)을 살펴보면 다음과 같다. 편의시설 기준은 「장애인 · 노인 · 임산부 등의 편의증진보장에 관한 법률」 제3조(편의시설 설치의 기본원칙) 및 제 4조(접근권)에 잘 드러나 있다. 또한 편의시설 설치가 구조적으로 곤란하거나 안전상의 문제가 있는 경우 법 제15조(적용완화)에 의거 완화된 기준의 편의시설을 설치할 수 있으며 편의시설을 설치하지 않을 경우 같은 법 시행령 제13조(과태료의 부과기준)에 따라 처벌을 받는다. 한편, 제23조(시정명령 등)에 의거하여 보건복지부장관이 시설주관기관에 대상시설을 시정 조치하도록 요구할 수 있으며 이를 이행하지 않으면 제25조(벌칙)에 의거하여 시설주에게 5백만 원 이하의 벌금을 부과하며, 시정기간 내 조치가 이루어지지 않으면 법 제28조(이행 강제금)에 의거하여 3천만 원 이하의 이행 강제금을 부과한다.

「편의증진법」의 특징은 접근권을 명시하는 동시에 강제규정을 지니고 있다. 따라서 「편의증진법」은 단순 편의시설에 관련된 법이 아니라 장애인의 접근권을 보장한다는 점에서 의의가 있다.

(2) 특수학교 시설(설비) 접근권

「특수교육 대상 학생을 위한 특수학교 시설 · 설비 기준령」의 주요 내용을 살펴보면 〈표 5-5〉와 같다.

〈표 5-5〉 「특수학교시설 · 설비기준령」 주요 내용

「특수교육대상아동을 위한 특수학교 시설 · 설비 기준령」(대통령령 제25840호, 2014. 12. 09.)

「특수학교시설 · 설비기준령」 [시행 2015.01.01.] (대통령령 제25840호, 2014. 12. 09.)

제1조(목적)

이 영은 「초 · 중등교육법」 제4조 및 동법 시행령 제2조의 규정에 의하여 특수학교(이하 '학교'라 한다) 및 특수학급의 시설 · 설비에 관한 기준을 정함을 목적으로 한다.

제2조(교지)

① 학교의 교지는 교사용 대지와 체육장용 대지를 합한 용지로서 교사의 안전 · 방음 · 환기 · 채광 · 소방 · 배수 및 학생의 통학에 지장이 없는 입지이어야 한다.

② 교지의 기준면적은 학급 수 12학급까지는 4천 제곱미터로 하고, 12학급 초과 24학급까지는 그 초과하는 1학급당 300제곱미터씩을, 24학급을 초과하는 때에는 그 초과하는 1학급당 200제곱미터씩을 가산한 면적으로 한다. 다만, 유치부만을 설치 · 운영하는 학교의 경우에는 교사에 두는 시설 및 유원장을 확보하는 데 지장이 없는 면적으로 한다.

③ 학교에는 학생의 체육활동에 지장이 없는 체육장(유치부만을 설치 · 운영하는 학교의 경우에는 유원장)을 두되, 그 시설 · 설비기준은 특별시 · 광역시 · 도교육감(이하 '시 · 도교육감'이라 한다)이 따로 정한다. 다만, 유치부만을 설치 · 운영하는 학교에 유희실이 있는 경우에는 유원장을 두지 아니할 수 있다.

(계속)

④ 제2항 본문의 규정에 의한 교지의 기준면적을 확보할 수 없는 특별한 사유가 있고, 교육에 지장이 없다고 관할청이 인정하는 경우에는 기준면적의 3분의 1의 범위 안에서 이를 감축할 수 있다.

제3조(실습지)

직업 보도 · 훈련을 위한 동물의 사육 또는 식물의 재배 등을 위하여 실습지를 필요로 하는 경우에는 이에 필요한 실습지를 두어야 한다.

제4조(교사에 두는 시설의 종류 및 기준)

① 학교의 교사에 두는 시설의 종류 및 그 기준은 별표와 같다. 다만, 지역의 여건 및 학생의 장애 유형 등을 고려하여 시설의 종류별 면적기준을 3분의 1의 범위 안에서 시 · 도 조례로 정하는 바에 따라 완화하거나 강화하여 적용할 수 있다.

② 제1항의 각 시설에 두어야 할 설비 · 비품 등의 품목 · 수량 등은 시 · 도교육감이 따로 정한다.

제5조(기숙사 등의 설치 등)

학교는 학생의 편의를 위하여 기숙사를 두거나 통학용 버스를 운행하여야 한다.

제6조(시설환경조건)

학교의 각 시설은 학습과 생활에 지장이 없는 조도 · 온도 및 방음이 유지되어야 한다.

제7조(다른 법령의 준용)

고등학교 이하 각급학교 설립 · 운영규정 제19조는 학교에 이를 준용한다.

제8조(규제의 재검토)

교육부장관은 다음 각 호의 사항에 대하여 다음 각 호의 기준일을 기준으로 2년

(계속)

마다(매 2년이 되는 해의 기준일과 같은 날 전까지를 말한다) 그 타당성을 검토
하여 개선 등의 조치를 하여야 한다.

또한 「특수학교시설·설비기준령」 제8조(규제의 재검토)는 2년마다 타
당성을 검토하도록 되어 있다. 한편, 시설에 따른 설치기준은 〈표 5-6〉과
같다.

〈표 5-6〉 시설의 종류 및 기준(제4조 제1항) 주요 내용

시설의 종류	설치기준	면적기준
1.보통교실	학급 수에 상당하는 수	50제곱미터 이상(특수학급 설치학교는 그 학교의 보통교실 기준 다만, 유치부만을 설치·운영하는 경우에는 25제곱미터 이상)
2.특별교실 음악실, 미술실, 과학실, 가사실	학교 특성에 따라 설치	각각 66제곱미터 이상
3.시청각교실	학교 특성에 따라 설치	99제곱미터 이상
4.도서실	학교 특성에 따라 설치하되, 보통교실을 겸용할 수 있다.	20석 이상
5.상담실(심리검사실 포함)	학교 특성에 따라 설치	50제곱미터 이상
6. 직업보도·훈련실 목공실, 이료실, 인쇄실, 제복실, 제화실, 세탁실, 사진실습실, 이용실, 미용실, 철공작실, 타자실, 수예실, 시계수리실, 전자조립실, 정보처리실, 자수실, 편물실, 원예실, 제빵실, 피아노조율실, 전화교환실, 자동차정비실, 도예실	학교당 2실 이상(특수학급 설치학교는 그 학교의 실정에 따라 설치)	각각 66제곱미터 이상

(계속)

7. 치료교육실, 물리치료실, 작업치료실, 언어치료실, 생활훈련실, 청능훈련실, 감각 · 운동기능훈련실, 놀이치료실 및 각 실의 개별실 또는 관찰실	학교당 1실 이상(재활 의료시설이 설치된 학교에는 별도의 요육시설을 두지 아니할 수 있다)	물리치료실: 130제곱미터 이상 기타 각 실: 50제곱미터 이상 개별실 · 관찰실: 실별 특성에 따른 알맞은 면적
8. 관리용 각 실 교장실, 교무실(서무실 포함), 수위실(안내실 포함), 숙직실, 창고	학교 실정에 따라 설치	학교의 규모에 따른 알맞은 면적
9. 보건위생 및 편의시설 양호실, 교원휴게실, 탈의실, 목욕실, 화장실, 학부모 대기실	화장실: 대변기는 2학급당 1개 이상, 소변기는 필요한 적정 수 기타 각 실: 될 수 있는 대로 학교당 1실 이상	

비고: 위 시설 외에 강당 · 체육관 · 교원사택 · 점자인쇄실 · 특별활동실 기타 각 시설의 교수준비실 및 자료보관실 등 필요한 시설을 둘 수 있다.

이상과 같이 「특수학교시설 · 설비기준령」은 강제성을 두고 특수교육대상아동이 이동과 편의시설 이용에 불편함이 없도록 보장하고 있다.

(3) 특수교육공학과 정보 접근권

정보의 접근성은 특수교육 대상자의 잠재성과 가능성을 최대한으로 신장시켜 나가는 데 중요하다. 「장애인 차별 금지 및 권리구제 등에 관한 법률」 제20조 및 제21조에서는 정보통신 · 의사소통 등에서의 정당한 편의 제공 의무, 편의 제공의 단계적 범위 및 편의 내용에 대하여 규정하고 있다.

이러한 법은 특수교육대상아동이 보조기기나 부가서비스를 통하여 웹사이트를 할 때 웹 콘텐츠에 접근하도록 하는 데 도움을 주는 지침이다. 개정된 「장애인복지법」(1999) 제22조(정보에의 접근)은 장애인에게 정보통신기구의 접근이용에 필요한 지원 등에 대한 내용을 명시하고 있다. 동법 제65조 (장애인보조기구)는 기존의 장애인보장구의 개념에서 재활보조기기로서의 정보통신기기를 포함하고 있다.

우리나라의 정보 접근권과 관련된 법 조항을 살펴보면 〈표 5-7〉과 같다.

〈표 5-7〉 우리나라 정보 접근권 관련 법률 주요 내용

「장애인복지법」(법률 제11977호, 2013. 7. 30.)

제22조(정보에의 접근)

① 국가와 지방자치단체는 장애인이 정보에 원활하게 접근하고 자신의 의사를 표시할 수 있도록 전기통신·방송시설 등을 개선하기 위하여 노력하여야 한다.

② 국가와 지방자치단체는 방송국의 장 등 민간 사업자에게 뉴스와 국가적 주요 사항의 중계 등 대통령령으로 정하는 방송 프로그램에 청각장애인을 위한 수화 또는 폐쇄자막과 시각장애인을 위한 화면해설 또는 자막해설 등을 방영하도록 요청하여야 한다.

③ 국가와 지방자치단체는 국가적인 행사, 그 밖의 교육·집회 등 대통령령으로 정하는 행사를 개최하는 경우에는 청각장애인을 위한 수화통역 및 시각장애인을 위한 점자 또는 점자·음성변환용 코드가 삽입된 자료 등을 제공하여야 하며 민간이 주최하는 행사의 경우에는 수화통역과 점자 또는 점자·음성변환용 코드가 삽입된 자료 등을 제공하도록 요청할 수 있다.

④ 제2항과 제3항의 요청을 받은 방송국의 장 등 민간 사업자와 민간 행사 주최자는 정당한 사유가 없으면 그 요청에 따라야 한다.

⑤ 국가와 지방자치단체는 시각장애인이 정보에 쉽게 접근할 수 있도록 점자도서와 음성도서 등을 보급하기 위하여 노력하여야 한다.

⑥ 국가와 지방자치단체는 장애인의 특성을 고려하여 정보통신망 및 정보통신기기의 접근·이용에 필요한 지원 및 도구의 개발·보급 등 필요한 시책을 강구하여야 한다.

(계속)

「장애인차별금지 및 권리구제 등에 관한 법률」(법률 제12365호, 2014. 1. 28.)

제20조(정보접근에서의 차별 금지)

① 개인 · 법인 · 공공기관(이하 이 조에서 '개인 등'이라 한다)은 장애인이 전자
  정보와 비전자정보를 이용하고 그에 접근함에 있어서 장애를 이유로 제4조
  제1항제1호 및 제2호에서 금지한 차별행위를 하여서는 아니 된다.

「장애인복지법」(법률 제11977호, 2013. 7. 30.)

제20조(정보접근에서의 차별 금지)

① 개인 · 법인 · 공공기관(이하 이 조에서 '개인 등'이라 한다)은 장애인이 전자
  정보와 비전자정보를 이용하고 그에 접근함에 있어서 장애를 이유로 제4조
  제1항 제1호 및 제2호에서 금지한 차별행위를 하여서는 아니 된다.

② 장애인 관련자로서 수화 통역, 점역, 점자교정, 낭독, 대필, 안내 등을 위하여
  장애인을 대리 · 동행하는 등 장애인의 의사소통을 지원하는 자에 대하여는
  누구든지 정당한 사유 없이 이들의 활동을 강제 · 방해하거나 부당한 처우를
  하여서는 아니 된다.

제21조(정보통신 · 의사소통 등에서의 정당한 편의 제공 의무)

① 제3조 · 제4호 · 제6호 · 제7호 · 제8호 가목 후단 및 나목 · 제11호 · 제18호 ·
  제19호에 규정된 행위자, 제12호 · 제14호부터 제16호까지의 규정에 관련된
  행위자, 제10조 제1항의 사용자 및 같은 조 제2항의 노동조합 관계자(행위자
  가 속한 기관을 포함한다. 이하 이 조에서 '행위자 등'이라 한다)는 당해 행위
  자 등이 생산 · 배포하는 전자 정보 및 비전자 정보에 대하여 장애인이 장애
  인 아닌 사람과 동등하게 접근 · 이용할 수 있도록 수화, 문자 등 필요한 수단
  을 제공하여야 한다. 이 경우 제3조 제8호 가목 후단 및 나목에서 말하는 자
  연인은 행위자 등에 포함되지 아니한다.

② 공공기관 등은 자신이 주최 또는 주관하는 행사에서 장애인의 참여 및 의사
  소통을 위하여 필요한 수화통역사 · 문자통역사 · 음성통역자 · 보청기기 등
  필요한 지원을 하여야 한다.

③ 「방송법」제2조 제3호에 따른 방송사업자와 「인터넷 멀티미디어 방송

(계속)

사업법」 제2조 제5호에 따른 인터넷 멀티미디어 방송사업자는 장애인이 장애인 아닌 사람과 동등하게 제작물 또는 서비스를 접근·이용할 수 있도록 폐쇄자막, 수화통역, 화면해설 등 장애인 시청 편의 서비스를 제공하여야 한다.

④ 「전기통신사업법」에 따른 기간통신사업자(전화서비스를 제공하는 사업자만 해당한다)는 장애인이 장애인 아닌 사람과 동등하게 서비스를 접근·이용할 수 있도록 통신설비를 이용한 중계서비스(영상통화서비스, 문자서비스 또는 그 밖에 미래창조과학부장관이 정하여 고시하는 중계서비스를 포함한다)를 확보하여 제공하여야 한다.

⑤ 다음 각 호의 사업자는 장애인이 장애인 아닌 사람과 동등하게 접근·이용할 수 있도록 출판물(전자출판물을 포함한다. 이하 이 항에서 같다) 또는 영상물을 제공하기 위하여 노력하여야 한다. 다만, 「도서관법」 제18조에 따른 국립중앙도서관은 새로이 생산·배포하는 도서자료를 점자, 음성 또는 확대문자 등으로 제공하여야 한다.

1. 출판물을 정기적으로 발행하는 사업자

2. 영화, 비디오물 등 영상물의 제작업자 및 배급업자

⑥ 1항에 따른 필요한 수단을 제공하여야 하는 행위자 등의 단계적 범위 및 필요한 수단의 구체적인 내용과 제2항에 따른 필요한 지원의 구체적인 내용 및 범위와 그 이행 등에 필요한 사항, 제3항에 따른 사업자의 단계적 범위와 제공하여야 하는 편의의 구체적 내용 및 그 이행 등에 필요한 사항, 제4항에 따른 사업자의 단계적 범위와 편의의 구체적 내용에 필요한 사항은 대통령령으로 정한다.

제65조(장애인보조기구)

① '장애인보조기구'란 장애인이 장애의 예방·보완과 기능 향상을 위하여 사용하는 의지·보조기 및 그 밖에 보건복지부장관이 정하는 보장구와 일상생활의 편의 증진을 위하여 사용하는 생활용품을 말한다.

② 보건복지부장관은 제1항에 따른 장애인보조기구의 품질향상 등을 위하여 장애인보조기구의 품목·기준 및 규격을 정하여 고시할 수 있다.

이상과 같이 정보 접근권은 특수교육공학을 특수교육의 목적과 목표를 실현하기 위한 수단 또는 도구적 기능을 수행해 나가도록 제도적으로 보장하고 있다. 정보는 현대사회의 중요한 기능을 하고 수행하고 있다. 특히, 이동권이 제한되어 있는 특수교육대상아동에게는 인터넷이나 정보통신을 통한 교육공학 서비스가 중요하다. 따라서 인터넷 환경이 발달하고 활용도가 높아짐에 따라 장애인의 웹 접근권이 요구되고 있으나 현재 장애인차별금지법은 웹 접근성 보장이나 웹 사이트의 기준들이 규정되어 있지 않다.

〈이 장의 연구과제〉

1. 특수교육현장에서 접근성의 중요성에 대해서 토론해 보자.
2. 특수교육현장에서 시설(설비)에 대한 접근권의 중요성에 대해 발표해 보자.
3. 특수교육대상아동의 권리로서 접근권의 중요성에 대해 발표해 보자.
4. 특수교육 공학이 발전하기 위해 요구되는 정보 접근권에 대해 발표해 보자

참고문헌

국립특수교육원(2006). 장애학생을 위한 보조공학의 실제. 제13회 국제세미나, 경기: 국립특수교육원.

국립특수교육원(2011). 보조공학 활용수업 국제비교. 경기: 국립특수교육원.

권순황(2006). 특수교육교과교재 연구 및 지도법. 서울: 일문사.

김남진(2007). 국내 장애인의 정보접근권 현황과 개선방안 연구. 중복 · 지체부자유아교육, 47, 89-105.

김남진, 김용욱(2010). 특수교육공학. 서울: 학지사.

김현진, 권순황(2010). 장애아동 부모의 동반의존성 연구. 특수아동교육연구 제12권(4), 451-470.

여광응, 권순황 외(2003). 특수아동의 심리학적 이해. 서울: 학지사.

이필상, 권순황 외(2015). 청각장애아동 교육의 이해. 서울: 학지사.

정무성, 양현택, 노승현(2007). 장애인복지개론. 경기: 학현사.

정일교, 김만호(2007). 장애인복지론. 경기: 양서원.

조광자(2008). 장애차별금지법과 장애인의 경제적 복지: 미국의 미국장애인법과 소득보장정책의 긴장관계를 중심으로, 한국사회복지정책학회. 34집, 109-131.

조원탁, 김형수, 이형하, 조준(2005). 사회복지법제론. 경기: 양서원.

채현탁, 백윤철, 김한양(2011). 사이버대학 장애학생의 웹 접근권 강화 방안: 헌법상 장애인 접근권 보장을 중심으로, 토지공법연구 제52집, 445-461.

「대한민국 헌법」

「심신장애자복지법」

「장애인 · 노인 · 임산부 등의 편의증진 보장에 관한 법률」

「장애인 등에 대한 특수교육법 시행령」

「장애인 등에 대한 특수교육법」

「장애인 차별 금지 및 권리구제 등에 관한 법률」

「장애인 편의시설 및 설비의 설치기준에 관한 규칙」

「특수교육대상아동을 위한 특수학교 시설 설비 기준령」

「특수학교 시설 설비 기준령」

Amy G. Dell., Deborah A. N., & Jerry G. P. (2011.) 특수교육보조공학(정동훈 역). 서울: 시그마프레스.

Belson, S. I.(2003). *Technology for exceptional learners*. Boston, MA: houghton Mifflin.

Bryant, D. P., & Bryant, B. R. (2006). 특수교육공학(권충훈, 김훈희 역). 경기: 양서원

Evans, J. F.(1998). *Changing the lens. American Annals of the Deaf*, vol. 143 -3, 246-254.

Jordan, K. I. (1994). *Statement on full inclusion*. Gallaudet research institute occasional Paper 94-2. Gallaudet University, Washington, D.C.

Lawrence A. B., Laura B. C., & Linda B. J. (2011). 통합교육을 위한 보조공학(노석준, 나경은 역). 서울: 동문사.

참고사이트

http://fcc.gov/cgb/dro/cvaa.html

http://transition.fcc.gov/cgb/dro/cvaa.html

http://www.ada.gov

http://www.jacom.co.kr/~hsyok/2-1.html

http://www.relaycall.or.kr/home/main.asp

http://www.relaycall.or.kr/info/introduce.asp

http://www.section508.gov

제2부

장애유형별 적용 가능한 특수교육공학

제**6**장

시각장애 아동을 위한 특수교육공학

〈이 장의 개요〉

이 장에서는 시각장애 아동을 위한 특수교육공학에 관해 살펴볼 것이다. 이 장의 주요 내용은 시각장애 아동에 대한 이해, 시각장애 아동의 특수한 교육적 요구, 시각장애 아동을 위한 보조공학, 시각장애 아동을 위한 원인 질환별 교육적 조치 등이다.

〈이 장의 학습목표〉

1. 시각장애 정의의 구성요소를 기술할 수 있다.
2. 시각장애의 특성에 따른 교육적 요구에 대해 설명할 수 있다.
3. 시각장애의 특성에 따른 보조공학의 역할과 쓰임을 설명할 수 있다.
4. 시각장애 아동을 위한 원인 질환별 교육적 조치를 설명할 수 있다.

경험은 시각적인 것이라 할지라도 잔존시력과 시각 이외의 감각으로 충분히 경험할 수 있고, 생활적응 또한 가능하다. 그러므로 시각장애 아동의 교육에서는 그들의 잔존시력을 최대한 활용하고 시각 이외의 감각을 최대한 활용하여 필요한 경험을 다 하고, 생활적응을 효율적으로 할 수 있도록 한다. 이에 이 장에서는 시각장애의 정의와 분류체계를 통해 시각장애의 특성을 살펴보고자 한다. 또한 시각장애의 관련 요인을 알아보고, 그에 따른 보조공학을 제안하고자 한다. 마지막으로 시각장애 아동을 위한 원인 질환별 교육적 조치를 제안한다.

1. 시각장애 정의와 분류

일반적으로 사람의 시각은 시력과 시야에 의해 결정된다. 시력은 물체의 존재나 형상을 인식하는 눈의 능력으로 얼마나 정확하고 명료하게 볼 수 있는지를 의미하고, 시야는 정면의 한 점을 응시할 때 눈에 보이는 범위를 의미한다. 따라서 시각장애를 정의할 때에는 시력과 시야가 고려되어야 한다. 우리나라 시각장애의 정의로 「장애인복지법」 및 「장애인 등에 대한 특수교육법」을 살펴보면 다음과 같다.

심신장애의 발생 예방과 심신장애자의 재활 및 보호에 관하여 필요한 사항을 정함으로써 심신장애자의 복지증진에 기여함을 목적으로 1981년 「심신장애자복지법」이 제정되었으며, 1989년 '심신장애자'라는 용어를 '장애인'으로 변경하고, 이에 따라 이 법의 제명을 「장애인복지법」으로 변경하였다. 동법 시행령이 1982년에 처음으로 시각장애 기준을 제시하였으며, 1999년 전면 개정을 거쳐, 2003년 일부 개정되었다. 〈표 6-1〉에 시각장애인의 기준을 제시하였다.

〈표 6-1〉 「장애인복지법 시행령」의 시각장애 기준

시행령	「심신장애자복지법 시행령」 [1982. 제정]	「장애인복지법 시행령」 [1999. 전부개정]	「장애인복지법 시행령」 [2003. 일부개정]
장애 기준	가. 두 눈의 시력(만국식 시력표에 의하여 측정한 것을 말하며 굴절이상이 있는 자에 대하여는 교정시력에 대하여 측정한 것을 말한다. 이하 같다)이 각각 0.1 이하인 자	가. 나쁜 눈의 시력(만국식 시력표에 의하여 측정한 것을 말하며 굴절이상이 있는 사람에 대하여는 교정시력을 기준으로 한다. 이하 같다)이 0.02 이하인 사람	가. 나쁜 눈의 시력(만국식 시력표에 따라 측정된 교정시력을 말한다. 이하 같다)이 0.02 이하인 사람
	나. 한 눈의 시력이 0.02 이하, 다른 눈의 시력이 0.6 이하인 자	나. 좋은 눈의 시력이 0.2 이하인 사람	나. 좋은 눈의 시력이 0.2 이하인 사람
	다. 두 눈의 시야가 각각 10도 이내인 자	다. 두 눈의 시야가 각각 주시점에서 10도 이하로 남은 사람	다. 두 눈의 시야가 각각 주시점에서 10도 이하로 남은 사람
	라. 두 눈의 시야의 2분의 1 이상을 상실한 자	라. 두 눈의 시야의 2분의 1 이상을 잃은 사람	라. 두 눈의 시야의 2분의 1 이상을 잃은 사람

동법 시행규칙은 1982년에 처음으로 시각장애의 등급을 제시하였으며, 1999년 전면 개정을 거쳐, 2009년 일부 개정되었다. 〈표 6-2〉에 시각장애인 등급을 제시하였다.

〈표 6-2〉「장애인복지법 시행령」의 시각장애인 등급

시행규칙 / 등급	「심신장애자복지법 시행령」 [1982. 제정]	「장애인복지법 시행령」 [1999. 전부개정]	「장애인복지법 시행령」 [2009. 일부개정]
1급	두 눈의 시력(만국식 시력표에 의하여 측정한 것을 말하며 굴절이상이 있는 자에 대하여는 교정시력을 측정한 것을 말한다. 이하 같다)을 합한 것이 0.01이하인 자	좋은 눈의 시력(만국식 시력표에 의하여 측정한 것을 말하며, 굴절이상이 있는 사람에 대하여는 교정시력을 기준으로 한다. 이하 같다)이 0.02 이하인 사람	좋은 눈의 시력(공인된 시력표에 의하여 측정한 것을 말하며, 굴절이상이 있는 사람에 대하여는 최대 교정시력을 기준으로 한다. 이하 같다)이 0.02 이하인 사람
2급	두 눈의 시력을 합한 것이 0.02 이상 0.04 이하인 자	좋은 눈의 시력이 0.04 이하인 사람	좋은 눈의 시력이 0.04 이하인 사람
3급	두 눈의 시력을 합한 것이 0.05 이상 0.08 이하인 자	1. 좋은 눈의 시력이 0.08 이하인 사람 2. 두 눈의 시야가 각각 주시점에서 5도 이하로 남은 사람	1. 좋은 눈의 시력이 0.06 이하인 사람 2. 두 눈의 시야가 각각 모든 방향에서 5도 이하로 남은 사람
4급	두 눈의 시력을 합한 것이 0.09 이상 0.12 이하인 자	1. 좋은 눈의 시력이 0.1 이하인 사람 2. 두 눈의 시야가 각각 주시점에서 10도 이하로 남은 사람	1. 좋은 눈의 시력이 0.1 이하인 사람 2. 두 눈의 시야가 각각 모든 방향에서 10도 이하로 남은 사람
5급	1. 두 눈의 시력을 합한 것이 0.13 이상 0.2 이하인 자 2. 두 눈의 시야가 각각 10도 이하인 자 3. 두 눈에 의한 시야의 2분의 1 이상을 상실한 자	1. 좋은 눈의 시력이 0.2 이하인 사람 2. 두 눈에 의한 시야의 2분의 1 이상을 잃은 사람	1. 좋은 눈의 시력이 0.2 이하인 사람 2. 두 눈의 시야각도의 합계가 정상 시야의 50% 이상 감소한 사람
6급	한 눈의 시력이 0.02 이하, 다른 눈의 시력이 0.6 이하인 자로 두 눈의 시력을 합한 것이 0.2를 초과하는 자	나쁜 눈의 시력이 0.02 이하인 사람	나쁜 눈의 시력이 0.02 이하인 사람

1994년 「특수교육진홍법」이 전면 개정되면서 동법 시행령에 의하여 시 각장애를 지닌 특수교육대상자의 진단, 평가, 심사, 선정기준을 〈표 6-3〉 과 같이 제시하였다.

〈표 6-3〉 「특수교육진흥법 시행령」의 특수교육대상자

가. 두 눈의 교정시력이 각각 0.04 미만인 자
나. 시력의 손상이 심하여 시각에 의하여 학습과제를 수행할 수 없고 촉각이나 청 각을 학습의 주요 수단으로 사용하는 자
다. 두 눈의 교정시력은 각각 0.04 이상이나 특정의 학습매체를 또는 과제의 수정 을 통해서도 시각적 과제수행이 어려운 자
라. 특정의 광학기구, 학습매체 또는 설비를 통해서만 시각적 과제수행을 할 수 있는 자

2007년 제정된 「장애인 등에 대한 특수교육법」에 의거, 2008년 5월 동 법 시행령 제정에 따른 특수교육대상자 선정기준은 〈표 6-4〉와 같다.

〈표 6-4〉 「장애인 등에 대한 특수교육법 시행령」의 특수교육대상자 선정기준

시각계의 손상이 심하여 시각기능을 전혀 이용하지 못하거나 보조공학기기의 지 원을 받아야 시각적 과제를 수행할 수 있는 사람으로서 시각에 의한 학습이 곤란 하여 특정의 광학기구 · 학습매체 등을 통하여 학습하거나 촉각 또는 청각을 학습 의 주요 수단으로 사용하는 사람

2. 시각장애 아동의 특수한 교육적 요구

시각장애 아동의 학습과 관련된 특성은 근본적으로 정안아동과 큰 차 이가 없는 것으로 나타나고 있다. 다만, 시각장애로 인한 정보습득이 어

렵고 교수절차의 구체성 부족으로 인하여 학습지체 현상을 보이기도 한다. 그러나 최근 특수교육 공학기기의 발달로 글자를 확대하거나 점자자료에 접근하고 사용할 수 있는 방법이 용이해졌고, 공학기기를 활용함으로써 학습매체의 다양화가 이루어지고 있어 시각장애 아동의 학습에 많은 도움이 되고 있다.

보다 시각장애 아동의 교육적 요구분석을 위해 경험의 범위와 다양성의 제한성, 보행능력의 제한성, 환경과 상호작용의 제한성, 개념발달을 살펴볼 필요가 있다(임안수, 2009).

1) 경험의 범위와 다양성의 제한성

정안아동은 시력을 포함한 모든 감각을 사용하여 주위에 대한 개념을 발달시키고, 맹 아동은 시력을 제외한 다른 잔존감각을 사용하여 주위에 대한 개념을 발달시킨다.

(1) 청각

청각은 물체가 소리를 낼 때 거리와 방향에 대한 단서를 제공하지만 사물에 대한 구체적인 정보를 제공하지 못한다. 예를 들어, 맹 아동은 강아지 소리만 듣고는 강아지가 어느 방향에 있고 대략 얼마나 떨어진 곳에서 울고 있는지는 알 수 있으나, 강아지의 특징은 알 수 없다.

시각과 청각은 거리감각으로 중요하다. 시력은 모양과 색깔, 그리고 다른 물체와의 공간관계를 알게 하지만 청각은 막연한 단서만을 제공한다. 청각의 중요한 기능은 의사소통이며, 많은 지식은 언어를 통하여 전달되기 때문에 맹 아동은 이 감각에서 불리하지 않다.

(2) 촉각

맹 아동은 촉각으로 물체의 공간적 특징에 관한 지식을 얻는다. 촉각의 장점은 물체의 형태뿐만 아니라 표면의 질, 촉감, 탄력성, 온도, 무게, 유연성 등을 파악할 수 있고, 빛과 관계없이 작용하므로 여러 면에서 시각 관찰을 능가하기도 한다는 점이다. 단점은 해, 달, 별, 수평선과 같은 원거리 물체, 빌딩이나 산, 들, 강과 같은 큰 물체, 파리나 개미와 같은 작은 것, 거미줄이나 비누거품, 눈송이와 같이 부서지기 쉬운 것, 하늘을 나는 비행기와 같이 잠시 있는 것, 불에 타고 있는 물건이나 끓는 물, 화학약품 같이 위험한 것, 온도계의 수은과 같이 용기에 담겨 있는 것 등을 관찰하기 어렵다는 것이다.

촉각 관찰은 물체와 직접 접촉해야 하기 때문에 전체를 관찰할 수 없는 경우 맹 아동은 물체에 대한 부분적인 지식만을 갖게 된다. 어쨌든 맹 아동은 지적발달을 위하여 촉각을 적극적으로 사용하여 대상을 관찰해야만 한다. 시력은 모든 사물을 통합하고 구조화할 수 있다(Witkin et al., 1968). 그러나 맹 아동은 시력의 결여로 청각 및 촉각 활동에만 의존함으로써 환경을 구조화하고 통합하기 어렵다(Rubbin, 1964).

(3) 후각

후각도 물체의 존재와 거리 또는 특징에 관하여 중요한 단서를 제공하지만 구체성이 떨어진다. 예를 들어, 집 앞에 라일락꽃이 활짝 피어 꽃향기가 나면, 외출했다가 돌아올 때 그 냄새로 자신의 위치를 알 수 있다. 하지만 그 꽃이 어떤 색깔로 어떻게 피어 있는가는 후각으로는 알 수 없다.

(4) 기타

광학법칙으로 교사는 볼 수 있는 물리적 과정과 광학법칙을 맹 아동에게 설명할 수는 있지만 맹 아동은 관찰하기 어려운 시각적 현상이다. 그

예로 거울의 반사와 영상의 원근법을 들 수 있다. 전자는 메아리와 비교하여 설명하고, 후자는 점차 거리가 멀어짐에 따라 소리가 작아지는 원리와 비교하여 설명을 듣고 이해할 뿐이다.

색각은 망막의 고유한 기능이므로 어떤 다른 감각기관으로 대신할 수 없다. 그러므로 맹 아동은 색깔에 대한 실제 경험이나 개념을 가질 수 없다. 색깔에 대한 용어는 사회에 널리 사용되고 있으므로 맹 아동은 언어와 감각, 그리고 정서적인 측면에서 색깔을 연상하게 된다. 흰색은 눈, 푸른색은 차가움, 건조함, 청결함 등으로 연상하게 되는데, 이러한 색깔에 대한 연상은 시간과 사람에 따라 다르다. 그런데 맹 아동 역시 보는 사회에 살기 때문에 색깔의 가장 보편적인 시각적 연상을 잘 알아야 한다. 정안인들은 맹인과 이야기할 때, '이것 봐!'와 같은 표현 등 시각적 어휘를 사용하는 것을 주저해서는 안 되고, 맹인은 이러한 어휘의 의미를 알고 그 시각적 용어를 사용할 줄 알아야 한다.

시력상실은 다른 감각의 효율화로 자동적으로 보상된다고 믿어 왔으나 이와 관련한 연구에서 그 가정을 지지해 주지 못했다(Hayes, 1941). 이러한 믿음은 개인의 죄악감과 사회적 책임을 뒤로하려는 희망적인 가정 때문에 수용되었을 것이다. 그러나 잔존감각에 의존하는 맹 아동이 다른 감각을 더 잘 활용하는 방법을 배운다는 것은 의심할 여지가 없다. 이것은 사용과 필요에 따라 숙달되는 특수한 직업에 종사하는 정안인에게서도 발견된다. 감각적 자료를 해석하는 맹인의 뛰어난 능력은 주의력, 실천, 적용, 잔존감각의 사용 증가 등의 결과다(Lowenfeld, 1971).

맹인의 꿈에 관해 연구한 학자들은 청각이 그들의 꿈속에서 지배적인 역할을 하고, 촉각 및 운동감각이 그다음으로 중요하다고 했다. Blank(1958)는 맹인의 꿈에 관한 연구에서 맹인과 정안인의 꿈 사이에 꿈에 관한 정신분석학적 학설의 수정을 요구할 만한 본질적인 차이가 발견되지 않았다고 보고했다.

2) 보행능력의 제한성

많은 전문가는 보행능력의 제한성이 실명의 가장 큰 영향 가운데 하나라고 생각한다. 보행능력의 제한성은 경험의 기회와 사회적 관계에 영향을 준다. 맹 아동은 스스로 새로운 경험을 접할 수 없을 때, 자극과 정보를 받는 중요한 통로를 상실하게 되고, 지식을 습득하는 데 어려움을 겪게 된다.

정안아동은 거리의 상점에 진열된 물건을 관찰하거나, 오가는 사람과 자동차를 구경하고, 개울에 들어가고, 들과 숲으로 가서 자연을 관찰할 수 있다. 그러나 맹 아동은 이러한 기회가 적을 뿐만 아니라 친구와 함께 이동하여 관찰할 경우에도 맹 아동의 촉각과 다른 감각을 통한 관찰로 얻는 지식은 정안아동이 얻는 지식과 질적으로 차이가 있다.

맹 아동이 보행기술을 습득한다 하더라도 다른 사람의 도움이 어느 정도 필요하다. 이러한 도움이 자발적이든 요청에 의한 것이든 그것은 자기표현의 감소를 의미하고, 정서적으로 마음에 새겨진다. 따라서 지나가는 사람에게 다가오는 버스 번호를 묻는 행동은 보상이 따르는 열등감의 인정이다. 친절한 사람이 복잡한 차량 사이를 안내해 줄 때 즐거운 마음으로 그의 도움에 감사해야 한다.

맹 아동은 도움을 청하기보다 먼저 활동에 참가할 것을 결정하거나, 극단적인 경우 퇴행 상태에 빠지게 된다. 그러므로 교사는 맹 아동이 도움을 청할 때와 거절할 때를 잘 분별하도록 지도하는 것이 바람직하다.

3) 환경과 상호작용의 제한성

(1) 정보 확인의 곤란
맹 아동은 정안아동과 같이 주어진 상황에서 환경에 대한 정보를 확인하기 어렵다. 예를 들어, 타는 냄새가 날 때 주변 정보를 확인하기 어려워 대처에 어려움이 있다. 이러한 상황으로 다른 사람으로부터 정보를 얻을 때까지 불안한 상태에 머물러 있게 된다.

(2) 환경과의 일탈

일상생활은 시각적 모방에 의하여 습득되고, 이 모방 행동은 걷고, 말하고, 놀고, 학습하고, 표현하는 데 중요한 역할을 한다. 맹 아동이 식사하는 기술을 배우는 것은 힘들고 시간이 걸리는 활동이다. 음식을 집어 올리는 단순한 기계적 동작에서부터 사회가 기대하고 받아들이는 식사예절을 학습하기까지 맹 아동은 큰 어려움과 좌절을 극복해야 한다. 이것은 물건을 구입하고, 옷을 입고, 집안일을 하는 것과 같은 활동에서도 마찬가지다.

(3) 표현동작

표정이나 제스처는 시각적 모방에 의해 습득되므로 맹 아동은 기본적인 의사소통을 할 수 있으나 표현동작에서 어려움을 겪는다. 이러한 표현동작을 시각 외에 다른 감각을 통하여 배우는 데는 많은 노력이 필요하다. 그러나 그 결과는 다소 인위적일 수 있다. 맹 아동은 상대방의 표정을 관찰할 수 없지만 목소리에 나타나는 섬세한 변화를 해석하는 방법을 배우고, 정안아동이 다른 사람의 외모를 보고 판단하는 것처럼 목소리의 특징으로 사람을 판단하는 능력을 기르게 된다.

(4) 관찰대상

맹 아동은 다른 사람에게 자신이 관찰되고 있는지 알 수 없으므로 관찰되는 것을 싫어하고, 두려워하며, 다른 사람이 긴장을 풀 수 있는 상황에서도 스스로 조심해야 한다고 느낀다.

4) 개념발달의 제한성

시각장애 아동은 특히 선천적이거나 영아기에 시각장애가 생긴 경우 정보수집 체계에 손상을 입게 되므로 개념형성에 큰 영향을 받게 된다. 이들은 시각 이외의 다른 감각을 이용하여 정보를 얻게 되는데 종종 잘못된 개념을 형성하기도 한다.

시각장애 아동의 지능은 정안아동에 비해 낮지 않다. 그러나 시각의 손상으로 다른 감각에 의존하여 학습하게 되므로 사물의 영속성, 인과관계, 목적과 수단의 관계 등과 같은 개념을 습득하는 시기가 늦어지는 경우가 많다. 정안아동에게 반복적으로 많이 제공되는 모방과 관찰의 기회가 없는 것도 시각장애 아동이 같은 연령의 정안아동에 비해 개념발달이 늦어지는 요인이 될 수 있다.

이상의 시각장애 아동이 겪는 제한성에 대한 이해는 그들의 교육적 요구 분석과 보다 효율적인 지도를 위해 시각장애 아동 지도에 선행되어야 한다.

3. 시각장애 아동을 위한 보조공학

교수를 위한 보조 도구와 자료를 적절히 선택하고 수정하는 일은 효과적인 시각장애 아동 교육에 매우 중요한 부분이다. 시각적·촉각적·청각적 도구를 다양하게 사용할 수 있으며 최근에는 컴퓨터공학의 발달로 보조공학적 도움을 받을 수 있다. 또한 시각장애 아동의 학습과 관련된 보조공학의 분류를 Presley와 D'Andrea(2009)는 접근방법에 따라 시각, 촉각, 청각으로 나누고, 보조공학 유형에 따라 인쇄물접근공학, 전자정보접근공학, 문자의사소통공학, 대체자료제작공학으로 분류하여 제시하고 있다.

〈표 6-5〉 시각장애인 정보접근 보조공학의 분류

보조공학 유형	접근 방법		
	시각	촉각	청각
인쇄물 접근공학	비광학기구: 확대 활자, 독서대, 대비 강화, 조명 광학기구: 휴대용·탁상용 확대경, 망원경, 전자확대기, 스캔문자 인식, 전자칠판	점자, 촉각 그래픽, 수학 도구	직접 낭독, 녹음, 토킹북, 기타 오디오 자료, 스캔문서 낭독 시스템, E-book 리더, 음성 지원 계산기, 음성 지원 사전
전자정보 접근공학	컴퓨터, 화면확대 하드·소프트웨어, 큰 모니터, 모니터 암, 소프트웨어 설정, 운영체제 디스플레이 설정, 스캐닝 시스템, 확대 지원 스마트 기기, E-book 리더, 확대 활자 온라인 계산기, 온라인 사전	점자 디스플레이, 컴퓨터, 터치 지원 스마트 기기, 점자정보단말기	음성 지원 워드프로세서, 텍스트 리더, 자체 음성 지원 응용프로그램, 화면 읽기 소프트웨어, 음성 지원 스마트 기기, 스캐닝 시스템, E-book 리더, 음성 지원 계산기, 음성 지원 사전, 보이스 레코드 문자
문자 의사소통 공학	비전자기구: 굵은 줄 노트, 양각 줄 노트, 사인펜, 마커, 굵은 줄 그래프 노트 전자기기: 컴퓨터, 워드프로세서 단말기, 확대 지원 스마트 기기, 이미징 소프트웨어, 그림 소프트웨어, 음성 지원 워드프로세서, 화면확대 워드프로세서, 수학 관련 소프트웨어, 스프레드시트	비전자기구: 점필과 점판, 점자 타자기 전자기기: 전자 점자 타자기, 워드프로세서, 터치 지원 스마트 기기, 점역 소프트웨어, 점자 프린터, 점자 정보단말기	화면 읽기 소프트웨어와 워드프로세서, 음성 지원 스마트 기기
대체자료 제작공학	스캔문자 인식기, 워드프로세스, 프린터	스캔문자 인식, 워드프로세서, 점역 소프트웨어, 점자 프린터, 전자 그래픽 소프트웨어, 촉각 그래픽 제작 도구, 갭슐페이퍼	녹음기, 스캔문자 인식기

출처: Presley, I., & D'Andrea, F. M. (2009).

이를 근거로 시각장애 아동의 보조공학을 시각적 · 촉각적 · 청각적 구분에 따라 제시한다.

1) 시각적 보조공학

많은 저시력 아동이 잔존시력을 보다 효율적으로 사용하기 위해서 광학 · 비광학 보조공학을 활용할 수 있다. 광학기구로는 대표적으로 확대경, 단안망원경, CCTV가 있으며, 비광학기구로는 독서대, 확대문자가 대표적이다.

(1) 확대경

확대경(magnifier)은 가장 기초적인 저시력기구로 원거리를 사용하는 저시력 아동과 중심 암점이 있는 아동에게 도움이 된다. 중심 암점이 있는 아동은 원거리에 있는 물체를 가깝게 가져오거나 확대하기를 원한다. 이러한 아동은 시력을 사용하는 데 조도 역시 중요한 요인이 되므로, 알맞은 조도를 유지할 수 있도록 조명시설을 설치하고, 중심외 보기(eccentric viewing) 방법을 가르친다(Goodrich & Quillman, 1977).

주변시야를 상실한 아동이 확대경을 사용하면 아동의 시야보다 좁은 시야를 갖게 된다. 또한 중심시력을 상실하지 않았을 경우에는 굳이 확대경을 사용할 필요가 없다. 시야협착 아동은 주변시야를 상실한 원거리 물체나 축소된 물체를 좋아하기 때문에 머리와 눈의 운동을 통해 책을 읽도록 한다. 확대경의 종류로는 손잡이형 확대경, 스탠드식 확대경, 플랫베드 확대경, 막대형 확대경, 접이식 확대경, 서랍식 확대경, 조명형 확대경, 안경장착형 확대경 등이 있다(실로암시각장애인복지관, 2014).

손잡이형 확대경   서랍식 확대경   스텐드식 확대경

접이식 확대경   플랫베드 확대경   안경장착형 확대경

조명형 확대경   막대형 확대경

[그림 6-1] 확대경

(2) 단안망원경

저시력 아동의 경우 양안의 시력차가 크므로 같은 배율의 양안 적용이 어려워 쌍안경이 아닌 단안망원경(monocular telescope)을 이용한다. 이런 단안망원경은 원거리를 볼 수 있을 뿐만 아니라 근거리에서도 이용할 수 있다. 배율은 2배에서 최고 20배까지 있으며, 시각장애 아동이 신호등이나 버스번호를 보는 데는 손잡이형 망원경을 사용하고, 텔레비전 시청, 스포츠 관람을 할 때는 안경장착형 망원경을 사용한다. 망원경은 두 가지 형태로 분류되는데 주로 저배율에 속하는 갈릴레이식(Galilean Type)과 보편적

[그림 6-2] 망원경

으로 고배율이 주를 이루는 케플러식(Keplerian Type)으로 나뉜다.

(3) CCTV

저시력 아동이 사용할 수 있는 독서 확대기의 대표적인 것이 CCTV다. CCTV는 비디오카메라를 통해 화면의 상을 100배까지 확대할 수 있고, 컬러, 흑백, 역상 모드를 지원하며, 자동 및 수동 초점조절장치가 있어 사용

CCTV   휴대용 확대기

[그림 6-3] CCTV

자가 작동하기 쉽고, 컴퓨터 모니터 및 텔레비전에 연결하여 사용할 수도 있다.

(4) 독서대

독서대를 사용하면 더욱 편리하게 과제를 수행할 수 있으므로 다양한 형태의 독서대를 저시력기구와 함께 사용하면 좋다. 독서대는 높이와 각도를 조절할 수 있고, 눈과 읽을 자료의 거리를 조절하여 피로를 줄여 줌으로써 저시력 아동이 긴 시간 과제를 수행하는 데 도움을 준다.

(5) 확대 활자

확대 활자는 일반적인 활자를 확대하는 것을 말한다. 확대 활자를 사용하는 것은 광학적 보조도구를 사용하여 가까운 거리에서 일반적인 크기의 활자를 읽을 수 없는 경우에 도움이 된다. 아동에 따라서는 수학이나 과학 분야에서 읽기 힘든 특정 수식어나 기호에만 이러한 큰 활자가 필요하기도 하다. 줄 간격, 활자의 농도, 종이의 질과 색깔 등도 시각장애 아동의 읽기능력에 영향을 미친다.

저시력　　(활자 크기 14)

저시력　　(활자 크기 20)

저시력　　(활자 크기 30)

저시력　　(활자 크기 40)

[그림 6-4] 확대 활자

(6) 화면 확대 소프트웨어

화면 확대 소프트웨어는 저시력 아동들이 컴퓨터를 사용할 수 있도록 화면 확대, 확대 화면상에서의 컴퓨터 활용, 다양한 윈도 응용 프로그램을 사용할 수 있도록 한다.

(7) 타이포스코프

타이포스코프(typoscope)는 한 줄 보기를 위하여 사용되며, 흰색 종이에서 반사되는 빛의 양을 줄일 수 있다.

2) 촉각적 보조공학

시각장애 아동은 대부분의 학습을 촉각적 보조도구에 의존하게 된다. 저시력 아동은 시각적 또는 청각적 도구와 함께 촉각적 보조도구를 사용할 수 있다. 많이 사용되는 촉각적 보조공학에는 다음과 같은 것들이 있다.

(1) 점자정보단말기

점자정보단말기는 시각장애인들이 전자 점자와 음성을 통해 문서의 출력과 인터넷을 자유롭게 이용할 수 있도록 만든 휴대용 정보통신기기다. 아홉 개의 버튼이 달린 점자 입력 키보드와 32칸의 점자 표시가 가능한 점자 출력 패드, 음성 출력을 위한 스피커 등을 갖추고 있으며, 개인용 컴퓨터(PC)에 연결해서 문서 작성과 데이터 교환, 인터넷 검색 등을 할 수 있다.

대표적인 점자정보단말기로는 브레일 한소네(한국), 브레일 라이트(미국), 브레일 노트(뉴질랜드) 등이 있다. 이 중에서 한글 지원이 가능한 것은 브레일 한소네이며, 브레일 한소네와 브레일 노트는 인터넷과 이메일 기능이 있다. 단말기의 크기나 무게는 브레일 라이트가 가장 크고 무거우며, 셀의 수도 가장 많다. 브레일 한소네는 촉각과 음성, 시각장애인 정보

접근 인터페이스에 기반을 두어 시각장애인이 쉽게 사용할 수 있도록 인체공학적으로 설계된 점자 음성컴퓨터다. 이 단말기는 점자 묵자 간 일대일 호환이 가능하며, 시각장애인의 학습 및 재활, 정보 접근을 돕는 역할을 한다. 워드프로세서, 일정 관리, 이메일, 계산기, 웹브라우저, 파일관리 등 컴퓨터가 제공하는 모든 기능을 시각장애인이 쉽고 편리하게 활용할 수 있다.

브레일 한소네(한국)   브레일 라이트(미국)   브레일 노트(뉴질랜드)

[그림 6-5] 점자정보단말기

(2) 점자 프린터

점자 프린터는 입력한 자료를 점자로 출력하는 기기를 말한다. 초기의 점자 프린터는 단면만 출력할 수 있었으나 양면을 출력할 수 있는 점자 프린터가 개발되었고, 출력 용지도 연속 용지뿐만 아니라 낱장 용지까지

[그림 6-6] 점자 프린터기

사용할 수 있는 제품이 개발되었다.

(3) 점자도서

점자도서는 자원봉사자, 컴퓨터, 점역사, 교재 출판사 등에 의해서 제작된다. 일반학급에서 맹 아동이 정안아동과 함께 읽기 활동에 참여할 수 있기 위해서는 점자를 배우고, 점자도서를 쉽게 구할 수 있어야 한다.

(4) 점자 타자기

종이에 점자를 타자할 수 있도록 만든 기계로 점자의 6개 점에 해당하는 6개의 키로 구성되어 있다. 최근에는 컴퓨터와 유사한 점자정보단말기와 점자 프린터, 음성출력 등의 기술이 발전하면서 거의 사용되지 않고 있다.

[그림 6-7] 점자 타자기

(5) 점판과 점필

공책에 필기하기 위해서 시각장애 아동이 사용하는 도구로, 점판은 뾰족한 점필로 해당 점자를 찍을 수 있도록 구멍이 뚫린 판이다. 점을 찍을 때에는 오른쪽에서 왼쪽으로 찍으며, 읽을 때에는 뒤집어서 왼쪽에서 오른쪽으로 튀어나온 점을 읽는다.

[그림 6-8] 점판과 점필

(6) 촉각 그림세트

촉각 그림세트는 사회과 학습이나 이동 훈련을 위해서 그림, 그래프, 지도를 그릴 수 있도록 다양한 도드라진 선이나 모양을 만들 수 있는 도구다.

(7) 촉각지도

촉각지도는 도드라진 표면과 서로 다른 질감을 통해 지리, 지도 읽기에 관련된 기술을 가르치는 데 사용한다. 교사는 털실이나 기타 재료를 이용하여 일반적인 자료를 촉각적인 자료로 수정할 수 있다.

[그림 6-9] 촉각지도

(8) 점자측정도구

점자측정도구는 맹 아동이 정안아동과 함께 수학 활동에 참여할 수 있도록 하기 위해서 제작한 점자 표시가 되어 있는 자, 컴퍼스, 각도기 등의 교재다.

3) 청각적 보조공학

촉각적 또는 시각적 보조도구와 함께 사용할 수 있는 청각적 보조도구에는 다음과 같은 것들이 있다.

(1) 녹음도서

녹음도서는 시각장애인을 위하여 활자 도서의 내용을 사람의 음성으로 녹음하여 저장한 책이다. 녹음도서는 2013년 12월 30일 개정 발휘된「저작권법」제33조 '시각장애인 등을 위한 복제 등' 제2항에 따라 공표된 어문 저작물을 녹음하거나 대통령령으로 정하는 시각장애인 등을 위한 전용기록방식으로 복제·배포할 수 있다는 법적근거를 갖추었다.

(2) 카세트녹음기

필기하는 대신에 녹음기를 사용하여 녹음을 하기도 하고, 숙제나 시험 답안을 녹음하기도 하며, 녹음된 과제물이나 교재를 듣기도 한다.

(3) 음성합성장치

음성합성장치는 컴퓨터에서 주어지는 디지털 데이터에 의한 정보를 음성으로 변환하는 장치로, 하드웨어에 속한다. 국내 최초로 개발된 음성합성장치 '가라사대'는 컴퓨터에 입력된 어떠한 문자정보라도 자연스럽고 명료한 음성으로 즉시 변환시키는 한국어 무제한 음성합성시스템(Korean

Text-To-Speech synthesizer)으로, 기존 음성합성방식과는 달리 기억용량의 응용 제한에 따른 문제점이 전혀 없었다. 또한 가라사대는 IBM PC와 호환성 있는 PC에 내장되는 보급형 음성합성보드로서 응용프로그램의 개발이 매우 용이하기 때문에 컴퓨터를 이용한 교육분야, 음성에 의한 각종 데이터베이스의 검색 서비스 등 다양한 응용분야에 손쉽게 적용된다. 그러나 DOS 모드의 가라사대 음성합성장치여서 윈도 환경에 적응하지 못해 현재는 공급이 중단된 상태다.

(4) 화면 읽기 프로그램

화면 읽기 프로그램(screen reader program)은 시각장애 아동이 컴퓨터에 저장된 자료나 화면에 나타나는 정보를 읽을 수 있도록 지원하는 소프트웨어다. 우리나라에서 시각장애인이 컴퓨터를 본격적으로 사용하게 된 것은 화면 읽기 프로그램이 개발되면서부터이며, 화면 읽기 프로그램 개선 정도에 따라 시각장애인의 컴퓨터 사용범위도 크게 확대되었다. 초기에는 하드웨어방식의 DOS용 가라사대를 사용하였으나, 지금은 윈도용 화면 읽기 프로그램으로 센스리더, 드림보이스, Korean JAWS for Windows 등이 있다(김남진, 김용욱, 2010).

(5) 시각장애인용 독서기

독서기는 문자인식 및 음성합성 기능이 있어 책의 문자를 스캔으로 인식하여 읽어 준다.

(6) 화면해설 수신기

DVS(화면해설 서비스) 수신기는 TV 화면을 볼 수 없는 시각장애인들을 위해 장면 하나하나를 마치 눈으로 보듯이 성우가 음성으로 해설해 청취할 수 있도록 특수 제작된 기기다. 근래에는 고정형 화면해설방송 수신기

[그림 6-10] 화면해설 수신기

로 TV와 모니터 겸용으로 본체에 내장되어 출시되고 있다(실로암시각장애인복지관, 2014).

4. 시각장애 아동을 위한 원인 질환별 교육적 조치

시각장애 아동은 원인 질환의 특성에 따라 교육적 고려점에 큰 차이를 보인다. 대표적인 시각장애의 원인 질환별 교육적 고려점을 살펴보고자 한다.

1) 원인 질환별 교육적 조치

(1) 무홍채증

무홍채증은 선천적인 유전성 질환으로 홍채의 일부만 있거나 홍채가 자라지 않은 경우를 말한다. 무홍채증은 주로 양쪽 눈에 모두 나타나고, 보통 안구진탕, 수명, 수정체 탈구, 백내장 등을 수반할 수 있다.

무홍채증에 대한 교육적 조치로 빛은 밝은 조명보다는 약간 어두운 조명을 사용한다. 창문을 통해 들어오는 빛을 등지고 앉게 하고, 차양이 있는 모자나 색안경을 착용하도록 한다. 학습자료는 종이와 글자 고대비를 제시하며, 저시력기구로 핀홀, 콘택트렌즈, 색안경을 사용하도록 지도하고, 근거리 과제수행 시에는 눈의 피로와 두통이 동반될 수 있으므로 정기적인 휴식이 필요하다.

(2) 백내장

백내장은 수정체가 혼탁해지는 증상으로 안구진탕이나 사시를 동반하기도 한다. 교육적 조치로 직사광선이나 광택이 있는 표면을 지양하여 눈부심을 피한다. 백내장이 수정체 가장자리에 있는 아동에게는 높은 조명을, 중심부에 있는 아동에게는 낮은 조명을 사용하도록 한다.

(3) 녹내장

녹내장은 안압이 높아져 생기는 질환이다. 교육적 조치로 밝은 빛에는 눈부심이 있으므로 아동에게 맞는 조도를 제공해야 한다. 또한 녹내장이 진행되어 시야가 좁아진 아동은 독서할 때 줄을 잃지 않도록 타이포스코프를 사용하도록 한다.

(4) 당뇨망막병증

당뇨망막병증이 생기면 점진적으로 촉각이 둔해지므로 교육적 조치로 듣기 교재, 화면 읽기 프로그램을 사용하도록 한다.

(5) 미숙아망막병증

미숙아망막병증은 신생아의 망막에서 혈관을 형성하게 될 전구조직이 산소를 매개로 하는 세포의 독성반응으로 손상되어 발생한다. 미숙아망막병증이 심한 경우에는 전맹이 되고, 시력이 매우 약해지며, 근시, 녹내장, 망막박리, 안구진탕을 수반할 수 있다.

미숙아망막병증은 예후가 매우 좋지 않으므로 교육적 조치로 점자를 학습하고, 망막박리가 예상되는 아동은 얼굴이나 머리에 충격을 주지 않도록 지도한다.

(6) 망막박리

망막박리는 망막이 색소상피층을 남기고 유리체가 있는 안쪽으로 떨어지는 병적 상태다. 진행과정으로 망막의 일부분이 찢어지면 그곳이 시발점이 되어 주변의 망막이 들뜨고, 떨어지게 된다. 이때 떨어진 부위가 안 보이게 되고, 중심부까지 떨어지면 실명하게 된다. 이들의 교육적 조치로 박리를 촉진할 수 있는 심한 운동 등 신체활동을 피해야 한다.

(7) 망막색소변성

망막색소변성은 모든 시세포에 장애를 일으키는 것으로 터널시야와 야맹증이 나타난다. 이에 따른 교육적 조치로 눈부심을 피할 수 있도록 색안경이나 차양이 달린 모자를 착용하도록 하고, 밝은 곳에서 어두운 곳으로 갈 때 암순응이 잘 이루어지지 않으므로 이를 이해하고 야맹증이 있다는 것을 이해한다. 책을 읽을 때 주사와 추시기술을 가르치고, 필기할 때는 굵고 진한 선이 있는 노트와 검은색 펜을 사용하도록 하고, 볼 수 있는 가장 작은 글자보다 한 포인트 높은 글자를 제공한다. 글자의 대비가 잘 이루어지도록 글자 위에 노란색 아세테이트지를 덮어 준다. 또한 진행성이므로 점자를 학습하도록 한다.

(8) 황반변성

황반변성은 중심와와 황반부에 나타나고, 근거리와 원거리 시력이 나빠지며, 망막 중심부에 발병하면 암점이 나타난다. 교육적 조치로 눈부심을 피하여 적절한 조명을 제공하고, 독서할 때 줄을 잃지 않도록 타이포스코프를 사용하도록 하고, 대비가 선명한 자료를 제공한다. 필기할 때는 굵고 진한 선이 있는 노트와 검은색 펜을 사용하도록 하고, 삽화 위에 글씨가 있는 자료는 지양한다. 또한 암점이 확대되므로 중심외 보기 방법을 지도한다.

(9) 백색증

백색증은 색소 결핍 또는 멜라닌 색소의 감소가 함께 나타나는 질환이다. 증상으로 만성 안검경련, 눈부심, 안진, 시력장애 등이 나타난다. 교육적 조치로 직사광선을 차단하기 위해 커튼, 블라인드, 색안경, 차양이 있는 모자를 사용한다. 광택이 있는 표면은 눈부심을 유발하므로 조명을 조정하도록 한다.

(10) 시신경 위축

시신경 위축은 시신경 섬유가 파괴되어 시신경 유두가 창백하고 시야 결손 및 시력장애를 일으키는 질환이다. 교육적 조치로 눈부심을 피하고 스탠드로 부분 조명을 설치한다. 보조공학으로 조명형 확대경, CCTV, 망원경을 사용하도록 한다.

(11) 시로장애

시로장애는 반맹과 시력장애가 나타난다. 이에 대한 교육적 조치로 책을 읽을 때 주사와 추시기술을 가르치고, 시각적 보조공학 기구를 사용하도록 한다. 또한 교실의 좌석배치가 매우 중요하므로 학생의 시력 특성에 맞게 가능한 한 시야를 넓게 사용할 수 있는 곳에 자리를 배치한다.

(12) 안구진탕

안구진탕은 안구가 규칙적이고, 반복적이며, 불수의적으로 움직이는 것을 말한다. 교육적 조치로 한 지점을 주시하는 훈련을 실시하고, 글씨가 선명한 자료를 제공하여 읽을 때 줄을 표시하면서 읽도록 지도한다. 근거리 과제는 눈을 피로하게 하므로 정기적인 휴식이 필요하다.

〈이 장의 연구과제〉

1. 시각장애영역에서 보조공학의 필요성에 대해서 토론해 보자.
2. 시각장애의 교육적 요구와 그에 따른 보조공학의 쓰임에 대해서 발표해 보자.
3. 시각장애 아동을 위한 원인 질환별 교육적 조치에 대해서 토론해 보자.

참고문헌

김남진, 김용욱(2010). 특수교육공학. 서울: 학지사.

실로암시각장애인복지관(2014). 보조공학기기. http://www.silwel.or.kr

이소현, 박은혜(2011). 특수아동교육. 서울: 학지사.

임안수(2009). 시각장애아 교육. 서울: 학지사.

「장애인 등에 대한 특수교육법」

「장애인복지법」

「저작권법」

Blank, H, R. (1958). Dreams of the blind. *The Psychoanalytic Quarterly, 27*, 158–174.

Goodrich, G., & Quillman, R. (1977). Training eccentric viewing. *Journal of Visual Impairment & Blindness, 71*(9), 377–381.

Hayes, S. P. (1941). *Contributions to a psychology of blindness*. New York, NY: American Foundation for the Blind.

Lowenfeld, B. (1971). *Our blind children: Growing and learning with them* (3rd ed.). Springfield, IL: Charles C Tomas Publisher.

Presley, I., & D'Andrea, F. M. (2009). *Assistive technology for students who are blind or visually impaired*. New York: American Foundation for the Blind, Inc.

Rubbin, E. J. (1964). *Abstract functioning in the blind*. New York, NY: American Foundation for the Blind.

Witkin, H. A., Birnbaum, J., Lomonaco, S., Lehr, S., & Herman, J. L. (1968). Cognitive patterning in congenitally totally blind children. *Child Development, 39,* 767-786.

제 장

특수교육공학

의사소통장애 아동을 위한 특수교육공학

〈이 장의 개요〉

이 장에서는 의사소통장애 아동을 위한 특수교육공학에 관해 살펴볼 것이다.
이 장의 주요 내용으로는 의사소통장애 아동에 대한 이해, 의사소통장애 아동의
특수한 교육적 요구, 의사소통장애 아동을 위한 보조공학, 의사소통장애 아동을
위한 수업설계 등이다.

〈이 장의 학습목표〉

1. 의사소통장애 정의의 구성요소를 기술할 수 있다.
2. 의사소통장애의 하위유형에 따른 교육적 요구에 대해 설명할 수 있다.
3. 의사소통장애의 하위유형에 따른 보조공학의 역할과 쓰임을 설명할 수 있다.
4. 의사소통장애 아동을 위한 교수·학습방법을 비교하고, 각 모형의 원리와 절
   차를 설명할 수 있다.

제7장에서는 의사소통장애의 정의와 분류체계를 중심으로 의사소통장애의 특성을 살펴보고자 한다. 이에 따라 1절은 의사소통장애로 분류되는 언어장애, 조음장애, 유창성장애, 음성장애, 실어증, 청각장애에 따른 교육적 요구를 알아보았다. 2절은 의사소통장애 아동의 특수한 교육적 요구를 살펴보았다. 3절은 의사소통장애 아동을 위한 보조공학 접근에 대해 알아보았다. 4절은 의사소통장애 아동을 위한 교수·학습방법을 살펴보았다.

의사소통은 메시지를 상호 간에 주고받는 것으로서 여기에는 메시지를 전달하는 전달자와 이를 받는 수신자가 있다. 이때 의사소통장애는 메시지를 주고받는 상황에서 상호 간에 의사소통이 원활하게 이루어지지 않는 상태를 의미한다.

이 장에서는 의사소통장애 아동의 이해와 분류, 교육적 요구, 의사소통장애 아동을 위한 공학적 접근과 교수·학습방법 등을 살펴보게 될 것이다.

1. 의사소통장애 이해

1) 의사소통장애 정의

의사소통(communication)은 관념, 감정, 정보의 상호교환을 의미한다. 의사소통장애는 언어장애(language disorder)와 말장애(speech disorder)로 구분할 수 있다. 의사소통장애는 음을 듣고 청취하는 능력과 말(speech)을 만드는 능력, 언어(language)를 구사하는 능력 등에서 장애를 보인다. 그 결과 정보를 전달하는 사람과 이를 수용하는 사람 사이에서 원만한 정보 전달이 이루어지지 않는다.

이를 도식화하여 살펴보면 다음과 같다.

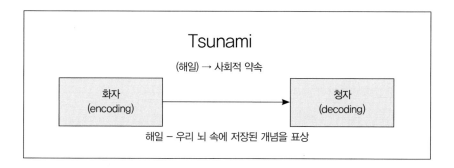

만약 'Tsunami'라는 메시지를 화자가 청자에게 전달하여야 하는 상황에서 쓰나미(Tsunami)가 해일이라는 사회적 약속을 이해하지 못한다면 이는 언어장애의 범주에 들게 된다. 즉, 화자가 표현언어로서 이를 표상해 전달하지 못하면 의사소통은 성립될 수 없다. 반면 화자가 'Tsunami'를 정확하게 청자에게 전달하였다 하더라도 청자가 수용언어로서 쓰나미의 메시지를 받아들이지 못한다면 이 역시 언어장애가 된다.

또한 언어를 정확하게 말로 표현하는 것은 중요하다. 이때 화자는 바른 조음과 편안한 음성으로 유창하게 전달하여야만 의사소통은 성립된다. 뿐만 아니라 청자는 바르게 듣고 이를 이해하여야 하는데 청력손실로 말미암아 의사소통 환경은 깨질 수도 있다.

「장애인 등에 대한 특수교육법 시행령」에서 의사소통장애 선정기준(제10조)을 살펴보면 〈표 7-1〉과 같다.

비록 의사소통장애의 범주 속에는 포함되지 않지만 청자의 입장에서

바르게 정보를 듣지 못함으로 의사소통이 원활하게 이루어지지 못하는 원인으로 청각장애 아동을 포함시킬 수 있다.

〈표 7-1〉 「장애인 등에 대한 특수교육법 시행령」에서의 의사소통장애 정의

의사소통장애를 지닌 특수교육대상자
• 다음 각 목의 어느 하나에 해당하여 특별한 교육적 조치가 필요한 사람

가. 언어의 수용 및 표현 능력이 인지능력에 비하여 현저하게 부족한 사람
나. 조음능력이 현저히 부족하여 의사소통이 어려운 사람
다. 말 유창성이 현저히 부족하여 의사소통이 어려운 사람
라. 기능적 음성장애가 있어 의사소통이 어려운 사람

청각장애를 지닌 특수교육대상자
• 청력 손실이 심하여 보청기를 착용해도 청각을 통한 의사소통이 불가능 또는 곤란한 상태이거나 청력이 남아 있어도 보청기를 착용해야 청각을 통한 의사소통이 가능하여 청각에 의한 교육적 성취가 어려운 사람

한편 미국언어청각협회(The American Speech, Language, Hearing, Association)는 의사소통장애를 말장애(speech disorder)와 언어장애(language disorder)로 구분한다. 이에 따라 말장애는 조음장애, 유창성장애, 음성장애로 나누며, 언어장애는 음성, 문자, 기타 상징체계를 사용하거나 이해하는 데 장애가 있는 경우로서 언어의 형태로서 음운론, 형태론, 통사론과 언어의 내용으로서 의미론, 언어의 기능으로서 화용론 등의 국어적 지식에 장애를 지닌 경우를 포함한다. 또한 미국정신의학회(DSM-IV)는 의사소통장애를 표현 언어장애, 혼재성 수용-표현 언어장애, 음성학적 장애, 유창성장애, 그리고 달리 분류되지 않는 의사소통장애로 구분하여 정의한다.

2) 의사소통장애 분류

의사소통장애의 범주는 음성장애, 조음장애, 언어장애, 유창성장애, 청각장애로 구분할 수 있다. 이들 의사소통장애 아동은 장애의 범주에 따라 독특한 교육적 요구를 지니고 있어 의사소통의 장애 원인을 알아보는 의사소통 진단절차를 통하여 교육활동을 실시한다.

의사소통의 구성요소에 따라 의사소통장애를 정리하면 [그림 7-1]과 같다.

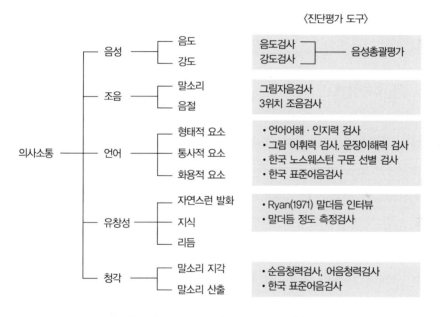

[그림 7-1] 의사소통의 구성요소 및 진단평가

의사소통장애를 구성요소별로 정리하여 제시하면 다음과 같다.

(1) 음성장애

음성장애는 후두 특히 성대의 이상으로 인한 성대혹이나 성대결절, 성대부종, 스트레스 등으로 목소리의 크기가 너무 크거나 작은 강도장애, 지나치게 높거나 낮은 음도장애, 목쉰음성, 숨찬음성, 거친음성, 과비성 등의 음질장애로 나타난다. 또한 목소리의 강도나 음도에 의도적으로 변화를 주지 못하는 경우도 여기에 포함된다. 이를 정리하면 〈표 7-2〉와 같다.

〈표 7-2〉 음성장애의 분류

음도장애	음도변화의 정상범위는 성별, 연령, 기타 여러 요인들에 달려 있는데 이에 이탈될 경우를 음도장애라 한다.
강도장애	음성의 남용이나 긴장 때문에 오는 기능적 실성증, 성대의 마비나 종양 때문에 음성을 잃는 기질적 실성증이 있다.
음질장애	과비성, 거친음성, 숨찬음성, 목쉰음성, 가성, 과소비성 등이 있다.

(2) 조음장애

조음장애는 발음이 부정확한 것을 의미하며 의사소통장애 중에 가장 많은 장애유형으로서 60~80% 정도의 비교적 높은 출현율을 보인다. 조음장애는 조음상의 생략, 대치, 왜곡 등의 조음형태가 나타난다. 조음장애 원인으로는 청력손실, 입술이나 구개의 파열, 소대의 이상, 신경운동장애로 인한 마비성 조음장애, 실행증 등의 문제로 나타날 수 있는 기질적 조음장애와 신체적 구조상의 이상이 없더라도 연령, 지능, 성격, 사회경제적 위치, 문화적 영향, 학업 성취도, 습관 등에 따라 자신의 독특한 패턴으로 나타날 수 있는 기능적인 조음장애로 나눌 수 있다.

(3) 언어장애

언어장애는 메시지의 정확한 본질인 코드나 기호 시스템의 장애다. 따라서 말하기, 이해하기, 읽기, 쓰기 등에 문제를 보인다. 언어장애는 또래 아동들보다 늦은 언어발달 지체, 대뇌손상이나 신경계 이상으로 인한 실어증이나 구어실행증, 지능이 낮은 결과에 기인한다.

언어가 또래아동에 비하여 늦는 경우라도 주위 사람들의 지시는 잘 수행하나 말을 하지 못하는 경우도 있고, 말의 의미를 잘 이해하면서도 상황에 따라 적절하게 사용하지 못하는 경우 등이 있다.

(4) 유창성장애

음이나 음절, 또는 조음 포즈 등의 반복이나 연장 혹은 투쟁 행동 등으로 구어의 흐름이 비정상적으로 방해를 받을 때 유창성장애가 나타난다.

유창성장애는 일반적으로 음절 반복과 연장을 더 많이 나타낸다. 유창성장애는 가족의 영향에 의해 말더듬이가 될 수 있다. 또한 생리적인 문제, 심리적인 문제, 또는 자신도 알지 못하는 사이에 말더듬이 발생할 수 있다.

말더듬은 변화의 정도가 큰 것이 특징인데, 장소, 사람, 상황, 음소에 따라 증상의 변화가 다양하다. 친한 친구와는 유창하게 말을 잘 하는데 낯선 사람과 대화를 할 때는 같은 내용의 말이라도 심하게 더듬을 수 있다. 말더듬은 말더듬이 일어나는 빈도, 말더듬 형태, 수반 행동의 유무에 의해서 심한 정도를 평가할 수 있다.

말더듬은 음절반복, 단어반복, 연장 등이 자주 나타나는 행동이며 이러한 형태가 더 악화되면 폐쇄나 투쟁이 나타나고, 더듬을 것이라고 예측되는 말을 회피하거나 에둘러 말하기가 나타난다.

(5) 뇌손상 장애

실어증은 뇌졸중, 외상, 종양, 그 외 신경학적 뇌손상으로 인해 발생하는 후천적 언어이해 및 언어표현 장애다. 실어증의 유형으로는 유창성 실어증에 속하는 베르니케 실어증과 비유창성 실어증에 속하는 브로카 실어증으로 나눌 수 있다. 이에 대한 진단 및 평가방법으로는 발화샘플 분석하기, 청각이해력 검사, 명령이해력 검사, 단어 명명하기 능력 검사, 따라 말하기 능력 검사 등이 있다. 신경언어장애에서 나타나는 문제점은 실문법증, 작문법증, 건망증, 둘러 말하기, 착어증, 고착현상이 나타난다.

(6) 청각장애

청각장애는 농(deaf)과 난청(hard of hearing)으로 구분한다.

청각장애는 청력의 정도에 따라 농과 난청으로 구분하며 난청은 장애의 부위에 따라 음을 전달하는 귀의 외이와 중이에 이상이 있으면 전음성 난청, 귀의 내이에서 대뇌의 청각중추까지 포함하는 신경계에 이상이 있으면 감각신경성 난청으로 구분한다. 또한 전음기관과 청신경계에 이상이 중복되면 혼합성 난청이라고 한다.

청각장애 아동은 청력 손실이 심하여 상대방의 말을 받아들이는 데 어려움이 있다. 상대방의 말소리 명료도가 낮아 학습이나 사회생활에서 제약을 받으며 보청기의 착용이나 인공와우로서 의사소통능력을 향상시킬 수는 있으나 보청기의 착용이 스스로 자아개념을 떨어뜨릴 수 있다.

2. 의사소통장애 아동의 특수한 교육적 요구

의사소통장애 아동의 교육적 요구를 살펴보면 다음과 같다.

1) 언어장애 아동의 교육적 요구

언어적인 요소는 형식적인 측면으로 음운론적 발달, 형태론적 발달, 구문론적 발달이며, 내용적인 측면으로 의미론적 발달, 사용적인 측면으로 화용론적 발달로 나타낸다. 언어장애 아동은 추상적 개념을 공유하는 능력이 부족하여 복잡한 언어적 상징을 이해하고 이를 수용하고 표현하는 능력이 떨어진다. 따라서 언어장애 아동은 언어의 수용 및 표현 능력이 현저하게 부족하여 학업에 곤란을 겪을 수 있으며 필요에 따라서는 일상생활을 유지하기 위하여 신변처리 기술, 기능적 기술, 사회성 기술이 요구된다.

2) 말장애 아동의 교육적 요구

말장애 아동은 음성장애, 조음장애, 유창성장애를 보이는 아동이다. 이들 말장애 아동은 자신의 말이 사회에서 부정적으로 받아들여짐을 인식하게 되면 심리적 좌절감을 느낄 수 있으며 심한 경우에는 일상생활 속에서 고집스런 행동이나 과잉행동으로 자기의 감정을 표현하거나 소극적이 될 수 있다.

3) 청각장애 아동의 교육적 요구

청각장애 아동은 청력손상으로 인하여 듣기가 곤란하고, 한국어 사용이 미숙하며, 다양한 상황들에 대한 경험이 부족한 특성을 지닌다. 일반적으로 청각장애 아동은 언어의 상징체계를 이해하는 데 어려움을 지니고, 언어에 대한 이해가 부족하여 직관에 의존하는 사고를 하며, 전반적으로 학습내용을 이해하는 데 어려움을 지닌다.

3. 의사소통장애 아동을 위한 보조공학

의사소통장애 아동의 교육의 방향은 학업에서의 문제영역을 정확히 진단한 후 적합한 교수법을 제공하는 것이다.

1) 의사소통장애 아동을 위한 보조공학

의사소통장애 아동은 메시지를 올바르게 전달하거나 전달받는 데 어려움이 있다. 의사소통장애 아동이 의사소통능력을 향상시켜 나가기 위해서는 의사소통 상황을 조성해 주는 것이 중요하다. 이러한 역할들은 교사나 또래들에 의해 이루어지지만 소프트웨어 프로그램이나 의사소통시스템을 지원하는 보조공학 기기들이 그 역할을 대신하고 아동은 이를 적절하게 활용할 수 있다.

보완/대체 의사소통(Augmentative Alternative Communication: AAC)은 말하기, 쓰기 장애를 지닌 아동이 지역사회에 참여하거나 재활할 수 있도록 돕는 것이다. 보완/대체 의사소통은 몸짓, 손짓기호(manual signs), 얼굴표정, 그림, 사진, 낱말, 실물, 선화(line drawings), 블리스 기호(Blissymbols), 리버스 체계(Rebus system) 등과 같은 상징체계들을 포함한다. 의사소통 보조공학기기는 말과 언어를 비롯하여 말소리의 억양, 속도, 높낮이와 같은 단서들과 몸짓, 표정, 눈 맞추기와 같은 비언어적 정보를 포함한다. 따라서 의사소통 보조공학기기로 사용되는 보완/대체 의사소통은 의사소통의 표현 언어를 지원하기 위한 문자와 음성출력을 하거나 지시를 통하여 의사를 표현하는 의사소통판과 의사소통 소프트웨어 등이 있다.

의사소통장애 아동이 보완/대체 의사소통 체계를 적용함으로써 의사표현에 어려움을 겪고 있는 아동이 상대방에게 이해하기 쉽도록 표현하여 사회화를 높이고 학습활동에서 자신의 의견을 표현하고 대답함으로써 참여도를 높인다.

의사소통판이나 컴퓨터 테크놀로지 활용은 의사소통장애 아동이 스스로 의사를 표현할 수 있는 환경을 제공해 줌으로써 개인의 언어능력에 따라 의사소통을 구현할 수 있다.

(1) 의사소통시스템

의사소통 상황에서 데이터의 입력과 저장을 할 수 있는 의사소통시스템으로 입력은 레이저포인터나 조이스틱을 이용할 수 있다. A4 크기의 칸에 문자, 숫자, 기호 등이 구성되어 있어 이를 의사소통판이나 키보드로 활용한다.

레이저포인터를 해당 문자나 기호에 비추면 컴퓨터에 데이터가 입력된다. 이때 레이저포인터로 입력되는 시간은 아동의 운동능력에 따라 개인차를 반영하여 조정하여 사용할 수 있다. 입력된 텍스트는 프린터로 출력하거나 음성으로 표현이 가능하다. 의사소통판의 사용방법은 [그림 7-2]와 같다.

[그림 7-2] 의사소통판 사용 방법

출처: http://aac-rerc.psu.edu/_userfiles/SafeLaserCopy.jpg

(2) 의사소통기기(Gotalk-pocket)

의사소통기기는 다양한 의사소통 내용을 포함하며 음성 이외에도 환경음을 배경으로 넣어 필요한 대화를 할 수 있다. 또한 사용자의 필요와 요구에 따라 그림 내용을 바꿀 수 있다. 의사소통장애 아동이 의사소통기기에서 그림을 선택할 경우, 그림의 상징을 이해하고 있어야 그 의미를 전달할 수 있다.

상징 그림을 이해하면 의사소통이 보다 원활하게 이루어질 수 있으므로 반복적인 학습이 필요하다. 의사소통기기는 그림에 해당하는 음성이 녹음되어 있어 자신이 표현하고자 하는 것을 청자에게 전달할 수 있다. 또한 아동이 그림에 대한 상징을 이해하는 정도에 따라 더 많은 그림을 수록할 수 있다.

그림과 상징언어의 연결관계를 이해하면 학습자는 자신의 의사를 상대

〈Go Talk 4+〉

[그림 7-3] 의사소통기기

출처: http://www.mayer-johnson.com/gotalk-4

방에게 가능하다. 의사소통기기는 [그림 7-3]과 같다.

(3) 소프트웨어(Clicker5)

소프트웨어는 의사소통판의 그림과 사진을 선택하면 소리를 내어 의미를 들려준다. 소프트웨어는 자판이 아닌 마우스 등으로 워드프로세서의 사용이 가능하며 전자책을 만들어 나갈 수 있다. 또한 텍스트를 말소리로 변환하여 읽어 준다. 이는 아동에게 새로운 상황으로 적용범위를 확대해 가면서 학습효과를 증진할 수 있다.

그림과 상징과의 관계를 이해하면 글자와 음성을 동시에 익히게 되며 문장을 완성하는 과정으로 진행시켜 나간다. 소프트웨어는 음성녹음이 가능하고 사진과 비디오를 첨부할 수 있으며 글쓰기 도구가 있다. 교사는 단어와 그림으로 아동에게 의사소통 상황에서 사용할 수 있는 단어와 그림으로 클리커에 격자판을 만든다. 아동은 격자판에 배운 단어를 입력하면 단어와 함께 그래픽이 화면에 나타나며 습득한 단어를 알파벳 순서로 저장해 두었다가 다시 찾아 쓸 수 있다. 아동이 선택한 단어와 문자를 클리커 라이터(Clicker Writer)로 보내면 그래픽은 나타나지 않고 일반 문장형태로 나타난다.

소프트웨어는 필요한 자료를 스캔하여 저장할 수 있으며 읽은 그래픽을 클리커 라이터로 보내면 아동의 어휘페이지가 나타나고 읽은 내용에 대한 새로운 문자를 쓸 수 있으므로 아동의 읽기 이해력과 쓰기능력을 향상시킬 수 있다. 클리커 사용방법은 [그림 7-4]와 같다.

[그림 7-4] 소프트웨어(Clicker5)의 사용 예

출처: http://allspecialed.com/Forums/assistive-technology-aac/clicker-5-reviews-10.html
　　　http://mckeegrade2.edublogs.org/grade-3-media-at-mckee/grade-3-newspaper-project/

(4) 선택스위치(italk2)

선택스위치는 스위치의 색깔에 따라 녹음내용이 다르다는 것을 아동이 이해하도록 하여 원하는 단어를 선택하도록 한다. 선택스위치는 사선으로 세워져 사용이 쉽고 2분 분량의 녹음시간이 가능하기 때문에 충분한 의미를 저장할 수 있다. 선택스위치는 두 개의 스냅스위치 캡(snap Switch Caps)이 장착되어 있으며 그림을 꽂을 자리가 마련되어 있다.

따라서 두 개의 버튼에 각각 다른 내용을 녹음한다. 즉, 빨강색깔에 좋다와 노랑색깔에 싫다의 의미로 구분하면 빨강색깔의 버튼에는 '나는 사과가 좋다.'이고 노랑색깔의 버튼은 '나는 사과가 싫다.'를 녹음한다. 그다음 그림을 오렌지, 바나나 등으로 바꿔 가며 '나는 ○○이 좋다.', '나는 ○○이 싫다.'라는 표현을 익히게 하면 아동은 교사가 묻는 내용에 따라 좋고 싫음을 표현할 수 있다.

또한 아동이 간단한 질문에 대답하는 형식을 미리 녹음하여 선택하도록 하여 의사소통의 기회를 조성하고 두 개의 선택에 익숙해지면 좀 더 다양한 선택의 기회를 제공하기 위해 세 개의 버튼에 서로 다른 내용을 선택하도록 한다.

선택스위치 사용방법은 [그림 7-5]와 같다.

[그림 7-5] 선택스위치 사용 예

출처: http://at.mo.gov/device-loan/augment-comm-devices.html

(5) 애플리케이션 사용(트라이톡–학교에서, for iPad)

애플리케이션 중 하나인 트라이톡–학교에서(for iPad) 애플리케이션은 의사소통에 곤란을 겪는 아동이 학교생활에서 사용할 수 있는 한국어 보완/대체 의사소통 도구다. 이 애플리케이션은 한국에서의 학교생활에 도움을 줄 수 있는 400여 개 이상의 필수어휘와 다양한 문장을 포함하고 있으며 TTS를 통하여 낱말들을 발음해 주는 기능이 있다. 트라이톡–학교에서(for iPad) 애플리케이션 사용방법은 [그림 7-6]과 같다.

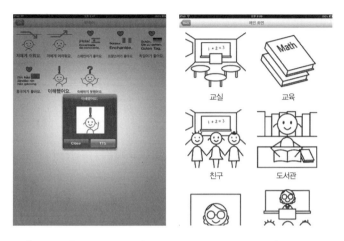

[그림 7-6] 애플리케이션(트라이톡-학교에서, for iPad) 사용 예

출처: http://appcrawlr.com/ios/for-ipad-116

(6) 블리스 기호(Blissymbols)와 리버스 체계(Rebus system)

기호는 말을 못하는 뇌성마비 아동에게 비구어적 언어를 지도하는 데 효과적이다. 블리스 기호는 반아이콘적으로 구성되어 있는 추상적인 기호의 조합이다. 의사소통판은 기호와 각각의 기호 아래에 해당하는 단어가 제시되어 있다.

블리스 기호는 의사소통장애 아동이 기호를 가리키면 상대방 청자는 그 기호 아래 쓰여진 단어를 읽으면서 정보를 공유할 수 있다. 반면, 리버스 체계는 리버스라는 단어가 사물이나 사람을 나타내는 그림으로 상징체계는 이해하지만 말을 할 수 없는 아동에게 비구어 의사소통 체계를 지도할 수 있다.

리버스는 아이콘으로 되어 있어 블리스 기호보다 쉽게 지도할 수 있다. 블리스 기호와 리버스 체계는 [그림 7-7]과 같다.

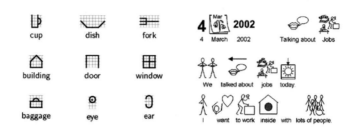

블리스 기호   리버스 체계

[그림 7-7] 블리스 기호와 리버스 체계

출처: http://imgarcade.com/1/blissymbol-printer/
　　　http://www.mkprosopsis.com/Software/Writing%20With%20Symbols%202000.htm

2) 음성언어의 수용을 지원하는 보조공학

청각장애 아동은 듣기에 어려움이 있어 청각 이외의 다른 감각을 사용하여 의사소통할 수 있는 방법을 공학적으로 지원한다. 보청기, 인공와우 등은 청각장애 아동에게 상대방의 말소리를 받아들이도록 하는 대표적인 청각보조 재활기구다.

(1) 보청기

보청기는 공기로부터 많은 음을 집음하고, 음이 전달되는 동안 분산을 막고 증폭시키는 장치다. 보청기의 기본구조는 송화기, 증폭기, 수화기, 전원으로 구분된다. 이를 도식으로 제시하면 [그림 7-8]과 같다.

보청기는 신호처리방식 유형으로 다음과 같이 구분한다.

① 아날로그 보청기

아날로그 보청기는 소리를 전기신호로 바꾸어 증폭하고 나서 소리에너

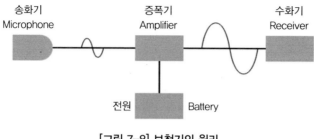

[그림 7-8] 보청기의 원리

지로 환원하는 것으로서 소음을 줄여 주는 필터가 내장되어 있으며 주파수 영역에 맞춰 반응하는 회로가 내장되어 있다.

② 디지털 프로그램형 보청기

디지털 프로그램형 보청기는 특정 영역의 주파수에 청력손실이 현저한 경우에 효과적이다.

③ 디지털 보청기

디지털 보청기는 소리 증폭뿐 아니라 가청주파수 대역 중 저음역과 고음역을 몇 개의 채널로 나누어 개별적으로 증폭하거나 제어하는 기능이 있다. 디지털 보청기는 전 과정을 모두 디지털화하여 처리하는 데 채널의 수에 따라 2채널, 4채널, 9채널과 같이 불린다. 장점은 청각장애 아동의 청력손실도에 따라 주파수별로 필요한 만큼만 증폭 조정하기 때문에 보다 명료한 음을 들을 수 있다.

보청기의 부품과 기능은 [그림 7-9]와 같다. 보청기는 지속적 관리가 요구되며 착용시기가 빠를수록 재활효과가 우수하다. 보청기는 소리를 증폭시켜 주기 때문에 보청기 증폭소리에 노출되는 시간이 길수록 청각신경 계통에 자극이 지속되는 효과가 있지만 보청기 착용으로 거부감을 나타낼 수도 있다. 보청기는 착용 후 청각재활훈련을 지속적으로 실시하여야 한다.

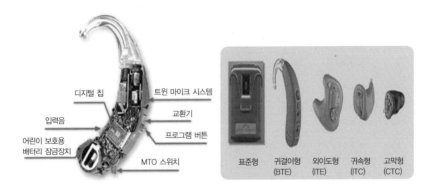

[그림 7-9] 보청기의 기능과 종류

(2) 인공와우

인공와우는 외부장치와 내부장치로 나뉜다. 외부장치는 마이크로폰 (microphone)에 의해 외부의 소리를 모아 전기신호로 변환하고 이 신호는 어음처리기로 이동하여 전기적 펄스 형태로 부호화(코딩)하여 펄스는 코일로 전해지면 피부를 통해 라디오파에 의해 체내 수신안테나로 전송시킨다.

내부장치는 수신안테나에 의해 전기펄스를 와우 안에 있는 전극으로 전송하면 청신경이 전극으로부터 미세한 전기 펄스를 받아들여 뇌로 전송하여 뇌에서 소리신호를 해석한다. 인공와우는 보청기로 청각 정보의 입력이 어려운 청각장애 아동을 대상으로 이식한다. 인공와우의 구성체계는 [그림 7-10]과 같다.

인공와우는 내이의 기능을 대신하여 소리를 분석하며 전기를 유발하여 청신경을 직접 자극하는 장치로서 외부자극을 대뇌로 전달하는 청신경에 이상이 없으면 선천성 및 후천성 청각장애 아동 모두에게 적용이 가능하다.

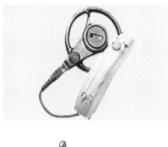

〈인공와우의 구성체계〉
외부장치와 내부장치로 구성

외부장치(external device)
 – 마이크로폰(microphone) 소리 집음
 – 어음처리기(speech processor)
   음성전기신호를 분석, 조합
 – 송신안테나(transmitter) 신호전달

• 내부장치(internal device)
  수술로서 인체 내에 이식
 – 수신안테나(receiver)
 – 전극(electrode)

마이크

어음처리기

피부

수신코일

송신코일

[그림 7-10] 인공와우의 구성 체계

4. 의사소통장애 아동을 위한 교수 · 학습방법

의사소통장애 아동의 교육의 방향은 학업에서의 문제영역을 정확히 진단한 후 적합한 교수법을 제공하는 것이다. 의사소통장애 아동을 지도하기 위한 교수–학습방법은 의사소통장애 아동의 교육적 요구에 따라 다양하게 전개된다.

이 장에서는 이들 교수–학습 지도의 원리와 실제에 대해 알아보고자 한다.

1) 기능적 언어중재 모형

(1) 신변처리 기술지도

언어장애 아동이 일상생활을 유지하기 위하여 신체적 기능과 관련된 행동을 익히는 것이 신변처리 기술지도다. 언어장애 아동이 신변처리기술을 습득하기 위해 과제분석을 사용한다. 과제분석은 주어진 과제를 해결하기 위해 먼저 갖추어야 할 선행기술이 무엇인지 분석하고 해당 과제를 구성하고 있는 각각의 하위단계들을 분석하여 순차적으로 교수하는 방법으로 신변처리기술은 연속된 행동들로 구성된다. 신변처리 기술지도는 언어장애 아동의 언어수행 수준과 특성에 맞는 과제분석을 통하여 단계별로 쉬운 활동을 먼저 가르치고 점진적으로 어려운 활동을 가르쳐 나간다.

(2) 기능적 기술지도

기능적 기술지도는 언어장애 아동이 가정과 학교와 지역사회에서 독립적인 생활을 영위할 수 있는 능력을 지도하는 것이다. 기능적 기술은 학교에서 배운 기술을 가정이나 지역사회에서 일반화하도록 지도하는 것이 효과적이다. 따라서 단순한 기술만 지도하는 것이 아니라 그 기술과 관계된 기술들을 연관해서 지도하는 것이 필요하다.

기능적 기술지도는 언어장애 아동이 지역사회에서 독립적으로 살아가기 위해 지역사회 적응훈련을 필요로 한다. 지역사회 적응훈련을 위한 기능적 기술은 상징체계를 이해하고 필요한 것을 요구하는 기술이다.

(3) 사회성 기술지도

사회성은 일반적으로 일상생활에서 다른 사람과 잘 지내는 능력, 즉 사회적 능력을 의미한다. 사회적 능력은 사회적 인지와 사회적 기술로 나뉜다.

사회적 인지는 관찰될 수 없는 인지적인 부분이며, 사회적 기술은 관찰

될 수 있는 구체적인 행동으로 표현된다. 관찰 가능한 행동으로는 언어적 및 비언어적 행동이 포함된다. 사회적 인지는 상대방의 의도를 인식하고 상대방과 상호작용하거나 적절한 판단을 내리는 것으로 이는 표면적으로는 관찰할 수 없는 부분이다.

사회적 능력은 사회적 정보를 이해하는 능력으로 의사소통 상황 속에서 보이는 적절한 반응이다. 또한 사회적 정보를 이해하는 능력이 사회적 인지이며, 상황 속에서의 사회적으로 용인되는 방법으로 적절하게 반응하는 것이 사회적 기술이다.

언어장애 아동은 이러한 사회적 기술을 언어표현에 문제가 있는 경우 자신의 의사를 정확하게 상대방에게 전달하지 못함으로 사회적 행동을 전개하는 데 제한을 받을 수 있다. 그러므로 언어장애 아동이 사회적 기술을 갖추기 위해서는 사회적 기술훈련이 요구된다.

2) 환경중심 언어중재법

환경중심 언어중재는 일상생활의 의사소통 상황에서 의사소통기술을 가르치는 자연스러운 접근방법으로서 의사소통을 촉진할 수 있도록 환경을 구성하고, 아동의 관심을 고려하며, 인위적이 아닌 자연적인 촉진을 사용하고, 아동의 의사소통의 빈도와 확장을 위해 기능적 후속결과를 사용한다.

(1) 모델법

모델법은 환경중심 언어중재법의 가장 기본적인 방법이다. 모델법은, 첫째, 교대로 의사소통하는 기술향상하기, 둘째, 일반화된 모방기술 훈련하기, 셋째, 기본적인 어휘습득하기, 넷째, 훈련상황 외의 다른 상황에서 의사소통하기를 목표로 실시한다.

(2) 반응요구 후 모델법

일대일 교수상황에서 언어기술을 습득하여 상황별로 일반화시킬 수 있도록 지도한다.

(3) 시간지연기법

시간지연기법은 아동의 언어적 반응을 기다린다. 이는 의사소통장애 아동의 의사소통을 촉진하기 위해 모델이나 반응요구 등으로 단서를 제공하는 모델법이나 반응요구 후 모델법과는 달리 기다려 주는 과정을 포함한다.

(4) 우발학습법

환경중심 언어중재의 핵심적인 부분으로 의사소통 기능 및 기술을 증진시키는 데 매우 효과적인 방법이다.

3) 그림교환의사소통법

그림교환의사소통법(Picture Exchange Communication System: PECS)은 언어능력이 현저히 떨어지는 아동이 그림을 이용해 의사소통을 하도록 하는 학습시스템이다. 그림교환의사소통법은 가정이나 학교, 기타 다양한 환경에서 사용할 수 있다. 교사는 지속적으로 그림을 사용하여 아동의 어휘력을 넓혀 나가고 자신의 요구나 감정을 표현하도록 도울 수 있다. 그림교환의사소통법은 아동에게 어떤 물체에 해당하는 그림을 선택하는 방법부터 지도하여 점진적으로 그림과 상징을 구분하고 문장을 형성하도록 유도한다.

그림교환의사소통법은 아동이 정반응을 할 때마다 그림을 교환하게 함으로써 강화의 효과를 지닌다. 그림교환의사소통법에 사용되는 그림은 사진이나 그림책, 신문, 잡지 등에서 수집하여 사용할 수 있다. 그림교환의사소통법에 사용되는 도구는 [그림 7-11]과 같다.

[그림 7-11] 그림교환의사소통법 시판 자료

출처: http://www.do2learn.com/picturecards/printcards/

4) 조음장애 지도방법

조음장애는 의사소통장애 중에 가장 많이 출현되는 장애다. 조음장애 아동의 지도방법은 다양하게 발달되어 있으나 이 장에서는 전통적 기법, 짝자극 기법, 변별자질접근법을 살펴보고자 한다.

(1) 전통적 기법

전통적 기법은 조음장애 치료교육에서 가장 오래 사용되어 온 기법으로 행동주의 심리학에 기초한 과제분석 방법으로, 여러 가지 관련 기법이 제시된다. 이를 단계별로 살펴보면 다음과 같다.

- **감각 · 지각훈련**(확인, 분리, 자극변화, 변별)
  - 목표: 표적음에 대한 표준을 명확히 인식시키고 발음의 기초를 습득
  - 수준별 확인: 확인수준, 변별수준
- **음의 확립훈련**
  - 목표: 표적음을 의식적으로 정확히 또박또박 발음할 수 있게 한다.

- 수준별 방법: 단어수준, 문장수준
• **음의 안정훈련**
    - 목표: 표적음을 쉽게, 빨리, 그리고 자발적으로 발음할 수 있게 한다.
    - 수준별 방법: 독립음 수준, 무의미 음절수준
    - 단어 수준: 재배열기법, 말하면서 쓰기, 신호하기 기법
    - 문장 수준: 함께 말하기, 동시통역 말하기, 따라 말하기, 말교정하기, 배역놀이
    - 회화 수준: 구조화된 질문, 비구조화된 질문
• **음의 전이훈련**
    - 목표: 학습된 표적음이 어떤 상황에서 누구와도 자발적으로 발음될 수 있도록 한다.
    - 방법: 위치와 전후관계 전이, 다양한 형태로 말하기
• **음의 유지훈련**
    - 목표: 새로 학습된 표적음 발음기능의 파지력을 신장시킨다.
    - 방법: 자기 모니터링과 확인하기, 교사의 점검

(2) 짝자극 기법

짝자극 기법은 핵심단어(key words)와 훈련단어(training words)를 짝지음으로써 정발음되는 핵심단어에서 정발음할 수 없는 훈련단어로의 전이를 전제로 한 기법이다. 핵심단어는 사회적으로 수용되는 방법으로 10번 가운데 적어도 9번 이상 아동이 표적음을 발음할 수 있는 낱말로 규정한다. 이를 단계별로 살펴보면 다음과 같다.

• **1단계:** 단어수준
    - 핵심단어 지도: 가방
    - 핵심단어 훈련단어 지도

훈련단어: 감, 공, 가지, 고추, 고래, 그네, 거울, 구름

• **2단계:** 문장수준

   – 가방 옆에 무엇이 있니? 〈자극문장〉

   – 가방 옆에 (   )이 있어요. 〈반응문장〉

• **3단계:** 회화수준

   – 가방에는 무엇이 있어요?

(3) 변별자질 접근법

변별자질 접근법은 변별자질에 기초해서 대조법에 의해 조음훈련이 다음과 같은 단계로 이루어진다.

• **1단계(단어의 검토)**

   최소대조 단어짝을 특별한 변별자질을 가르치기 위해 선택하게 되면 아동이 그 단어들을 이해하는지를 중심으로 결정한다.

• **2단계(변별검사와 훈련)**

   아동이 단어의 개념을 안다면 교사는 무작위로 두 단어를 발음하고 아동에게 말한 단어를 지적하도록 한다.

• **3단계(발음훈련)**

   아동이 최소단어짝을 변별할 수 있으면 변별자질이 지각된 것으로 보고 그 변별자질을 발음하도록 한다.

• **4단계(전이훈련–사회적 상황에서 일반화)**

   아동이 발음을 조정하는 능력이 형성되면 표적단어를 보다 더 긴 문장으로 유도한다. 아동이 의미 있는 방법으로 말하도록 지도한다.

5) 구어 및 청각적 접근법을 이용한 교수방법

(1) 청능훈련

청각장애 아동이 말을 지각할 때 청각단서를 충분히 이용하도록 다음과 같이 지도한다.

- **청능훈련의 목표**
  - 음을 지각하고 음에는 의미가 있다는 것을 알도록 한다.
  - 보청기 착용에 익숙하도록 한다.
  - 청각자극에 유의하는 습관을 길러 청취능력을 향상시킨다.
  - 언어, 독화, 발화의 발달을 도모한다.
  - 환경음을 이해하고 환경과의 연합이 이루어지도록 한다.
  - 정서의 안정과 사회성 발달을 촉진시킨다.
  - 음의 세계에 적응하도록 한다.
  - 언어 발달을 견인하도록 한다.
- **청능훈련의 실제**
  - 음의 지각단계
    제재: 소리의 유무를 알고 적절한 반응하기
  - 음의 변별단계
    제재: 소리 듣고 분류하기(악기)
  - 말의 변별단계
    제재: 가시도가 높은 어두 자음 변별

(2) 말읽기(speechreading)지도

- 전통적 방법에 따라 종합법 또는 분석법으로 지도
- 지도형식에 따라 비형식적 학습 또는 형식적 학습으로 지도

• 말읽기에 활용되는 감각에 따라 단일감각접근법 또는 다감각에 의한
  접근법으로 지도

(3) 구어법

청능훈련을 실시하여 듣기능력을 향상시키고 말읽기와 청력을 통하여
듣고 말하기를 지도한다.

(4) 수어법

수어법은 농인사회에서 사용되는 의사소통의 양식이며, 주로 농인에
의해 만들어졌거나 채택된 기호체계로서 비음성 언어다. 따라서 수어는
음성체계가 아니라 시각운동체계다. 수어교육은 농아동의 모국어로서 일
차언어인 자연수화를 조기에 습득하도록 하여 이차언어로서 음성언어를
보다 유리한 조건에서 습득하도록 한다. 일반적으로 유창한 수어능력을
가진 농아동이 읽기, 쓰기 능력이 우수하다.

(5) 종합적 의사소통법

종합적 의사소통법(Total Communication)은 청각장애 아동과 청아동 사이에
효과적인 의사소통을 확립하기 위해 청각, 구어, 수어 등의 의사소통양식
을 적절히 결합하고자 하는 철학이다. 이는 청각장애 아동이 의사를 표현
하고 수용하는 방법을 선택할 수 있는 재량권을 그들 자신에게 많이 부여
하는 접근법이다.

따라서 종합적 의사소통법은 구체적인 의사소통 상황에 따라 적절한
양식을 선택적으로 활용하는 절충식 태도다.

이상 의사소통장애를 원인별로 분류하고 의사소통 교수 · 학습방법을
살펴보았다.

인간은 언어를 통해서 정보를 교환하고 타인과 의사소통을 할 수 있을 정도로 융통성 있고 생산적이며 창의적인 도구로 발전한다. 그러므로 언어는 지적 활동의 중요한 매체일 뿐만 아니라 사회생활의 기본이다.

이 장에서 다룬 의사소통장애 아동을 위한 특수교육공학은 의사소통장애 아동의 교육적 요구를 개선하기 위한 교육공학적 접근이다. 따라서 의사소통장애 아동에 대한 올바른 교육공학적 접근은 의사소통장애 아동에게 학교생활에서 학습의욕을 높이고 사회생활을 보다 폭넓게 능동적으로 영위하는 데 도움을 준다.

〈이 장의 연구과제〉

1. 의사소통장애 영역에서 보조공학의 필요성에 대해서 토론해 보자.
2. 의사소통장애 아동을 위한 교육적 요구와 그에 따른 보조공학의 쓰임에 대해서 발표해 보자.
3. 의사소통장애 아동을 위한 교수 · 학습방법을 적용한 수업지도안을 작성해 보자.

참고문헌

국립특수교육원(2006). 장애학생을 위한 보조공학의 실제. 제13회 국제세미나, 경기: 국립특수교육원.

국립특수교육원(2011). 보조공학 활용수업 국제비교. 경기: 국립특수교육원.

권순황(2003). 가정-학교 상호 협력 프로그램이 선택적 함묵증 아동의 말하기에 미치는 효과. 특수교육연구. 10권 2호. pp. 211-228.

권순황(2004). 사진교환 의사소통 체계 프로그램이 전반적 발달장애아동의 말하기 행동증가에 미치는 효과. 정서 · 행동장애 연구. 20권 2호. pp. 173-194.

권순황(2005). 비디오 녹화자료를 활용한 자기 언어 교정활동이 인공와우이식 아동의 기능적 말하기에 미치는 효과. 특수교육재활과학연구. 제44권 제2호. pp. 27-47.

권순황(2005). 초등학교 1학년 담임교사의 짝 맺어주기 활동이 장애아동과 비장애 아동과의 또래관계 형성에 미치는 영향. **특수교육연구.** 제12권 1호.

권순황(2006). **특수교육교과교재 연구 및 지도법.** 서울: 일문사.

권순황, 선애순, 이형선(2015). **영아발달.** 경기: 양서원.

김남진(2007). 국내 장애인의 정보접근권 현황과 개선방안 연구. **중복ㆍ지체부자유아 교육.** 47. 89-105.

김남진, 김용욱(2010). **특수교육공학.** 서울: 학지사.

김정권, 여광응, 조인수(1998). **특수아동의 교육 심리진단의 이론과 실제.** 서울: 도서출판 특수교육.

김현진, 권순황(2010). 장애아동 부모의 동반의존성 연구. **특수아동교육연구 제12권** (4), 451-470.

여광응, 권순황 외(2003). **특수아동의 심리학적 이해.** 서울: 학지사.

이필상, 권순황 외(2015). **청각장애아동 교육의 이해.** 서울: 학지사.

Amy G. Dell., Deborah A. N., & Jerry G. P. (2011). 특수교육보조공학(정동훈 역). 서울: 시그마프레스.

Belson, S. I.(2003). *Technology for exceptional learners. Boston*, MA: houghton Mifflin.

Bryant, D. P., & Bryant, B. R. (2006). 특수교육공학(권충훈, 김훈희 역). 경기: 양서원

Catts, H. W., & Weismer, S. E. (2006). Language Deficits in Poor Comprehenders: A Case for the Simple View of Reading. *Journal of Speech, Language, and Hearing Research, 49*, 278-293.

Easterbrooks & Baker. (2002). *Language learning in children who are deaf and hard of hearing: Multiple pathway.* Allyn and bacon.

Evans, J. F.(1998). Changing the lens. *American Annals of the Deaf*, vol. 143-3, 246-254.

Gresham, F. M., Sugai, G., & Horner, R. H. (2001). Interpreting outcomes of social skills training for students with high-incidence disabilities. *Exceptional Children, 67*, 331-344.

Jordan, K. I. (1994). *Statement on full inclusion.* Gallaudet research institute occasional Paper 94-2. Gallaudet University, Washington, D. C.

Lamproulou, V., & Padeliadu, S. (1997). Teachers of the Deaf as compared with other groups of teachers. *American Annals of the Deaf, vol 142-1*, 26–34.

Lawrence A. B., Laura B. C., & Linda B. J, (2011). 통합교육을 위한 보조공학(노석준, 나경은 역). 서울: 동문사.

Skrtic, T. M. (1996). *School restructing, school constructism*, and Democracy: Implications for social education in a Postindustrial age (pp. 21–69). 영광학원 설립 50주년 · 대구대학교 개교 40주년 기념 특수교육 및 재활전문가 초정 국제학술 심포지엄.

Stephens, T. M. (1992). *Social skills in the classroom*. Odessa, FL: Psychological Assessment Resources, Inc.

Strong, M. (1988). A bilingual approach to the education of young deaf children: ASL and English. In M. Strong (Ed.), *Language learning and deafness*. New York: Cambridge University Press. 113–129.

참고사이트

http://aac-rerc.psu.edu/_userfiles/SafeLaserCopy.jpg

http://allspecialed.com/Forums/assistive-technology-aac/clicker-5-reviews-10.html

http://appcrawlr.com/ios/for-ipad-116

http://at.mo.gov/device-loan/augment-comm-devices.html

http://mckeegrade2.edublogs.org/grade-3-media-at-mckee/grade-3-newspaper-project/

http://www.do2learn.com/picturecards/printcards/

http://www.jacom.co.kr/~hsyok/2-1.html

http://www.mayer-johnson.com/gotalk-4

http://www.mkprosopsis.com/Software/Writing%20With%20Symbols%202000.htm

지체장애 아동을 위한 특수교육공학

〈이 장의 개요〉

이 장에서는 지체장애 아동을 위한 특수교육공학에 관해 살펴볼 것이다. 이 장의 주요 내용은 지체장애 아동에 대한 이해, 지체장애 아동의 특수한 교육적 요구, 지체장애 아동을 위한 보조공학, 지체장애 아동을 위한 수업설계 등이다.

〈이 장의 학습목표〉

1. 지체장애 정의의 구성요소를 기술할 수 있다.
2. 지체장애의 특성에 따른 교육적 요구에 대해 설명할 수 있다.
3. 지체장애의 특성에 따른 보조공학의 역할과 쓰임을 설명할 수 있다.
4. 지체장애 아동을 위한 수업설계와 교수 · 학습 지원방안에 관해 설명할 수 있다.

이 장에서는 국내외의 다양한 지체장애 정의와 분류체계를 통해 지체장애의 특성을 살펴보고자 한다. 또한 지체장애의 교육적 요구를 알아보고, 그에 따른 보조공학을 제안하고자 한다. 마지막으로 지체장애 아동을 위한 수업설계 및 교수·학습 지원방안을 제안한다.

1. 지체장애의 이해

1) 지체장애 정의

지체장애를 이해하기 위해서는 국내외의 주요 정의를 살펴볼 필요가 있다. 우리나라 「장애인 등에 대한 특수교육법」(2008)에서는 지체장애를 다음과 같이 정의한다.

> 지체장애를 지닌 특수교육대상자란 기능·형태상 장애를 가지고 있거나 몸통을 지탱하거나 팔다리의 움직임 등에 어려움을 겪는 신체적 조건이나 상태로 인해 교육적 성취에 어려움이 있는 사람을 말한다.

이와 같이 「장애인 등에 대한 특수교육법」(2008)에서는 지체장애의 교육적인 측면에 중점을 두고 정의를 한 반면, 「장애인복지법」(2007)은 장애의 손상 정도나 부위를 기준으로 지체장애를 정의하고 있다. 이에 한국특수교육학회(2008)에서는 여러 정의를 종합하여 다음과 같이 정의하였다.

지체장애란 원인에 관계없이(체간 및 사지) 기능에 대한 부자유로 인하여 그대로 두면 장차 자활이 곤란한 사람이다.

한국특수교육학회의 지체장애 정의에서 '지체'란 하지와 상지를 포함하는 의미로, '체간'은 척추의 상반신으로 두부는 속하나 흉 · 복부와 내장기관은 포함되지 않는 개념이다. 그리고 '기능의 부자유'란 정적인 지적능력의 부자유와 동적인 운동기능의 부자유 및 형태 이상에 의한 부자유를 말하고, '자활곤란'이란 일상생활 동작 및 사회인으로서의 제 활동에 불편을 겪는 것을 말한다(한국특수교육학회, 2008).

한편, 미국은 국내보다 구체적으로 지체장애를 정의하고 있다. 대표적으로 미국 「장애인교육법」은 지체장애 설명에 '정형외과적 장애'라는 용어를 사용하면서, 장애의 하위유형을 분류하였다(IDEIA, 2004). 즉, 지체장애를 의학적인 측면에서 선천적 이상에 의한 손상, 질병에 의한 손상, 그 외 다른 원인에 의한 손상으로 분류하였으며, 하위유형별로 구체적인 장애를 포함한다.

정형외과적 장애란 심한 외과적 손상을 의미하는 것으로, 선천적 이상에 의한 손상(만곡족, 사지결손증 등), 질병에 의한 손상(소아마비, 골결핵 등), 그 외 다른 원인에 의한 손상(뇌성마비, 절단, 골절 및 화상에 의한 수축 등)을 포함한다.

지금까지 살펴본 지체장애 정의를 종합해 보면, 지체장애의 특성은 두 가지로 요약된다. 첫째, 지체장애는 기능이나 형태상의 장애를 가진다.

둘째, 지체장애는 장애로 인하여 교육이나 자활이 어려운 경우다.

2) 지체장애 분류

지체장애는 매우 다양한 질환군이 포함되어 있는 장애다. 한국특수교육학회(2008)에서 분류한 범주는 다음과 같다. 즉, 장애의 원인을 기준으로 하여 신경성 증후군과 운동기 증후군으로 분류하였다.

- **신경성 증후군:** 뇌성마비, 진행성근이영양증(근위축증), 척수성마비, 소아마비 등으로 학습활동과 일상생활에 특별한 지원을 요구하는 자
- **운동기 증후군:** 골질환, 관절질환, 결핵성 질환, 외상성 관절, 형태 이상 등으로 학습활동과 일상생활에 특별한 지원을 요구하는 자

신경성 증후군과 운동기 증후군에 포함되는 질환을 세부적으로 분류하여 〈표 8-1〉에 제시하였다(곽승철, 2003).

〈표 8-1〉 지체장애의 하위분류 및 질환종류

분류	하위분류	질환종류
신경성 질환군	마비성 질환	뇌성마비, 진행성 근위축증, 척수성 소아마비
운동기 질환군	결핵성 질환	결핵성 고관절염, 무릎관절결핵, 관절결핵, 골결핵, 척수카리에스
	골 질환	골형성부전증, 연골무형성증, 골단염, 레그-페르테스병, 구루병, 모르퀴오병, 골수염
	관절 질환	선천성고관절탈구, 병적탈구, 관절류머티즘, 관절염, 관절구축
	외상성 질환	절단, 반흔구축, 가관절
	형태 이상	내반족, 내반슬, 외반슬, 척추측만, 척추후만, 척추전만, 척추파열, 단지증

이와 같이 지체장애는 장애의 원인과 증상에 따라서 다양하게 분류할
수 있으며, 그 특성을 고려한 적합한 교육적 지원이 요구된다.

2. 지체장애 아동의 특수한 교육적 요구

지체장애를 지닌 특수교육대상자란 신체적 기능이나 형태상의 장애로
교육적 성취에 어려움이 있는 경우다. 즉, 이들은 신체적 손상으로 인해
학습과 일상생활에서 문제가 나타난다. 한국특수교육학회(2008)에서는
지체장애의 선별기준을 손상, 학습 및 일상생활상의 문제의 측면에서 다
음과 같이 제시하였다.

1) 교육적 어려움

(1) 손상
- 사지와 몸통에 외형적인 장애를 가지고 있으며 이로 인하여 동작
  이 불편하다.
- 사지 또는 체간에 장기적으로 보조기를 착용한다.
- 척추가 심하게 전·후, 좌·우로 기울어져 있다.
- 근육이 뻣뻣하거나 불필요한 동작이 수반되는 등 뇌성마비의 증
  상을 보인다.

(2) 학습상의 문제
- 골 형성이 불완전하거나 너무 약하여 부러지기 쉽다.
- 필기가 아주 늦거나 곤란할 정도로 손 기능이 떨어진다.
- 골, 관절, 근육 등의 문제로 수업시간 동안 의자에 앉은 자세를 유

지할 수 없거나 곤란하다.
- 침을 많이 흘러 옷이나 노트가 젖어 있는 경우가 많다.
- 활동량이 많은 체육활동 등에 참가하는 것을 힘들어한다.

(3) 일상생활상의 문제

- 주로 휠체어를 사용하여 생활한다.
- 장거리 이동이 힘들어 보조기기 또는 사람의 도움을 받아 이동한다.
- 근육의 마비 등으로 숟가락이나 젓가락 사용이 곤란하다.
- 정형외과적 장애는 보이지 않으나 쉽게 넘어지는 등 몸의 균형감
  각이 심하게 떨어진다.
- 혼자서 계단을 오르내리기가 곤란하다.

지체장애는 신체의 기능 및 형태상의 장애로 교육적 성취에 어려움을
나타내기 때문에, 몸의 움직임이나 근육운동의 기능적 수준을 평가하여
적절한 교육적 지원을 제공해야 한다. 특히 지체장애 학생들은 학교에서
다양한 활동의 참여를 위해 보조기구를 필요로 한다(김은량, 한경임, 2015;
김진희 외, 2015). 학교생활에서 요구되는 기능적 활동을 평가한 후, 그에
따른 보조기구를 제공함으로써 필요한 기능을 대체하거나 보완해야 한다.
학교생활의 주요 장면인 교실, 식당, 이동 등에서 필요한 기능과 보조기구
를 김효선(1995)이 제시한 원리를 바탕으로 수정 · 보완하였다.

2) 과업들

(1) 교 실

교실에서 요구되는 운동능력, 개인생활 기능, 몸자세는 〈표 8-2〉와 같다.

〈표 8-2〉교실에서 요구되는 활동

기능	활동
운동능력	• 앉은 자세에서 교실 바닥에 떨어진 연필을 잡는다. • 선 자세에서 교실 바닥에 떨어진 연필을 잡는다. • 학용품을 꺼낸다. • 교실에서 돌아다닌다. • 칠판에 글씨를 쓰고 지운다.
개인생활 기능	• 공책을 펴고 덮는다. • 스카치테이프를 뗀다. • 책상 서랍에서 물건을 꺼낸다. • 스테이플러를 사용한다. • 종이와 책을 정리한다. • 분필을 잡는다. • 연필을 깎는다. • 학습과제에 임한다. • 도서관 카드를 꺼낸다. • 글씨를 쓴다. • 지갑에서 물건을 꺼낸다. • 타자기를 사용한다. • 휠체어 뒤에 걸어 놓은 가방에서 책을 꺼낸다. • 나이에 맞는 글씨를 쓴다. • 칠판의 글씨를 공책에 옮겨 적는다. • 지시에 따른다. • 학용품이 책상에서 떨어지지 않게 잡는다.
몸자세	• 의자에 앉는다. • 칠판 앞에 선다. • 줄을 선다. • 타자기를 쓰는 동안 바로 앉는다. • 의자에 앉고 일어서고 한다. • 책상과 의자 사이에 들어가 앉고 나와서 일어선다.

교실에서 요구되는 지체장애 아동의 기능을 보완하거나 대체할 수 있는 보조기구와 보조자료는 다음과 같다.

- 워커
- 휠체어
- 서 있도록 고안된 책상
- 가슴으로 기대고 서는 기구
- 높은 의자
- 크러치
- 쓰기도구
- 보조책상

(2) 식 당

식당에서 요구되는 운동능력, 개인생활 기능, 몸자세는 〈표 8-3〉과 같다.

〈표 8-3〉 식당에서 요구되는 활동

기능	활동
운동능력	• 식판을 들고 선다. • 음식이 담긴 식판을 들고 테이블로 간다.
개인생활 기능	• 돈을 관리한다. • 지갑에서 돈을 꺼낸다. • 빨대, 수저를 사용한다. • 우유갑을 연다. • 손으로 집어 먹는다. • 혼자 식사를 한다. • 컵에 물을 따라서 마신다. • 딱딱한 음식을 씹는다. • 물과 음식을 삼킨다. • 도시락을 연다.
몸자세	• 줄을 선다. • 의자에 혼자 앉는다.

식당에서 요구되는 지체장애 아동의 기능을 보완하거나 대체할 수 있는 보조기구와 보조자료는 다음과 같다.

- 특수 수저
- 특수 컵
- 음식을 먹여 주는 도구
- 휠체어
- 휠체어에 부착된 식판(쟁반)

(3) 이 동

이동 시 요구되는 운동능력, 개인생활 기능, 몸자세는 〈표 8-4〉와 같다.

〈표 8-4〉 이동 시 요구되는 활동

기능	활동
운동능력	• 이동한다. • 문을 열고 드나든다. • 장애물을 피해 돌아간다. • 평평하지 않은 곳을 걷는다.
개인생활 기능	• 책상 서랍을 연다. • 워커, 크러치를 사용하고 정리한다. • 식수대에서 물을 마신다. • 문을 열고 닫는다. • 전깃불을 켜고 끈다.
몸자세	• 의자에 앉아 편한 자세로 고쳐 앉는다. • 바른 자세로 걷는다.

이동 시 요구되는 지체장애 아동의 기능을 보완하거나 대체할 수 있는 보조기구와 보조자료는 다음과 같다.

- 휠체어
- 바퀴가 달린 의자
- 워커
- 크러치
- 손잡이

3. 지체장애 아동을 위한 보조공학

이 장에서는 지체장애 아동의 교육적 요구에 따른 보조공학기기를 학습, 이동, 식사의 측면에서 제시하였다.

1) 학습을 위한 보조공학

지체장애 아동의 학습을 위한 보조공학으로 필기 보조도구, 책상, 컴퓨터, 그 외 학습과 관련된 보조도구를 제시하였다.

(1) 필기 보조도구
지체장애 아동이 손의 기능 장애가 있는 경우, 필기 보조도구를 사용할수 있다.

손목 지지형 필기도구

- 손의 힘이 약해 필기도구를 쥘 수 없는 경우 이용하는 도구다.
- 손바닥 주변을 감싸 주어 펜을 손에 고정시켜 준다.

 펜슬 그립	• 필기도구를 올바르게 잡을 수 있도록 해 주며, 손가락을 편하게 해 주는 도구다. • 일반형 연필, 볼펜 등을 끼워 사용할 수 있다.

(2) 책상

 경사진 작업 테이블	• 작업을 하기 쉽도록 경사가 진 테이블이다.
 기립 책상	• 책상 상판에서 팔을 움직여 활동하는 동안 서서 체중을 지탱할 수 있게 설계된 책상이다. • 책상의 앞뒤와 옆면을 사용자의 몸통 굵기에 따라 조절 가능하며, 무릎, 엉덩이, 발을 고정할 수 있다.
 휠체어용 높낮이 조절 책상	• 휠체어를 탄 채로 사용할 수 있으며, 수동레버를 통해 높이조절이 가능하다. • 책상에 라운드 처리가 되어 있어 책상 접근이 용이하다.

(3) 컴퓨터

일반 키보드를 이용해 글자를 입력하기가 어려운 지체장애 아동의 경우 대체 키보드를 사용할 수 있다.

 프로그패드(frogpad)	• 한 손 사용자를 위한 키보드다. • 글자 및 숫자 등을 포함하고, 입력이 가능하다.
 듀얼 얼고노믹 키보드	• 상지의 관절 가동 범위에 제한이 있거나 일반 키보드 사용 시 쉽게 피로나 통증을 느끼는 사용자에게 적합한 키보드다. • 오른손 사용영역과 왼손 사용영역이 분리되어 팔의 상태에 따라 적합하게 배치해 놓고 사용할 수 있다. • 수평에서 사용자의 양손 너비에 따라 0°에서 −30°까지 키보드 너비를 조절할 수 있으며, 손목 자세에 따라 수직각도 0°에서 −30°의 각도를 조절할 수 있다.
 버튼 페달	• 일반 키보드와 함께 연결하여 세 가지 버튼을 발로 사용할 수 있게 만든 기기다. • 많이 사용하는 키보드의 키나 마우스 클릭을 연결하여 사용할 수 있다.
 로막 키보드	• 컴퓨터 사용 시 일반적인 키보드의 키를 누르는 데 어려움이 있는 경우에 빛을 이용해서 키보드의 인식을 돕는 기기다. • 기존의 헤드마우스가 아니라, 라이트(Light) 장착 헤드마우스를 이용해서 어려움 없이 키보드를 사용할 수 있도록 지원한다.

 BAT 키보드	• 일반 키보드를 이용해 글자를 입력하기가 어려운 사람을 위한 대체 키보드다. • 일반 키보드의 모든 기능을 한 손으로 대체할 수 있는 보조기구다.
 마우스 스틱용 키보드	• 상지에 불편함을 갖거나 한 손으로 컴퓨터를 사용해야 하는 경우, 마우스 스틱을 이용하여 작업할 수 있는 기기다.
 킹 키보드	• 키보드의 입력 버튼을 크게 만들어 손 떨림이나 상지 기능에 장애가 있는 경우에 사용할 수 있는 기기다.

일반 마우스를 이용하기 어려운 지체장애 아동의 경우 대체 마우스를 사용할 수 있다.

 블랙볼 마우스	• 일반 마우스를 이용해 커서를 움직이거나 클릭하기가 어려운 경우, 볼을 이용해 커서를 움직이는 트랙볼 마우스의 형태다. • 손목의 받침대를 탈부착할 수가 있어 손목을 통증으로 부터 보호하고, 안정된 움직임을 지원해 준다.

 터치패드 마우스	• 간단한 손가락 움직임을 이용해서 마우스를 이용할 수 있는 보조기구다. • 노트북에 탑재된 터치마우스와 같은 형태로 손가락을 움직여 커서를 이동시키고, 터치로 클릭할 수 있다.
 무선 조이스틱	• 근 기능에 어려움이 있는 경우 사용하는 무선 조이스틱이다. • 3개의 다른 모양의 손잡이가 포함되어 용도나 편의에 따라 교체해서 사용 가능하다.
 조우스	• 상지조절에 어려움이 있는 경우, 얼굴의 입, 턱, 볼 등으로 마우스의 기능을 대신하는 장치를 움직이는 보조기구다. • 컴퓨터 책상에 놓고, 원하는 각도나 높이를 조절할 수 있다.

(4) 기타

 전동가위	 독서용 흡입 마우스 스틱

2) 이동을 위한 보조공학

지체장애 아동의 이동을 위한 보조공학에는 지팡이, 크러치, 워커, 휠체어, 스쿠터 등이 있다.

(1) 지팡이

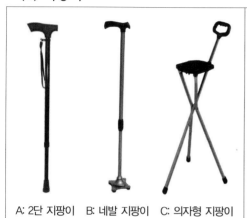

A: 2단 지팡이   B: 네발 지팡이   C: 의자형 지팡이

• 이동이 불편한 경우, 보행을 위해 사용할 수 있는 도구다.
A: 높이 조절 가능하다.
B: 네 발로 되어 있어 지지력이 좋다.
C: 보행 시 지팡이로 사용할 뿐 아니라 시트가 부착되어 있어 장거리 보행이 어려운 경우 앉을 수 있다.

(2) 크러치

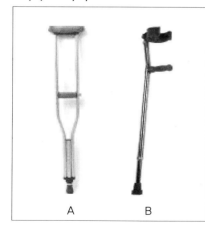

A   B

• 이동이 불편한 경우, 보행을 위해 사용할 수 있는 도구다.
A: 사용자의 키에 맞게 크기(대, 중, 소)를 선택할 수 있다.
B: 사용자의 키에 맞게 팔, 다리 부분의 높낮이를 쉽게 조절할 수 있다.

(3) 워커

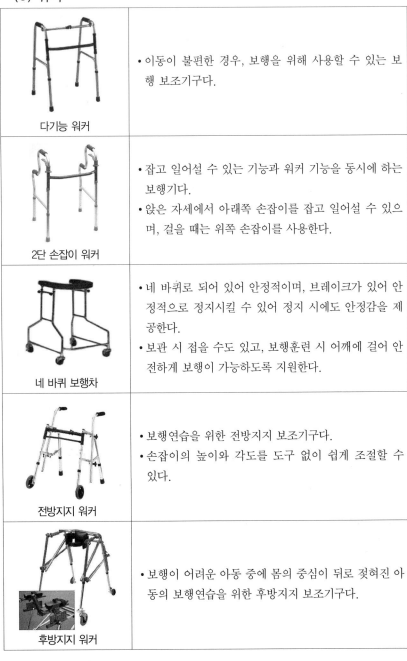

다기능 워커	• 이동이 불편한 경우, 보행을 위해 사용할 수 있는 보행 보조기구다.
2단 손잡이 워커	• 잡고 일어설 수 있는 기능과 워커 기능을 동시에 하는 보행기다. • 앉은 자세에서 아래쪽 손잡이를 잡고 일어설 수 있으며, 걸을 때는 위쪽 손잡이를 사용한다.
네 바퀴 보행차	• 네 바퀴로 되어 있어 안정적이며, 브레이크가 있어 안정적으로 정지시킬 수 있어 정지 시에도 안정감을 제공한다. • 보관 시 접을 수도 있고, 보행훈련 시 어깨에 걸어 안전하게 보행이 가능하도록 지원한다.
전방지지 워커	• 보행연습을 위한 전방지지 보조기구다. • 손잡이의 높이와 각도를 도구 없이 쉽게 조절할 수 있다.
후방지지 워커	• 보행이 어려운 아동 중에 몸의 중심이 뒤로 젖혀진 아동의 보행연습을 위한 후방지지 보조기구다.

 메이워커	• 보행이 어려운 아동을 위한 보행기로서 상지를 지지하고 다리보호대가 장착되어 있어 발이 걸리는 것을 보호하여 안정적인 보행을 할 수 있도록 도와준다.

(4) 휠체어

 수동휠체어	• 보행이 어려운 경우, 앉은 채로 이동할 수 있게 움직이는 바퀴를 부착한 이동식 보조기구다.
 전동휠체어	• 보행이 어려운 경우, 앉은 채로 이동할 수 있게 전동으로 움직이는 이동식 보조기구다. • 전동휠체어는 전동스쿠터형(핸들로 조작), 표준형(손가락으로 조작), 특수형(발가락으로 조작)이 있다.
 농구형휠체어	• 초경량 수동휠체어로 캠버각을 20도까지 줄 수 있어 빠르게 회전 가능한 스포츠형 휠체어다.

 파라골프	• 여가에 골프를 즐기도록 자세 및 이동을 지원해 주는 전동 휠체어다. • 전동휠체어로 조이스틱을 이용해 이동한다. • 스탠딩 각도를 자유롭게 조절할 수 있어 골프 이용 시 기능적인 자세를 만들어 준다.

(5) 스쿠터

 전동스쿠터	• 보행 및 장거리 이동이 어려운 경우에 사용하는 전동 스쿠터다.

3) 식사를 위한 보조공학

지체장애 아동의 식사를 보조하기 위해 만들어진 컵, 스푼, 그릇 등이 있다.

 핸드인 머그	• 내부에 곡선으로 제작된 손잡이는 질환으로 인하여 손의 기능적 쥐기가 약한 사용자에게 적합한 제품이다. • 손잡이에 손을 슬라이드시켜 손에 걸치듯 올려 사용할 수 있다. 회전식 뚜껑과 열고 닫기 쉬운 덮개 레버로 구성되어 있다.

 식기	 • 숟가락 이용 시 음식이 식기 밖으로 나가지 않도록 설계되어 있다.
 회전 조절 스푼	• 음식을 떠먹는 부분에 회전 고리가 있어 상지조절 능력에 제한이 있거나 불수의적인 움직임이 있는 사용자가 음식을 떨어뜨리지 않도록 설계된 식사도구다.

4. 지체장애 아동을 위한 수업설계 및 교수 · 학습 지원방안

이 장에서는 지체장애 아동을 위한 수업설계 및 교수 · 학습 지원방안을 살펴보고자 한다.

1) 수업설계

지체장애 아동을 위한 수업을 설계할 때는 신체기능으로 인한 학교생활에서의 활동제한이나 참가제약 등을 함께 고려해야 한다. 이러한 점을 체계적으로 반영하기 위해서 개별화교육계획(Individualized Education Plan: IEP, 이하 IEP)을 작성할 때, 세계보건기구(WHO)가 제안한 청소년을 위한 국제기능 · 장애 · 건강분류(International classification of functioning, disability and health-child and youth version, ICF-CY 이하 ICF-CY)를 활용할 수 있다(김주홍, 2014). ICF-CY를 활용하여 IEP를 작성하기 위한 모형을 [그림 8-1]에 제시하였다(박재국, 김주홍, 2012).

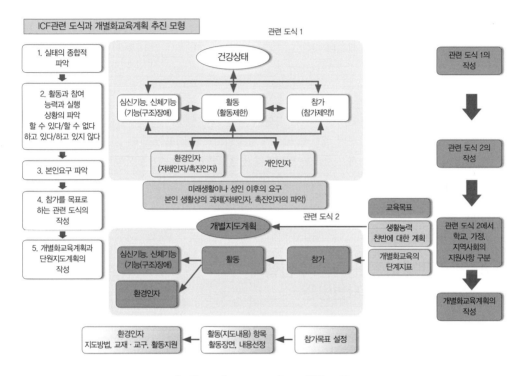

[그림 8-1] ICF-CY의 IEP 활용 모형

출처: 박재국, 김주홍(2012).

　　지체장애 아동을 위한 IEP를 작성할 때, ICF-CY의 주요 분류체계인 신체기능, 활동과 참여, 환경요인을 고려해야 한다. IEP에 적용할 수 있는 ICF-CY의 주요 항목은 〈표 8-5〉와 같다(박재국, 김주홍, 2012). 신체기능 영역은 정신기능, 감각 및 통증, 소화기계와 대사 및 내분비계와 관련된 항목을 포함한다. 활동과 참여 영역은 학습 및 지식의 적용, 의사소통, 이동, 자기관리, 가정생활 및 대인관계와 공동체 생활과 관련된 항목을 포함한다. 그리고 대상아동의 환경적 요인과 관련된 항목을 포함한다.

〈표 8-5〉 ICF-CY의 IEP 적용 주요 항목

영역	내용
신체기능	• 정신기능: 지남력, 주의집중력, 기억력, 감정기능, 지각기능, 신체상
	• 감각 및 통증: 시각, 청각, 전정, 미각, 후각, 고유수용각, 촉각, 온도 및 기타 자극, 통각기능
	• 소화기계, 대사 및 내분비계: 섭취, 체중유지, 체온조절, 건강관리, 식사예절
활동과 참여	• 학습 및 지식의 적용: 모방, 사물과 행동을 통한 학습, 정보습득, 언어습득, 시연, 개념습득, 읽기, 쓰기, 연산, 기술습득
	• 의사소통: 음성, 조음, 유창성과 리듬, 수용언어, 표현언어, 비언어적 메시지, 대화, 토론, 의사소통기기 이용
	• 이동: 기본적인 자세 변화, 자세 유지, 물건 들어 올려 나르기, 하지 이용하여 대상 옮기기, 미세한 손과 발 동작, 손과 팔의 사용, 장소 이동, 장비를 이용한 이동, 운송수단 이용
	• 자기관리: 신체 일부 씻기, 전신 씻기, 피부 · 치아 · 모발 · 손발톱 관리, 배뇨 및 배변 조절, 월경, 착탈의, 스트레스 및 심리적 요구
	• 가정생활 및 대인관계, 공동체 생활: 상품구매, 식사준비, 가사 돌보기, 대인관계, 취업준비, 경제적 거래, 레크리에이션
환경요인	• 의약품, 놀이용 제품, 실내외 이동 제품, 교육용 제품, 건물 및 편의시설 접근성, 가정 내 편의시설 이용, 가족관계, 공동체 구성원들과의 관계, 보조원, 보건 전문가, 여타 전문가

ICF-CY를 활용하여 IEP를 작성할 때 다음과 같이 5단계의 절차가 요구된다.

• **1단계:** 실태의 종합적 파악(신체기능, 활동과 참여, 환경요인)
• **2단계:** 활동과 참여능력과 실행상황의 파악(할 수 있다 / 할 수 없다, 하고 있다 / 하고 있지 않다)
• **3단계:** 본인요구 파악

- **4단계:** 참가를 목표로 하는 관련 도식의 작성
- **5단계:** 개별화교육계획과 단원지도계획의 작성

이와 같이 ICF-CY를 통해 지체장애 아동의 교육적 요구를 체계적으로 파악하여 IEP를 작성하고 수업에 반영할 수 있다.

2) 교수 · 학습 지원방안

IEP는 「장애인 등에 대한 특수교육법」에 의거하여 특수교육대상자 개개인이 지닌 교육적 요구에 적합한 교육을 제공하기 위해 작성하는 법적 문서다. 「장애인 등에 대한 특수교육법」(2008)에서는 IEP를 다음과 같이 정의한다.

> 개별화교육이란 각급학교의 장이 특수교육대상자 개인의 능력을 개발하기 위하여 장애유형 및 장애특성에 적합한 교육목표 · 교육방법 · 교육내용 · 특수교육 관련 서비스 등이 포함된 계획을 수립하는 교육을 말한다.

지체장애 아동의 장애유형과 특성에 적합한 개별화교육계획을 수립하고 운영하기 위해서 우선적으로 개별화교육지원팀을 구성한다. 개별화교육지원팀은 일반적으로 보호자, 특수교육교원, 일반교육교원, 진로 및 직업교육 담당교원, 특수교육 관련 서비스 담당인력 등으로 구성된다. 개별화교육지원팀은 지체장애 학생의 교육적 요구에 대한 정보수집, 개별화교육계획 작성, 작성된 개별화교육계획에 근거한 교육실행, 성취도평가까지 전 과정에서 협력하여 각자의 역할을 수행할 의무를 갖는다.

지체장애 아동을 위한 IEP의 실행과정에서 지원영역에 따라 필요한 구

성원으로 팀을 구성하여 지원할 수 있다. 대표적으로 〈표 8-6〉과 같이 보조공학팀, AAC팀(보완/대체 의사소통팀)[1], 특수체육팀을 구성할 수 있으며, 이러한 팀별 접근은 지체장애 아동의 유의미한 학습효과에 기여한다.

〈표 8-6〉 지체장애 학생을 위한 지원영역별 팀의 유형

팀의 유형	구성원 및 역할
보조공학팀	이동용, 학습용, 의사소통용, 환경조절용 등 다양한 기자재의 사용에 대해 아동의 필요에 따라 해당하는 전문가들과 특수학급 교사(통합되었을 경우에는 일반학급 교사도 중요한 일원임), 부모(또는 대상학생)가 중심이 되어 필요한 보조공학적 도움의 정도와 사용목표, 훈련목표 및 실행계획을 수립하고 지속적으로 실행한다.
AAC팀	AAC 사용자 또는 그 부모를 포함하는 것이 중요시되며, 언어치료사와 특수학급 교사(통합되었을 경우에는 일반학급 교사도 중요한 일원임), 물리 및 작업 치료사가 주요한 팀 구성원이 된다. AAC 적용을 위한 각종 평가(언어능력, AAC 도구 사용을 위한 신체운동능력 등)와 계획수립, 실행의 전반적 과정에서 협력한다.
특수체육팀	특수체육교사를 중심으로 특수학급 교사, 일반체육교사가 협력하여 특수학급 또는 통합된 학급에서의 개별화된 체육 프로그램 실행을 위한 평가와 계획수립, 실행에 협력한다. 장애 정도가 심한 지체부자유 아동의 경우에는 물리 및 작업 치료사의 협력이 요구된다.

출처: 박은혜(2000).

개별화교육계획의 정의에 제시하는 바와 같이 지체장애 아동을 위한 교육계획을 수립할 때, 장애유형 및 장애특성에 적합한 교육목표 · 교육방법 · 교육내용 · 특수교육 관련 서비스를 포함해야 한다. 이를 위해 고려할 수 있는 지체장애 아동을 위한 교육적 지원내용의 일반적인 지침은 다음과 같다(한국통합교육학회, 2009).

---

1) Augmentative and Alternative Communication

- 실현가능하고 중요한 내용을 중심으로 교육 목표 또는 내용을 설정한다.
- 장애유형과 특성을 고려하여 교육내용을 수정한다.
- 장애유형과 특성을 고려한 적절한 학습방법을 적용한다.
- 중요한 학습내용은 피로로 인하여 학습의욕 및 주의집중력이 떨어지지 않는 시간에 지도한다.
- 자립심이 길러질 수 있도록 기다려 주면서 스스로 할 수 있도록 지도하며, 이것이 가정에서도 일관성 있게 이루어질 수 있도록 부모와 협력해야 한다.
- 지체장애 아동을 지도하는 교사는 만성 신경통이나 척추부상 등의 직업병을 호소하는 경우가 흔히 있으므로 무리하게 힘을 쓰는 일이 없도록 주의한다.
- 학습활동에 접근이 가능하도록 환경을 조성한다.
- 교사가 관리 · 지원하기 쉬운 곳에 좌석을 배치한다.
- 장애를 고려해서 특별히 고안한 교재를 준비한다.
- 자세를 관리하기 위한 보조공학기기를 마련한다.
- 학습을 보조하기 위한 보조공학기기를 마련한다.
- 또래의 도움이나 보조교사 등을 활용하여 이동이나 필기 등 학습활동을 지원한다.

〈이 장의 연구과제〉

1. 지체장애 영역에서의 보조공학의 필요성에 대해서 토론해 보자.
2. 지체장애의 교육적 요구와 그에 따른 보조공학의 쓰임에 대해서 발표해 보자.
3. 지체장애 아동을 위한 교수 · 학습 모형을 적용한 IEP 및 수업지도안을 작성해 보자.

참고문헌

곽승철 외(1995). 지체장애아 교육. 대구: 대구대학교 출판부.

곽승철(2003). 중복지체부자유아교육. 대구: 대구대학교 출판부.

김은량, 한경임(2015). 지체장애 특수학교 학생의 보조공학기기 사용 실태와 교사
　　의 인식. 지체 · 중복 · 건강장애연구, 58(2), 111-135.

김주홍, 이미경, 박재국(2015). ICF 및 ICF-CY의 특수교육 활용 가능성 탐색을 위한
　　연구 동향 분석. 지체 · 중복 · 건강장애연구, 57(2), 139-171.

김진희, 박재국, 조현진(2015). 특수학교 지체장애 학생의 보조공학기기 사용실태
　　및 특수교사의 인식. 교육혁신연구, 25(2), 173-192.

김효선(1995). 지체부자유 교수 · 학습 모델. 충남: 국립특수교육원.

박은혜(2000). 지체부자유아동의 교육을 위한 팀 접근법. 교육과학연구, 31(1), 75-95.

박재국, 김주홍(2012). ICF-CY의 장애학생 IEP 적용을 위한 기초 연구. 지체중복건
　　강장애연구, 55(3), 47-70.

한국통합교육학회(2009). 통합교육 (2판). 서울: 학지사.

한국특수교육학회(2008). 특수교육대상자 개념 및 선별기준. 충남: 한국특수교육학회.

「장애인 등에 대한 특수교육법」

「장애인복지법」

Interagency Committee on Learning Disabilities. (1987). Learning disabilities: A
　　report to the U. S. *Congress*. Bethesda, MD: National Institute of Health.

World Health Organization. (2007). *The international classification of
　　functioning disability and health Children & Youth Version*.

제 **9** 장

특수교육공학

학습장애 아동을 위한 특수교육공학

〈이 장의 개요〉

이 장에서는 학습장애 아동을 위한 특수교육공학에 관해 살펴볼 것이다. 이 장의 주요 내용은 학습장애 아동에 대한 이해, 학습장애 아동의 특수한 교육적 요구, 학습장애 아동을 위한 보조공학, 학습장애 아동을 위한 수업설계 등이다.

〈이 장의 학습목표〉

1. 학습장애 정의의 구성요소를 기술할 수 있다.
2. 학습장애의 하위유형에 따른 교육적 요구에 대해 설명할 수 있다.
3. 학습장애의 하위유형에 따른 보조공학의 역할과 쓰임을 설명할 수 있다.
4. 학습장애 아동을 위한 교수 · 학습방법을 비교하고, 각각의 원리와 절차를 설명할 수 있다.

학습장애는 이질적인 장애군이다. 즉, 개개인마다 특성이 매우 다양하기 때문에, 학습장애를 공통된 몇 가지 특성으로 정의하기가 어렵다. 따라서 이 장에서는 국내외의 다양한 학습장애 정의와 분류체계를 통해 학습장애의 특성을 살펴보고자 한다. 또한 학습장애의 하위영역에 따른 교육적 요구를 알아보고, 그에 따른 보조공학을 제안하고자 한다. 마지막으로 학습장애 아동을 위한 교수·학습방법을 제안한다.

1. 학습장애의 이해

1) 학습장애 정의

학습장애는 1994년 「특수교육진흥법」이 개정되면서 처음으로 특수교육대상자의 조건에 포함되었다. 이후 계속해서 학습장애 정의에 대한 논의가 있어 왔는데, 2008년 우리나라 「장애인 등에 대한 특수교육법」이 제정되면서 학습장애를 다음과 같이 정의하였다.

> 학습장애를 지닌 특수교육대상자란 개인의 내적 요인으로 인하여 듣기, 말하기, 주의집중, 지각, 기억, 문제해결 등의 학습기능이나 읽기, 쓰기, 수학 등 학업성취 영역에서 현저하게 어려움이 있는 사람을 말한다.

「장애인 등에 대한 특수교육법」은 학습장애를 원인과 현상의 두 가지 측면에 초점을 맞추어 정의하고 있다. 첫째, 학습장애는 내적인 요인에 의한 것이다. 둘째, 학습장애는 학습기능이나 학업성취에서의 어려움이 나타난다. 학습장애의 대표적 정의인 미국 「장애인교육법」(2004)은 국내의 학습장애 정의에 포함된 내용 외에 다음과 같이 배제조항을 포함한다.

- **일반:** 특정학습장애란 언어, 즉 구어와 문어의 이해 및 사용과 관련된 기본적 심리과정상에서 나타나는 한 가지 이상의 장애를 의미한다. 이 장애는 듣기, 사고, 말하기, 읽기, 철자 및 수학적 계산능력 등에서 나타날 수 있다.
- **포함되는 장애:** 특정학습장애에는 지각장애, 뇌손상, 미소뇌기능 장애, 난독증 및 발달적 실어증이 포함된다.
- **포함되지 않는 장애:** 특정학습장애에는 주로 시각장애, 청각장애, 운동장애, 지적장애, 정서장애 및 환경적·문화적 실조로 인한 학습문제 아동은 포함되지 않는다.

미국 「장애인교육법(IDEIA)」에는 학습장애에 지각장애, 뇌손상, 미소뇌기능 장애, 난독증 및 발달적 실어증은 포함되나, 시각장애, 청각장애, 운동장애, 지적장애, 정서장애 및 환경적·문화적 실조로 인한 학습문제 아동은 포함되지 않는다는 제외조건을 두고 있다. 즉, 학습장애는 다른 장애나 외적인 요인으로 인한 학습의 문제가 아니라는 것을 구체적으로 나타내고 있는 것이다.

「장애인 등에 대한 특수교육법」과 미국 「장애인교육법」을 비롯해 여러 학습장애 관련 단체들(ICLD, 1987; NJCLD, 1988)은 공통적으로 학습장애의 정의에 원인론적인 측면을 포함시킨다. 이 정의들은 학습장애의 학습상 결손이 중추신경계의 역기능, 즉 기본적인 심리과정상의 기능장애로 유발된다고 가정한다(Kavale & Forness, 1995). 이는 학습장애가 내적인 요인에 의한 것으로, 학령기에만 나타나는 장애가 아니라 일생의 문제로 나타난다는 관점을 반영하는 것이다. 이에 한국특수교육학회(2008)는 학습장애가 일생을 통해 일어날 수 있다는 내용을 구체적으로 포함하여 다음과 같이 정의하였다.

학습장애란 개인 내적 원인으로 인하여 일생 동안 발달적 학습(듣기, 말하기, 주의집중, 지각, 기억, 문제해결 등)이나 학업적 학습(읽기, 쓰기, 수학 등) 영역 중 하나 이상에서 심각한 어려움을 겪는 것을 말한다. 이 장애는 다른 장애 조건(감각장애, 지적장애, 정서장애 등)이나 환경 실조(문화적 요인, 교수적 요인 등)와 함께 나타날 수 있으나 이러한 조건이 직접적인 원인이 되어 나타난 것은 아니다.

지금까지 국내외의 주요 학습장애 정의를 살펴보았다. 이를 토대로 학습장애의 특성을 네 가지로 정리할 수 있다. 첫째, 학습장애는 내적인 원인에 의한 것이다. 정의에 따라 내적 요인, 심리과정상의 장애, 중추신경계통의 기능장애 등으로 정의하고 있으나, 궁극적으로는 모두 학습장애의 원인을 내적 요인에 두고 있다는 것을 의미한다. 둘째, 학습장애는 학업영역에서 어려움이 발생한다. 듣기, 말하기, 주의집중, 지각, 기억, 문제해결 등의 학습기능이나 읽기, 쓰기, 수학 등 학업성취 영역에서 어려움을 나타낸다. 셋째, 학습장애는 다른 장애나 외적인 요인으로 인한 학습의 문제가 아니다. 즉, 배제조건을 포함함으로써 학습장애의 원인을 내적인 요인에 둠을 강조한다. 넷째, 학습장애는 평생 나타나는 장애다. 학령기에만 나타나는 장애가 아니라 일생에 걸쳐 경험할 수 있다.

2) 학습장애 분류

학습장애는 연령에 따라 나타나는 특성이 다르고, 개인마다 다양한 특성을 갖는 이질적 장애군이다(Hammill, 1990). 따라서 발현시점과 장애영역에 따라 학습장애의 하위영역을 다양하게 분류한다. Kirk와 Chalfant (1984)는 학습장애를 발달적 학습장애와 학업적 학습장애로 크게 두 영역으로 분류하였다.

- **발달적 학습장애:** 유아기부터 취학 전까지 학업을 성취하는 데 필요한 선수기능에 문제가 있는 경우로, 주의집중장애, 기억장애, 지각장애, 사고장애, 구어장애를 포함한다.
- **학업적 학습장애:** 학령기에 학업에 어려움을 보이는 경우로, 읽기장애, 쓰기장애, 철자 및 문어 표현장애, 수학계산장애를 포함한다.

한국특수교육학회(2008)가 제안한 학습장애 하위유형은 학습장애의 발현시점에 따라 발달적 학습장애와 학업적 학습장애로 분류되고, 기타 장애로 비언어성 학습장애를 포함한다. 구체적인 내용은 다음과 같다.

- **발달적 학습장애**(developmental learning disabilities): 학령전기 아동 중 학습과 관련된 기본적 심리과정에 현저한 어려움을 보이는 아동으로 구어장애, 주의집중장애, 지각장애, 기억장애, 사고장애로 나뉜다.
- **학업적 학습장애**(academic learning disabilities): 학령기 이후 학업과 관련된 영역에서 현저한 어려움을 보이는 경우로 읽기장애, 쓰기장애, 수학장애로 나뉜다.
- **비언어성 학습장애**(nonverbal learning disabilities): 언어능력에는 강점을 보이나 공간지각능력, 운동능력, 사회성 기술과 같은 비언어적 능력에서

결함을 보인다(한국특수교육학회, 2008: 32).

두 가지 분류체계는 학습장애를 학령전기와 학령기의 학습장애로 분류한다. 학령전기의 학습장애는 발달적 학습장애라는 용어로 지칭하며, 주의집중, 기억, 지각, 구어, 사고 등의 기본적 심리과정의 어려움을 보이는 경우다. 학령기의 학습장애는 학업적 학습장애라는 용어로 지칭하며, 읽기, 쓰기, 수학 등의 학업과 관련된 영역에서의 어려움을 갖는 경우다. 한국특수교육학회는 그 외에 비언어성 학습장애를 학습장애의 한 유형으로 제안하고 있다.

2. 학습장애 아동의 특수한 교육적 요구

앞서 학습장애 정의에서 살펴보았듯이 학습장애의 원인은 내적인 요인에 둔다. 즉, 심리과정상의 장애 혹은 중추신경계통의 기능장애로 인한 인지처리과정의 이상을 학습장애의 원인으로 둠으로써, 과거에는 학습장애를 교육할 때 인지처리과정 훈련에 초점을 두었다(McCarthy & Kirk, 1961). 그러나 인지처리 훈련 프로그램의 실행만으로 학업성취도를 높이는 데 한계가 있음이 지적되면서, 최근에는 문제가 나타나는 학업영역에 대한 구체적인 교수법을 적용하는 데 관심을 두고 있다.

읽기, 쓰기, 수학은 학업성취를 위한 기초학습기능이다. 즉, 읽기, 쓰기, 수학의 기본적 학습기능에 문제가 있다면 학업성취에 어려움을 갖게 된다. 개인마다 기초학습기능에서의 문제유형이 다르게 나타날 수 있는데, 문제의 유형에 따라 학업적 학습장애의 하위유형을 읽기학습장애, 쓰기학습장애, 수학학습장애로 분류할 수 있다. 따라서 학습장애의 교육적 요구를 알아보기 위해서는 학습장애 아동의 읽기문제, 쓰기문제, 수학문제의 특성을 이해할 필요가 있으며, 각각의 문제에 대한 교육적 요구를 살펴볼 필요가 있다.

1) 읽기문제에 대한 교육적 요구

읽기란 글을 바르게 읽고 이해하는 과정이다. 읽기의 궁극적인 목적이 읽은 바를 잘 이해하는 것이기 때문에 읽기의 최종적인 목적지는 읽기 이해인 것이다. Gough와 Tunmer(1986)는 읽기 이해를 음독(decoding)과 이해(comprehension)의 두 가지 요소로 단순화하여 설명하였다. 즉, 낱말을 잘 음독하고 그것을 잘 이해하는지를 알아보는 것이 읽기의 주된 관심사다. Gough와 Tunmer(1986)의 'Simple View of Reading' 모델을 개념화하면 [그림 9-1]과 같다.

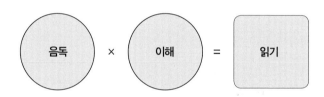

[그림 9-1] 읽기의 개념도

이와 같이 읽기를 음독과 이해의 두 가지 관점으로 단순화할 수 있지만, 이 두 가지 요소 외에도 다양한 요소가 읽기과정에 영향을 줄 수 있다. Joshi와 Aaron(2000)의 연구에서 음독과 이해에 처리속도를 함께 포함하였을 때 읽기의 설명량이 더 증가하였는데, 이는 읽기 유창성이 읽기 이해에 중요한 요소임을 의미하는 것이다. 그리고 이해는 언어적 능력과 밀접한 관련이 있기 때문에, 언어의 주요 구성요소인 어휘능력은 읽기 이해에 중요한 영향을 미친다(Catts & Weismer, 2006). 따라서 학습장애 아동의 읽기문제를 이해하기 위해서는 음독, 유창성, 어휘, 읽기 이해의 문제에 대해서 알아볼 필요가 있다.

(1) 음독의 문제

음독(decoding)이란 단어를 구어로 바꾸는 과정으로, 문자 – 소리 대응관계를 활용하여 낯선 단어를 읽는 과정을 의미한다. 학습장애 아동의 음독에서의 문제는 다음과 같이 요약할 수 있다.

- 새로운 단어를 읽지 못한다.
- 단어를 읽을 때 음성학적 법칙에 따라 읽지 못한다.
- 비슷하게 생긴 글자를 구별하지 못한다.

학습장애 아동의 음독문제에 대한 교육적 지원내용은 다음과 같다.

자음과 모음에 대한 지식을 가르친다.
문자 – 소리 대응 규칙을 가르친다.
음운변동 규칙을 가르친다.
단어의 문법적 규칙을 가르친다.

(2) 읽기 유창성의 문제

읽기 유창성이란 글을 빠르고 정확하게 읽는 과정을 의미한다. 만약 아동이 문자를 음독하는 데 많은 노력을 들인다면 읽은 내용을 이해하는 데 많은 노력을 들일 수 없다. 따라서 읽기 유창성은 읽기 이해를 위한 중요한 요인으로 작용한다. 학습장애 아동의 읽기 유창성에서의 문제는 다음과 같이 요약할 수 있다.

- 글을 읽을 때 단어, 행, 문장을 빼먹고 읽는다.
- 글을 읽을 때 없는 단어나 글자를 추가하거나, 다른 글자로 잘못 읽거나 거꾸로 읽는다.

- 한 부분에서 단어를 맞게 읽었다가 다른 부분에서는 틀리게 읽는다.
- 너무 천천히 읽어서 제 시간 내에 글을 읽지 못한다.

학습장애 아동의 읽기 유창성 문제에 대한 교육적 지원내용은 다음과 같다.

- 글을 소리 내어 기준점에 도달할 때까지 반복적으로 읽도록 한다.
- 읽을 때 오류가 나타나면 체계적으로 교정을 해 준다.

(3) 어휘의 문제

어휘란 어떤 특정한 범위에서 사용되는 낱말의 총집합을 의미한다. 어휘는 양적인 측면과 질적인 측면에서 살펴볼 수 있는데, 양적인 측면은 알고 있는 어휘의 수가 얼마나 되는가의 문제이고, 질적인 측면은 어휘를 얼마나 잘 활용하는가의 문제다. 학습장애 아동의 어휘에서의 문제는 다음과 같이 요약할 수 있다.

- 읽은 단어의 뜻을 이해하지 못한다.
- 또래에 비해서 어휘량이 부족하다.
- 글의 맥락을 고려하지 못하고 표면적으로 단어를 이해한다.

학습장애 아동의 어휘문제에 대한 교육적 지원내용은 다음과 같다.

- 다양한 어휘를 가르친다.
- 목표어휘와 관련된 어휘를 범주화하여 가르친다.
- 목표어휘의 다양한 의미를 가르친다.

(4) 읽기 이해의 문제

읽기 이해란 글의 의미를 이해하는 과정이다. 읽기 이해는 읽기의 최종 단계이면서 가장 높은 수준의 능력을 요구한다. 문단 단위의 음독과 이해가 복합적으로 작용하는 과정이다. 아무리 단어를 정확히 음독하고 그 의미를 알고 있다고 하더라도, 글의 전체적인 맥락을 이해하지 못한다면 읽기에서 실패를 경험하게 된다. 학습장애 아동의 읽기 이해에서의 문제는 다음과 같이 요약할 수 있다.

- **읽기 전 단계:** 선행지식과 주요 정보(제목, 그림 등) 활용의 어려움
- **읽기 중 단계:** 불필요한 정보 무시, 글의 구조 이해, 글의 내용 추론, 중심내용 이해 등의 어려움
- **읽기 후 단계:** 앞으로 전개될 내용 예측하기, 점검하기 등의 어려움

학습장애 아동의 읽기 이해에 대한 교육적 지원내용은 다음과 같다.

- 선행지식을 활성화하도록 가르친다.
- 글의 유형에 따른 구조를 가르친다.
- 다양한 읽기전략을 가르친다.

2) 쓰기문제에 대한 교육적 요구

쓰기란 자신의 생각이나 느낌을 글로 표현하는 것이다. 즉, 쓰기의 궁극적인 목적은 작문이므로, 이를 위해 기본적으로 글씨쓰기와 철자에 대한 기능이 요구된다. 따라서 글씨쓰기(handwriting), 철자(spelling), 작문(written expression)의 측면에서 학습장애 아동의 쓰기문제를 살펴보고자 한다.

(1) 글씨쓰기의 문제

글씨쓰기란 손으로 글자를 쓰는 것이다. 즉, 글씨쓰기는 자신의 생각이나 느낌을 글로써 정확하게 전달하고자 하는 것이므로 글자의 크기와 형태, 그리고 글자를 쓰는 속도가 글씨쓰기의 중요한 요소다. 글의 내용을 아무리 논리적으로 잘 표현한다고 하더라도 정해진 시간 내에 정확한 글자로 전달하지 못한다면, 자신이 전달하고자 하는 바를 제대로 전달할 수가 없다. 따라서 글씨쓰기는 쓰기의 중요한 구성요소 중의 하나라 할 수 있다. 학습장애 아동의 글씨쓰기에서의 문제는 다음과 같이 요약할 수 있다.

- **크기:** 너무 크거나, 너무 작거나, 일정하지 않음.
- **형태:** 엉성한 모양, 복잡하거나 비좁음, 일정하지 않은 글자 간 간격, 부정확한 정렬, 일정하지 않거나 부정확한 경사
- **속도:** 너무 느림.

학습장애 아동의 글씨쓰기에 대한 교육적 지원내용은 다음과 같다.

- 글씨 쓰기를 명시적으로 가르친다.
- 글씨 쓰기를 반복적으로 연습할 수 있도록 한다.
- 글씨 쓰기에 대한 피드백을 제공한다.

(2) 철자쓰기의 문제

철자쓰기란 단어를 맞춤법에 맞게 쓰는 것이다. 한국어는 표음문자로서 소리와 문자의 대응관계가 규칙적이다. 즉, 문자-소리의 대응관계가 규칙적으로 적용되는 소리 나는 대로 표기되는 단어가 있는 반면, 소리 나는 대로 표기되지 않는 단어와 단어에 대한 문법적 지식을 적용하여 표기해야 하는 단어가 있다. 이로 인해 학습장애 아동은 철자쓰기에서 다양

한 오류를 나타낼 수 있다. 학습장애 아동의 철자쓰기에서의 문제는 다음과 같이 요약할 수 있다.

- 소리 나는 대로 표기되는 단어를 정확하게 쓰지 못한다.
- 소리 나는 대로 표기되지 않는 단어를 정확하게 쓰지 못한다.
- 단어를 구성하는 형태소에 대한 인식이 부족하여 철자쓰기의 오류가 나타난다.

학습장애 아동의 철자쓰기에 대한 교육적 지원내용은 다음과 같다.

- 문자 – 소리 대응관계에 대해 가르친다.
- 음운변동 규칙을 가르친다.
- 단어의 문법적 지식을 가르친다.

(3) 작문의 문제

작문이란 자신의 생각이나 느낌을 글로 표현하는 것으로 쓰기의 궁극적인 목적이라 할 수 있다. 아무리 글씨를 잘 쓰고 문법에 맞추어 쓴다 하더라도 자신이 전달하고자 하는 생각을 잘 표현해 내지 못한다면, 쓰기의 궁극적인 목적에 도달할 수 없다. 많은 학습장애 아동이 쓰기에 결함을 가지고 있으며, 특히 작문에서 다양한 어려움을 경험한다. 학습장애 아동의 작문에서의 문제는 다음과 같이 요약할 수 있다.

- **쓰기 전 단계:** 계획하기 생략
- **쓰기 중 단계:** 단순하거나 같은 단어 반복, 불완전하고 단순한 문장, 주제와 관련된 내용을 단순히 나열
- **쓰기 후 단계:** 점검과 수정의 어려움

학습장애 아동의 작문에 대한 교육적 지원내용은 다음과 같다.

- 글을 작성하기 전에 계획하기 활동을 적용하도록 가르친다.
- 글을 쓰는 과정에 대한 전략을 가르친다.
- 글을 스스로 점검하는 전략을 가르친다.

3) 수학문제에 대한 교육적 요구

수학이란 수와 양 및 공간의 성질에 관해 탐구하는 영역이다. 즉, 수학은 수, 양, 공간 등의 다양한 영역을 계열성 있게 단계적으로 학습하기 때문에, 기초단계에서 학습이 제대로 이루어지지 않으면 상위단계의 학습을 성취하는 것이 불가능하다. 따라서 수학의 기초가 되는 영역에 대한 학습이 선행되어야 하기 때문에, 수학의 기본영역인 수 개념, 연산, 문장제 문제해결의 측면에서 학습장애 아동의 수학 문제를 살펴보고자 한다.

- 기본 수학개념을 이해하는 데 어려움이 있다.
- 기본연산 문제해결에 어려움이 있다.
- 공간지각능력이 부족하다.
- 수학 문장제 문제를 이해하는 데 어려움이 있다.
- 수식의 논리적인 순서를 따르는 데 어려움이 있다.

학습장애 아동의 수학에 대한 교육적 지원내용은 다음과 같다.

- 수 개념에 대해 가르친다.
- 기본연산의 원리와 절차를 가르친다.
- 실생활에서 논리적인 수학적 사고를 경험하게 한다.

3. 학습장애 아동을 위한 보조공학

학습장애 아동의 교육방향은 학업에서의 문제영역을 정확히 진단한 후 적합한 교수법을 제공하는 것이다. 이에 학습장애 아동에게 보조공학은 수업 보조장치에 국한된다. 보조공학의 학업적 혜택을 네 가지로 요약할 수 있다. 첫째는 기초학습기능을 향상시키기 위한 연습의 기회 제공(예: 쓰기기능, 문제해결능력, 추상적 개념 이해 등), 둘째는 컴퓨터 활용 기술 습득, 셋째는 교육환경에서 소외된 학생들에게 접근 기회 부여, 넷째는 학습활동에 대한 관리 등이다. 따라서 학습장애 아동을 위한 보조공학에 대한 첫 번째 관점은 기초학습기능을 향상시키고 관리하기 위한 다양한 보조장치의 소개에 둘 것이다. 두 번째 관점은 보조공학의 목적이 장애의 영향을 제거하여 개인의 능력을 최대한 발휘할 수 있도록 하며, 과제를 수행하기 위한 대안적인 방법들을 제공하는 데 있기 때문에(Lewis, 1993), 기초학습기능에서의 결함을 보완할 수 있는 보조장치에 대해 소개할 것이다.

학습장애의 하위유형은 읽기학습장애, 쓰기학습장애, 수학학습장애로 나뉜다. 즉, 각 학습영역의 문제유형에 따라 학습의 지원형태가 다르기 때문에 보조공학 또한 문제의 유형에 따라 각각 제시하고자 한다.

1) 읽기문제 아동을 위한 보조공학

(1) 음독 교수를 위한 보조공학

학습장애 아동은 아는 단어를 읽을 때보다 낯선 단어를 읽을 때 오류를 더 많이 나타낸다. 낯선 단어를 읽기 위해서는 자음과 모음이 각각 소리를 갖는다는 지식이 있어야 하며, 자음과 모음의 소리를 결합하여 음절이 만들어진다는 원리를 이해하고 적용할 수 있어야 한다. 그런데 소리를 결합하고 분리한다는 개념은 추상적이므로, 학습장애 아동을 대상으로 단어를 가르칠 때에는 구체물이나 반구체물을 가지고 접근할 수 있다. 이를 위해 한글 교구나 소프트웨어 프로그램을 활용할 수 있다.

① 한글 학습 교구

한글의 원리를 학습하기 위한 한글 교구가 시중에 다양하게 개발·출시되어 있다. 헝겊이나 플라스틱으로 만들어진 자음(ㄱ, ㄴ, ㄷ 등)과 모음(ㅏ, ㅑ, ㅓ 등)의 글자 형태의 구체물을 가지고 아동이 직접 결합(ㄱ + ㅏ = 가)하여 다양한 음절을 만들어 봄으로써 한글의 소리가 만들어지는 원리를 익힐 수 있다. 또한 초성, 중성, 종성으로 이루어지는 한글의 원리를 가르치기 위해 초성, 중성, 종성을 다른 색으로 표시하여 시각적으로 한글의 구성을 쉽게 이해하도록 만들어진 교구도 유용하게 사용될 수 있다([그림 9-2]).

② 한글 학습 소프트웨어

한글의 원리를 학습하기 위한 소프트웨어 프로그램이 시중에 다양하게 개발·출시되어 있다. 자음과 모음의 체계를 바탕으로 한 음운교육 커리

[그림 9-2] 한글 학습 교구

큘럼이 비디오로 개발되어 있어서 한글의 원리를 가르칠 때 활용할 수 있다(예: 한글이 야호, 제작사: 미라클상사).

(2) 유창성 교수를 위한 보조공학

학습장애 아동은 단어를 읽을 수 있다 하더라도 문장이나 문단 단위의 글을 읽을 때 유창성이 떨어진다. 유창성을 향상시키기 위해서는 유창하게 읽는 모델이 제공되어야 하며, 이를 반복적으로 연습할 수 있는 환경을 조성해 주는 것이 중요하다. 이러한 역할을 교사나 또래가 할 수도 있지만 소프트웨어 프로그램이나 녹음기를 활용할 수도 있다.

① 유창성 학습 소프트웨어

CD-ROM에 이야기가 녹음되어 있어서, 녹음된 이야기를 듣고 따라 읽음으로써 발음을 교정할 수 있다. 예를 들어, 파라다이스복지재단 장애아동연구소에서 개발된 〈게으른 농부〉는 25개 문장과 170여 개의 단어로 구성되어 있어서 오류가 나타나는 단어나 문장을 반복적으로 듣고 발음을 교정할 수 있다.

② 녹음기

유창하게 읽는 독자(교사, 부모, 또래)가 글을 읽는 것을 녹음한 후, 녹음한 내용을 들으면서 글을 함께 읽거나 따라 읽고, 오류를 교정할 수 있다. 이는 시공간의 제약 없이 학습할 수 있으며, 학습하고자 하는 이야기를 무엇이든지 선택하여 녹음한 후 학습할 수 있다.

(3) 어휘 교수를 위한 보조공학

학습장애 아동은 또래에 비해서 어휘의 양이 부족하기 때문에, 다양한 어휘를 가르쳐야 한다. 이를 위해 소프트웨어 프로그램을 활용할 수 있다.

① 어휘 학습 소프트웨어

놀이를 통해 다양한 어휘를 익힐 수 있도록 구성되어 있는 소프트웨어 프로그램을 활용할 수 있다. 예를 들어, 〈일곱 마리 너구리의 한글교실(제조사: 아리수에듀)〉은 7마리의 너구리와 함께 놀이를 통해 어휘력을 배울 수 있으며, 초등학생 아동에게 필요한 단어가 350개 수록되어 있다. 〈기초 어휘 학습세트(파라다이스복지재단 장애아동연구소)〉는 명사, 동사, 형용사, 반대말 등의 기호 어휘를 학습할 수 있도록 CD-ROM과 도서, 교구가 함께 구성되어 있다.

(4) 읽기 이해 교수를 위한 보조공학

읽기 이해는 글을 읽고 이해하는 것이기 때문에 음독능력과 이해능력을 모두 요구한다. 많은 학습장애 아동이 읽기 이해에 어려움을 갖는데, 읽기 이해의 어려움에는 두 가지 유형이 있다. 첫째, 글자를 음독할 수는 있으나 이해력이 낮아서 읽기 이해에 어려움을 가질 수 있다. 이 경우에는 이해력을 향상시키기 위한 교수가 제공되어야 한다. 둘째, 듣기 이해에는 어려움이 없으나 글을 음독하는 데 결함이 있어서, 읽기 이해에 어려움을 가질 수 있다. 이 경우에는 근본적으로는 음독을 위한 교수가 제공되어야 하겠지만, 읽기 교수를 음독에만 초점을 둔다면 음독에서의 어려움이 해결되기까지 계속해서 읽기 이해에 어려움이 지속된다. 우리는 읽기를 통해서 다양한 지식과 정보를 습득하게 되는데, 읽기 이해에 어려움이 있으면 읽기뿐만 아니라 그 외의 모든 교과를 학습하는 데 어려움을 경험하게 된다. 따라서 음독능력에 결함이 있더라도 읽기과제를 수행할 수 있는 대안적인 방법이 제공되어야 한다.

① 말하는 책 만들기(북웜)

음독에 결함을 갖는 학습장애 아동에게 읽기 이해 교육을 제공하고자 할

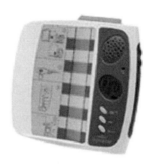

[그림 9-3] 북웜

때 사용할 수 있는 보조공학기기다. 북웜(bookworm)은 책을 SD 카드에 녹
음하여 들려주는 기기다([그림 9-3]). 책을 녹음한 후, 각 페이지에 붙여 놓
은 스티커의 오른쪽 버튼을 누르면 녹음된 내용이 나온다. 무엇이든 원하
는 책을 선택해서 녹음할 수 있으며, 언제든지 들을 수 있기 때문에 음독에
결함이 있는 학습장애 아동의 읽기 이해 교수를 보조할 수 있는 기기다.

② 전자책

학습장애 아동의 읽기 이해력 향상을 위해서 다양한 도서를 읽을 기
회를 제공해야 한다. 최근에는 전통적인 형태인 종이책을 탈피하여 전
자책(E-Book)의 보급이 확산되고 있다. 전자책의 이점을 잘 활용하면
학습장애 아동의 읽기 이해 교수에 유용하게 사용될 수 있다. 전자책은
Electronic Book의 준말로 컴퓨터 파일의 형태로 만들어진 책이다. 전자
책의 특징은 종이책에서 구현되지 못하는 MP3, 동영상, 플래시 등 다양한
멀티미디어 기능을 제공하며, 인터넷, TV, PDA, 휴대전화로도 서비스가
가능하다는 점이다. 전자책의 종류는 네 가지다.

• Multimedia E-Book: 음향과 애니메이션이 어우러져 카세트와 비디오
  가 따로 필요 없는 멀티미디어 eBook이다. MP3, 동영상, 플래시 등

이 첨가되어 있다.

- **XML E-Book:** 사전, 밑줄/형광펜, 메모, 낙서 등 편리한 기능과 구조 검색을 지원하여 종이책보다 유용한 표준 E-Book이고, PDA 지원이 가능하다.
- **PDA E-Book:** 종이책의 편집 스타일을 그대로 구현하여 유려한 디자인과 품질로 즐길 수 있는 PDA 포맷의 E-Book이다.
- **iBook:** 종이책과 동일한 화면을 구현하고, 텍스트의 확대와 축소 보기가 유연하고 속도가 빨라 종이책의 느낌으로 읽을 수 있는 E-Book이다.

출처: 강동구전자도서관(http://elib.gangdong.go.kr).

전자책은 온라인 서점이나 전자책 도서관을 통해서 구매하거나 대여할 수 있다. 아동용 전자책은 교과서를 비롯한 멀티동화, 그림책, 한국동화, 외국동화, 동요/동시, 옛이야기, 인물 이야기, 역사와 문화, 고전명작 등 다양하게 개발되어 있다. 학습장애 아동의 연령과 특성을 고려하여 적절한 전자책을 선택하여 읽기학습에 효과적으로 활용할 수 있다.

2) 쓰기문제 아동을 위한 보조공학

(1) 글씨쓰기 교수를 위한 보조공학

글씨쓰기에 어려움을 겪는 학습장애 아동은 글자의 크기와 형태, 글자를 쓰는 속도 등에서 문제가 나타난다. 이로 인해 아동이 쓴 글씨를 알아보기 어렵거나, 글을 쓰는 속도가 느려서 아동은 시간 내에 쓰기과제를 완수하지 못하게 되며, 이는 쓰기의 전반에 걸쳐 불이익을 초래하게 한다. 글씨쓰기의 어려움은 학습장애 아동의 소근육 운동기술의 결함이나 글자 형태를 인식하는 인지적 능력의 결함에 기인할 수 있다. 만약 학습장애 아동의 글씨쓰기의 문제가 운동능력에 기인하여 쓰기과제에 불이익이 초래된다면, 쓰기과제를 수행할 수 있는 대안적인 방법이 제공되어야 한다. 혹은 글자 형태를 인식하는 인지적 능력에 기인하는 것이라면 글씨쓰기를 기능적으로 향상시키기 위한 보조공학기기가 제공되어야 한다.

① 쓰기 보조기구

손의 힘이 약하여 필기도구를 쥘 수 없는 경우 필기도구를 올바르게 잡고 필기할 수 있도록 도와주는 보조도구다. 일반형 볼펜, 샤프, 연필 등 필기구를 끼워서 사용할 수 있다. 사용자에 맞게 왼손용, 오른손용, 어린이용, 여성용, 남성용을 선택할 수 있다([그림 9-4]).

② 컴퓨터 키보드

손의 힘이 약하여 필기도구를 쥘 수 없거나, 글씨의 형태나 크기를 조절하기 어렵거나, 글씨를 쓰는 속도가 느려서 쓰기과제를 완수하는 데 어려움이 있다면, 손으로 글씨를 쓰는 대신에 컴퓨터로 문서를 작성할 수 있다.

쓰기 보조기구

Talking Pen

[그림 9-4] 글씨쓰기 보조공학기기

③ 쓰기 연습기구

글씨쓰기 연습을 할 수 있도록 고안된 기구로 'Talking pen'이 있다. 소근육 운동능력이나 시각-운동 협응능력의 결함으로 글씨쓰기에 어려움이 있는 학습장애 아동이 글씨쓰기 연습을 할 수 있는 기구다. 검은색 그림이나 글씨를 따라 그릴 때 선을 벗어나면 청각 피드백이 주어진다. 따라서 청각 피드백을 통해 스스로 글씨쓰기 연습을 할 수 있다([그림 9-4]).

④ 글씨쓰기 교구

글씨쓰기를 연습하기 위한 쓰기 교구가 시중에 다양하게 개발·출시되어 있다. 글씨쓰기 초기단계에서 아동이 글자의 형태를 인식하도록 목표 글자를 모래판 위에 따라 쓰게 하는 교구를 활용할 수 있다(한글 모래 글자판, 제조사: 하나몬테소리). 그리고 글자의 필순과 진행방향을 화살표와 번호로 표시하여 시각단서를 제공하는 학습지를 활용할 수 있다.

(2) 철자쓰기 교수를 위한 보조공학

철자쓰기에 오류가 나타나는 학습장애 아동을 위해서는 철자쓰기의 기능을 향상시키기 위한 교수를 제공하거나, 철자의 오류를 교정할 수 있는 대안적인 방법을 고려할 수 있다. 이를 위해 철자쓰기의 원리와 규칙을 익히기 위한 프로그램이나 철자의 오류를 교정하기 위한 소프트웨어 프로그램을 활용할 수 있다.

① 철자학습 소프트웨어

철자쓰기의 원리와 규칙을 익히기 위한 소프트웨어 프로그램이 시중에 다양하게 개발·출시되어 있다. 〈도전 받아쓰기(제조사: 아리수에듀)〉는 재미있는 게임 형식으로 받아쓰기를 학습하는 소프트웨어 프로그램이다. 다양한 난이도로 구성되어 있어서 단계별 학습이 가능하고, 보기 중에서 정확한 낱말 찾기, 읽어 주는 문장을 듣고 빈곳에 들어갈 맞는 답 고르기, 틀리기 쉬운 낱말의 바른 쓰임새 익히기, 읽어 주는 문장을 듣고 맞는 답 타이핑하기, 보너스 코너 등 5개의 테마로 구성되어 있다. 〈리도 받아쓰기(제조사: 이알씨에듀)〉는 받아쓰기 학습활동과 평가활동에 모두 활용할 수 있는 소프트웨어 프로그램이다([그림 9-5]). 총 250여 개의 낱말의 받아쓰기가 난이도에 따라 체계적으로 구성되어 있다. 소리 나는 대로 적기, 받침이 있는 글자, 어려운 모음, 연음법칙, 된소리 되기, 거센소리 되기, 음절의 끝소리, 자음동화 등 다양한 철자의 원리와 규칙을 학습할 수 있는 내용이 포함되어 있다. 이 프로그램들의 장점은 다음과 같다. 첫째, 난이도에 맞게 학습할 수 있다. 둘째, 아동의 철자오류 형태와 유형에 맞게 선택해서 학습할 수 있다. 셋째, 철자 오류에 대한 피드백을 즉각적으로 얻을 수 있다.

② 워드프로세서

워드프로세서의 철자점검 기능을 통해서 철자의 오류를 교정할 수 있다. 한컴오피스 한글 2010 프로그램에서는 한글 사전에 등록되지 않은 단어가 기입된 경우에 빨간색으로 밑줄이 표시되기 때문에 철자와 띄어쓰기를 검토할 수 있다. 그리고 [맞춤법 검사]에서 맞춤법을 검사하면, 바꿀

리도 받아쓰기 프로그램

워드프로세서 맞춤법 검사 기능

[그림 9-5] 철자쓰기 보조공학

말과 추천 말을 제시해 준다([그림 9-5]).

(3) 작문 교수를 위한 보조공학

작문에 어려움을 겪는 학습장애 아동을 위해 활용할 수 있는 소프트웨어 프로그램을 제시한다.

① 음절예측 문자입력 소프트웨어(Baro Key)

글을 작성할 때, 초기 음절을 입력하면 문맥을 고려하여 다음에 출현할 음절을 예측하여 표시해 준다([그림 9-6]). 즉, 일반적인 문장에서 사용되는 음절을 학습하여 예측해 준다. 따라서 글쓰기 능력이 부족한 아동에게 문맥에 따라 적절한 어휘를 고를 수 있는 기회를 제공한다.

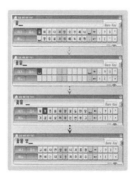

[그림 9-6] 음절예측 문자입력 소프트웨어

② 마인드맵 지원 소프트웨어

작문에 어려움을 갖는 학습장애 아동을 위해 글쓰기의 계획 단계에서 Inspiration 소프트웨어 프로그램을 활용할 수 있다([그림 9-7]). 〈Inspiration(제조사: 인스피레이션)〉은 사고하는 것을 시각적으로 표현할 수 있는 프로그램으로 마인드맵을 자유롭게 그릴 수 있다. 따라서 학습장애 아동이 글쓰기를 계획하는 단계에서 사고를 조직화할 때 유용하게 사용할 수 있다.

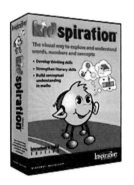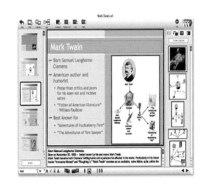

[그림 9-7] Inspiration S/W

③글의 유형을 교수하기 위한 소프트웨어

학습장애 아동에게 다양한 글의 유형에 따른 글쓰기를 교수할 수 있다. 예를 들어, 〈글짓기 교실(제조사: 아리수에듀)〉은 다양한 글의 유형에 따른 글쓰기 방법을 그림과 모범예문과 함께 제시하고 있다. 〈어린이를 위한 갈래별 글쓰기(제조사: 아리수에듀)〉는 다양한 글의 유형에 따른 글쓰기 방법을 예문을 통해 쉽게 설명하고, 적용할 수 있도록 개발되었다. 구상자료를 활용해서 글을 쓸 수 있도록 구성되어 있으며, 글쓰기의 기초인 한글 맞춤법과 띄어쓰기를 익힐 수 있는 프로그램을 포함하고 있다.

3) 수학문제 아동을 위한 보조공학

(1) 수 감각 교수를 위한 보조공학

학습장애 아동은 수 감각 능력이 부족하기 때문에 이를 향상시키기 위한 다양한 교수방법이 제공되어야 한다. 이를 위해 수 감각 교구를 활용할 수 있다.

① 수 세기 학습을 위한 교구

수 세기를 통해 기본적인 수의 개념을 학습할 수 있다. 〈수열판 지능개발기(제조사: 범한시청각)〉는 수가 순서대로 배열되어 있으며 일, 십, 백, 천 단위의 112개의 버튼으로 구성되어 있다. 숫자를 누르면 숫자에 대한 한글이 나오도록 되어 있어서 수의 개념과 수 읽기를 학습할 수 있는 도구다. 〈수 세기판(제조사: Learning Resources)〉은 1에서 100까지의 수 세기를 배울 수 있는 교구다([그림 9-8]). 한 줄에 10개의 구슬이 배열되어 있어서, 1~10까지의 수를 익힐 수 있으며 10개씩 묶어 세기를 하면서 십진법의 기초 개념을 습득할 수 있다. 〈코끼리 수 세기(제조사: Nathan)〉는 코끼리의 그림에 적힌 숫자만큼 코끼리의 코에 클립을 꽂으며 기본적인 수개념을 배울 수 있는 교구다([그림 9-8]).

② 자릿수 학습을 위한 교구

자릿수 개념을 학습하기 위해 자릿수 연산 모듈 차트를 활용할 수 있다. 〈자릿수 연산 모듈 차트(제조사: Learning Resources)〉는 1~1,000까지의 자릿수를 알고 수 개념을 익히기 위한 교구다([그림 9-8]). 1~10까지의 숫자가 하나의 모듈에 포함되어 있어서, 세 개의 모듈을 이어 붙여서 세 자릿수를 만들 수 있다.

수 세기판

코끼리 수 세기

자릿수 연산 모듈 차트

[그림 9-8] 수 감각 교수 교구

(2) 기본연산 교수를 위한 보조공학

덧셈, 뺄셈, 곱셈, 나눗셈 등 기본연산에서의 어려움을 갖는 학습장애 아동을 위해서는 기본연산의 기능을 향상시키기 위한 체계적인 교수를 제공하거나, 연산의 기능을 보완할 수 있는 대안적인 방법을 고려할 수 있다. 이를 위해 연산의 원리와 규칙을 익히기 위한 교구나, 연산을 위한 보조공학 기기를 활용할 수 있다.

① 연산을 위한 교구

수 연산 능력을 향상시키기 위해서 구체물을 활용할 수 있다. 〈수 연산 놀이세트(제조사: Learning Resources)〉는 수 연산능력 향상을 위한 교구다 ([그림 9-9]). 수 막대를 이용하여 덧셈, 뺄셈, 곱셈, 나눗셈의 개념을 학습할 수 있다. 수 막대는 육각형 큐브가 각 숫자의 개수만큼 쌓아 올려져 있다. 1~10까지의 수 막대가 있어서(예: 1은 한 개의 큐브, 2는 두 개의 큐브), 여러 개의 수 막대를 붙이거나 분리하면서 기본연산의 개념을 이해할 수 있다. 〈덧셈(뺄셈, 곱셈, 나눗셈) 지능 개발기(제조사: 범한시청각)〉는 112개의 버튼이 있는데, 각 버튼에는 덧셈(뺄셈, 곱셈, 나눗셈)의 수식이 적혀 있으며, 버튼을 누르면 수식에 대한 답이 나오도록 구성되어 있다. 이는 각

[그림 9-9] 수 연산 놀이세트

연산의 기본 개념의 학습과 반복적인 시행을 통한 연산의 자동화 훈련을 돕는다. 〈사칙연산 모듈 차트(제조사: Learning Resources)〉는 연산기호, 부등호, 1~10까지의 숫자로 구성되어 있는 교구다. 10까지의 단위 수로 연산학습을 할 수 있다. 교구 외에도 연산의 원리를 가르치기 위해서 소프트웨어 프로그램을 활용할 수 있다. 예를 들어, 〈아이팝 매스(제조사: 푸른 하늘을 여는 사람들)〉는 연산을 포함한 기초수학의 원리를 학습하기 위한 소프트웨어 프로그램이다.

② 전자계산기

연산은 수학의 기본적인 기술이기 때문에, 연산의 문제가 해결되지 않으면 문장제 문제해결과 같이 기본적으로 연산기술을 요구하는 과제를 수행할 수 없다. 따라서 연산의 문제를 보완할 수 있는 보조공학기기로 전자계산기를 사용할 수 있다. 아직 우리나라에서는 수학과제를 해결할 때 전자계산기를 사용하는 것을 허용하지 않지만, 미국의 경우에는 전자계산기를 사용하도록 권고한 바 있으며 전자계산기 사용의 효과를 보고하고 있다(Hembree, 1986).

(3) 문장제 문제 교수를 위한 보조공학

2013년 초등학교 1, 2학년의 교과서가 개편되면서 수학교과서에 스토리텔링이라는 개념이 도입되었다. 이는 기존에 문장제 문제로 제시되던 짧막한 문제들을 전체의 스토리로 엮어서 좀 더 실생활에 밀접한 이야기로 만든 것으로, 추상적인 수학개념을 이야기 속에서 쉽게 접근하도록 하는 데 취지가 있다. 최근 교육과정 개정에서도 반영되었듯이 수학에서 읽기 능력이 차지하는 비중이 더욱 높아지고 있다. 그런데 읽기 이해에 어려움을 동반하는 학습장애 아동은 문장으로 제시되는 문장제 문제해결에 어려움을 겪는다(김동일 외, 2013; 정세영, 김자경, 2010). 따라서 학습장애

아동이 실제적으로 수학적 문제 상황을 경험하고 효율적으로 해결할 수 있는 방안을 탐색하도록 교수하는 것이 문장제 문제해결 향상에 효과적이다(허승준, 2007). 이를 위해 동영상을 수학수업에 활용할 수 있다.

① 동영상

실제적 수학문제 상황을 교육에 도입하기 위해서는 문제해결 상황에 대해서 시나리오를 작성한 후, 이를 촬영한 동영상을 활용할 수 있다. 허승준(2007)의 연구에서는 '제주도 가족여행'이라는 주제로 동영상을 촬영하였는데, 동영상의 주인공이 제주도로 가족여행을 떠나기 위해서는 다양한 수학적 문제해결 상황에 놓인다. 주인공은 교통, 숙박, 볼거리 등을 계획해야 하는데, 이때 여행일정과 경비 등을 결정하는 과정에서 수학적 문제해결 상황이 발생하게 된다. 이 동영상의 내용을 소재로 하여 수업하는 학생들은 동영상을 시청하면서 실제적 수학적 문제해결 상황을 경험하게 된다.

4. 학습장애 아동을 위한 교수 · 학습방법

학습장애 아동을 교육하기 위한 다양한 교수 · 학습방법이 있는데, 대표적으로 직접 교수, 상보적 교수, 앵커드 교수가 있다. 이 장에서는 세 가지 교수 · 학습방법의 개념과 원리를 알아보고자 한다.

1) 직접 교수

직접 교수(direct instruction)란 교사가 미리 준비한 교안(script)에 따라 진행되는 교사 주도의 연습과 훈련을 강조하는 교수방법이다. 직접 교수의 구성요소는 ① 분명하게 계획된 단계별 전략, ② 각 단계에서의 성취기준,

③ 철저한 피드백과 신속한 교정, ④ 다양한 예를 활용한 적절하고 체계적인 연습, ⑤ 새롭게 학습한 개념에 대한 지속적인 평가 등이다. 직접 교수의 학습활동 절차는 다음과 같다.

- 과제분석을 통해 구체적인 목표를 제시한다.
- 교사가 단계별로 명확하게 시범을 보인다.
- 아동이 숙달될 때까지 안내된 연습을 한다.
- 교사 주도에서 점차로 아동의 독립적인 수행으로 이동되도록 한다.
- 학습된 개념에 대해 평가한다.

김윤옥(2004)은 특수아동을 위한 효과적인 직접 교수 방법을 도입, 전개, 정리로 나누어서 〈표 9-1〉과 같이 제안하였다.

〈표 9-1〉 직접 교수의 수업구조

도입	전개	정리
• 주의집중 • 전날의 학습 복습 및 검토 • 학습목표 제시	• 새로운 내용의 소개 • 시범(선생님이 해 볼게) • 유도(부추김: 우리 같이 해 보자) • 점검(너 혼자 해 보라)	• 오늘 학습한 내용 검토 • 차시 내용 소개 • 독립적인 과제 제시(숙제)

출처: 김윤옥(2004: 36).

2) 상보적 교수

상보적 교수(reciprocal teaching)란 구조화된 토론중심 학습활동을 통해 학습과제의 내용 이해를 촉진하기 위한 교수방법이다. 상보적 교수에서 교사는 학습의 주도권이 학생들에게 이양될 수 있도록 구조적인 활동을 계획, 진행,

평가하게 된다. 또한 교사는 모든 학생이 적극적으로 수업활동에 참여할 수 있도록 수업참여를 위한 촉진자의 역할을 수행하며, 학생들이 내용 이해를 위한 전략을 적절하게 활용하고 있는지 평가하고, 필요 시 도움을 제공하는 역할도 수행하게 된다. 상보적 교수의 학습활동 절차는 다음과 같다.

- **예측하기:** 교재에 포함된 문자나 그림 또는 지난 시간에 논의된 내용 등을 중심으로 다음에 무슨 내용이 전개될지 예측한다.
- **질문하기:** 예측활동 후 주어진 학습과제를 읽은 다음, 이와 관련한 질문들을 만들어 내고 학생들에게 답하도록 한다.
- **명료화하기:** 교재 내용 중 이해가 불분명한 부분이 여전히 남아 있는 경우 명료화한다.
- **요약하기:** 진행활동이 끝난 후 전체적인 내용에 대해 요약한다.

상보적 교수에서는 교수활동 동안에 예측하기, 질문하기, 명료화하기, 요약하기의 절차가 순환적으로 일어난다. 김윤희, 김자경, 백은정(2011)의 연구에서 제시된 상보적 전략을 활용한 읽기 교수의 예시를 〈표 9-2〉에 제시하였다.

〈표 9-2〉 상보적 전략을 활용한 읽기 교수 및 학습과정안의 예시

제재		김치	
학습과정		교수 · 학습 활동	유의점
도입	예측 하기	• '김치'에 대해 알고 있는 것을 이야기해 보기 • '김치'라는 글은 무엇에 대한 이야기인지 생각해 보기	• 학습할 내용과 관련하여 학생들의 배경지식을 이끌어 낸다.

(계속)

전개	명료화 하기	• 학습지에 제시된 '김치' 읽기 • 이해가 되지 않거나 어려운 낱말이 있 는지 물어보기 -학생들 스스로 이야기를 통해서 어 려운 내용이나 모르는 낱말 등의 의 미를 찾아낸다.	• 글의 앞뒤 내용을 살펴 어려운 낱말의 뜻을 유 추한다.
	요약 하기	• 글을 읽고 문단별로 중심 문장 찾아보기 -단락별로 중심 문장이라고 생각하는 문장을 찾고, 교사와 학생들이 함께 중심 문장을 찾는다. • 단락별로 내용 요약하기	• 잘 찾지 못하면 교사가 도움을 줄 수 있다.
	질문 만들기	• 읽은 글을 바탕으로 질문 만들어 보기 -읽기 자료를 다시 읽으며 학생들 각 자 질문을 만든다.	• 답이 완전하지 못하면 서로 협력하여 좋은 답 을 찾아낸다.
	질문 하기	• 학생들이 만든 질문에 대해 토의하기 -질문을 수정하기도 하고, 만든 질문 에 학생들이 답한다.	
정리	예측 하기	• 이어질 글의 내용은 무엇일지 질문하기 -타당한 이유를 밝히며 이어질 내용 을 예측한다.	• 앞의 내용을 잘 살펴보 고 이어질 내용을 예측 하여 이야기한다.

출처: 김윤희, 김자경, 백은정(2011: 214).

3) 앵커드 교수

앵커드 교수(anchored instruction)란 복잡하지만 실제적이고 도전적인 문제 상황을 제공하는 동영상 앵커(anchor)를 중심으로 학생들이 제시된 문제를 능동적으로 파악하고 해결함으로써 생성적 지식을 획득하는 수업방법이다(허승준, 2002). 앵커드 수업의 원리는 ① 동영상 기반 제시 형식, ② 이야기 형식, ③ 생성적 학습 형태, ④ 내재한 자료 설계, ⑤ 문제의 복잡성,

⑥ 교육과정 간 연계 등이다. 앵커드 수업 프로그램의 개발과정은 다음과
같다(허승준, 2007).

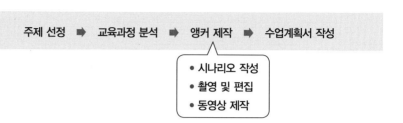

주제 선정 ➡ 교육과정 분석 ➡ 앵커 제작 ➡ 수업계획서 작성

- 시나리오 작성
- 촬영 및 편집
- 동영상 제작

허승준(2007)이 학습장애학생을 위한 앵커드 수업 프로그램을 개발한
연구에서 '제주도 가족여행'이라는 주제로 계획한 수업계획서를 〈표 9-3〉
에 제시하였다.

〈표 9-3〉 앵커드 수업 예시

단원	5. 시간과 무게 6. 혼합계산		차시	6/17	수업 형태	정착학습
본시 주제	동영상을 보며 문제를 파악하고, 여행 계획 대강 세우기		교과서	63~90쪽		
학습 목표	◎ 동영상을 보며 문제를 파악할 수 있다. ◎ 5박 6일의 제주도 여행계획을 대강 세울 수 있다.					

단계	학습내용	교수 – 학습활동	시간	자료 및 유의점
도입	전시학습 상기	• 지난 시간에 무엇을 공부하였나요? - 동영상 자료를 보았습니다. - 비디오를 보고 등장인물을 알아보았습니다. - 비디오의 줄거리도 알아보았습니다.	3분	
	학습목표 확인	• 이 시간에는 동영상 자료를 다시 보고, 8시간 동안 여행계획을 세워 보겠습니다.		

(계속)

		◎ 공부할 문제 제시		
		제주도 동영상 자료를 살펴보고 대강의 여행 계획을 세워 보자.		
전개	학습활동 소개	◎ 활동 방법 소개하기		(자)동영상 CD (자)학습지 (유)앵커 되감아 보는 방법지도 (유)자기가 맡은 역할분담 내용 중 알지 못한 곳은 모둠별 앵커를 이용해 되감아 보고 답을 쓰게 한다.
		〈활동 1〉 자료를 보고 문제 알기 • 동영상 자료 보기 • 무엇을 해야 할지 문제 확인하기 〈활동 2〉 문제해결 계획 세우기 • 모둠별로 역할 분담하여 대강의 계획 세우기		
	활동 1	〈활동 1〉 자료를 보고 문제 알기 ◎ 자료 보기 • 동영상을 다시 한 번 보면서 우리 모둠이 무엇을 해야 할지 생각해 보세요. ‒ 동영상을 보며 중요한 내용을 메모한다. • 우리에게 주어진 8시간 동안 무엇을 해야 할까요? ‒ 5박 6일 동안의 여행계획을 세워야 합니다. ‒ 정해진 시간과 돈으로 하루하루 어디에서 자고, 무엇을 해야 할지도 정해야 합니다. ‒ 정해진 시간과 돈을 지키려면 시간과 무게에 대해서 계산도 해야 합니다. ‒ 혼자서 해결하기 힘들기 때문에 각자 역할을 나누어야 합니다.	34분	
	활동 2	〈활동 2〉 여행계획 세우기 ◎ 모둠별로 5박 6일 대강의 여행계획 토의하기 • 여행의 주제를 정하고, 여행에 필요한 물건, 가 보고 싶은 곳, 잠잘 곳, 각자의 역할 등을 생각해서 5박 6일간의 일정을 대강 생각해 정해 보세요. • 여행계획을 어떻게 세우면 좋을지 각 모둠별로 토의한 후 발표해 보겠습니다.		

(계속)

		−여행의 주제를 정한다. −가 보고 싶은 곳을 정한다. −여행 갈 때 필요한 물건을 생각해 본다. −각자 맡은 역할을 정한다.		
정리	학습정리 차시예고	• 모둠별로 세워진 대강의 계획을 간단히 들어 본다. • 다음 시간에는 이 시간에 세운 대강의 계획에 이어서 각 장소에서의 구체적인 여행계획을 세워 봅시다.	3분	(유) 역할 별로 발표 시킨다.

출처: 허승준(2007).

〈이 장의 연구과제〉

1. 학습장애 영역에서의 보조공학의 필요성에 대해서 토론해 보자.
2. 학습장애의 교육적 요구와 그에 따른 보조공학의 쓰임에 대해서 발표해 보자.
3. 학습장애 아동을 위한 교수 · 학습방법을 적용한 수업지도안을 작성해 보자.

참고문헌

교육과학기술부(2008). 장애인 등에 대한 특수교육법(2008. 2. 29. 법률 제103395호).

김동일, 고혜정, 김이내, 백서연, 이해린, 이기정(2013). 수학학습장애 위험군 아동, 읽기수학공존학습장애위험군아동, 일반아동의 수학문장제 문제해결력 비교-수학 인지변인을 중심으로. 특수교육저널: 이론과 실천, 14(1), 1-21.

김윤옥(2004). 특수아동을 위한 효과적인 직접교수방법. 2004학년도 자격연수교재 (p. 36). 충남: 공주대학교.

김윤희, 김자경, 백은정(2011). 상보적 전략을 활용한 읽기 교수가 읽기학습부진아의 독해력에 미치는 영향. 학습장애연구, 8(2), 205-224.

정대영(2006). 학습장애의 정의와 진단적 평가기준의 법적 규정을 위한 대안 탐색. 2006년 춘계심포지움 발표집, 3-28.

정세영, 김자경(2010). 수학학습장애 아동의 읽기학습장애 동반 유무에 따른 수학 문장제 해결능력과 해결과정 비교. **특수교육저널: 이론과 실천, 11**(2), 1-20.

한국특수교육학회(2008). **특수교육대상자 개념 및 선별기준.** 충남: 한국특수교육학회.

허승준(2002). 멀티미디어 정착수업이 경도장애 및 비장애 고등학생의 비판적 질문 능력에 미치는 효과. **교육공학연구, 18**(2), 223-248.

허승준(2007). 학습장애학생을 위한 앵커드 수업프로그램 개발, 적용 및 효과. **학습 장애연구, 4**(1), 95-116.

「장애인 등에 대한 특수교육법」
「특수교육진흥법」

Catts, H. W., & Weismer, S. E. (2006). Language Deficits in Poor Comprehenders: A Case for the Simple View of Reading. *Journal of Speech, Language, and Hearing Research, 49,* 278-293.

Gough, P. B., & Tunmer, W. (1986). Decoding, reading, and reading disability. *Remedial and Special Education, 7,* 6-10.

Hammill, D. D. (1990). On defining learning disabilities: An emerging consensus. *Journal of Learning Disabilities, 23,* 74-84.

Hembree, R. (1986). Research gives calculators a green light. *Arithmetic Teacher, 9,* 136-141.

Individuals with Disabilities Education Improvement Act (IDEIA) of 2004, PL 108-466, Sec. 602[30].

Interagency Committee on Learning Disabilities. (1987). Learning disabilities: A report to the U.S. *Congress.* Bethesda, MD: National Institute of Health.

Joshi, R. M., & Aaron, P. G. (2000). The component model of reading: simple view of reading made a little more complex. *Reading Psychology, 21,* 85-97.

Kavale, K. A., & Forness, S. R. (1995). *The nature of learning disabilities.* Mahwah, NJ: Lawrence Erlbaum.

Kirk, S. A., & Chalfant, J. C. (1984). *Academic and developmental learning disabilities.* Denver, CO: Love Pub. Co.

Lewis, R. B. (1993). *Special education technology.* Belmont, CA:

Wadsworth.

McCarthy, J. L., & Kirk, S. A. (1961). *Illinois Test of Psycholinguistic Abilities: Experimental education*. Urbana, IL: University of Illinois Press.

National Joint Committee on Learning Disabilities. (1988). Letter to NJCLD member organizations.

참고사이트

강동구 전자도서관 http://elib.gangdong.go.kr

정서 · 행동장애 아동을
위한 특수교육공학

〈이 장의 개요〉

이 장에서는 정서 · 행동 아동을 위한 특수교육공학에 관해 살펴볼 것이다. 이 장의 주요 내용은 정서 · 행동장애 아동에 대한 이해, 정서 · 행동장애 아동의 특수한 교육적 요구, 정서 · 행동장애 아동을 위한 보조공학, 정서행동장애 아동을 위한 학업기술 지도 등이다.

〈이 장의 학습목표〉

1. 정서 · 행동장애 정의의 구성요소를 기술할 수 있다.
2. 정서 · 행동장애의 특성에 따른 교육적 요구에 대해 설명할 수 있다.
3. 정서 · 행동장애의 특성에 따른 보조공학의 역할과 쓰임을 설명할 수 있다.
4. 정서 · 행동장애 아동을 위한 학업기술 지도의 원리와 절차를 설명할 수 있다.

정서·행동장애의 정의는 교육자나 다양한 중재자에게 여러 가지 시사점을 주는 개념적 구조를 간결하게 제시하므로 중재현장에는 물론 정책적인 면에서도 의미가 크다. 이에 이 장에서는 국내외의 다양한 정서·행동장애 정의와 분류체계를 통해 정서·행동장애의 특성을 살펴보고자 한다. 또한 정서·행동장애의 관련 요인을 알아보고, 그에 따른 보조공학을 제안하고자 한다. 마지막으로 정서·행동장애 아동을 위한 교수·학습방법을 제안한다.

1. 정서·행동장애의 이해

1) 정서·행동장애 정의

정서·행동장애는 아동 그 자신의 발달이나 타인의 생활, 혹은 그 둘 다를 방해하는 행동으로 비장애아동에 비해 현저하게 일탈된 행동으로 정의한다.

우리나라의 정서·행동장애 정의는 1977년 12월 「특수교육진흥법」이 제정되면서 특수교육대상자에 '정서장애자'가 포함되었다. 1978년 교육부령으로 「특수교육진흥법 시행규칙」의 판별 기준에서는 정서장애자를 '정서적·감정적인 혼란으로 인하여 이상행동을 하는 자로서 특수교육을 필요로 하는 자'로 정의하였다. 1994년 1월 「특수교육법진흥법」이 전면개정되면서 특수교육대상자의 기준 중 '정서장애자'는 '정서장애(자폐성을 포함한다)'로 바뀌었다. 2007년 5월에 제정된 「장애인 등에 대한 특수교육법」에서는 '자폐성장애'가 하나의 장애로 독립해 나가면서 '정서·행동장애'만의 특수교육대상자 선정기준이 마련되었으며, 내용은 다음과 같다.

장기간에 걸쳐 다음 각 목의 어느 하나에 해당하여, 특별한 교육적 조치가 필요한 사람
- 지적·감각·건강상의 이유로 설명할 수 없는 학습상의 어려움을 지닌 사람
- 또래나 교사와의 대인관계에 어려움이 있어 학습에 어려움을 겪는 사람
- 일반적인 상황에서 부적절한 행동이나 감정을 나타내어 학습에 어려움이 있는 사람
- 전반적인 불행감이나 우울증을 나타내어 학습에 어려움이 있는 사람
- 학교나 개인 문제에 관련된 신체적인 통증이나 공포를 나타내어 학습에 어려움이 있는 사람

---

2) 정서·행동장애 분류

정서·행동장애를 가진 아동과 청소년이 보이는 특성에는 상당히 큰 범위의 다양성이 존재한다. 이러한 다양성을 과연 몇 개의 범주로 묶을 수 있는가에 대해서는 이견이 있을 수 있겠지만, 장애의 분류가 적절히 이루어지면 전문가 간의 소통이 원활해지고 장애의 원인과 교육전략의 연구를 좀 더 효율적으로 실행할 수 있게 되어 개별 학생의 요구에 맞는 교육적 지원을 제공하는 데 기여할 수 있다(Oland & Shaw, 2005).

정서·행동장애의 분류는 크게 정신의학적 분류와 교육적 분류의 두 가지 방식으로 나눌 수 있다. 정신의학적 분류는 주로 정신 내면의 주관성에 따른 임상관찰에 의존하는 경우로, 그 대표적인 예는 미국정신의학

회(APA)의 정신장애진단통계편람(DSM)과 세계보건기구(WHO)의 국제질병분류(ICD)다. 교육적 분류는 범주적 분류(dimensional classification) 또는 경험적 분류(empirical classification)라고도 불리며, 교육적 분류체계를 수립할 때에는 일반적으로 많은 수의 정서 · 행동장애 학생의 행동 특성을 모은 후, 수집된 행동 특성 항목에 대해 요인분석과 같은 통계를 활용하여 동일하거나 유사한 행동 특성들끼리 한 요인으로 묶는다. 이 분류에는 연구자마다 다소 차이가 있으나 대부분 반드시 포함하는 공통요인은 내재화 요인과 외현화 요인이다. 여기에서 정신의학적 분류에 해당하는 DSM과 교육적 분류에 해당하는 내재화 요인, 외현화 요인만을 제시하면 다음과 같다.

교육적 분류에서 먼저 내재화 요인은 과잉통제라고도 부르며 우울, 불안, 위축 등과 같이 개인의 정서 및 행동상의 어려움이 외적으로 표출되기보다는 내면적인 어려움을 갖는 것을 포함한다. 즉, 슬픈 감정, 우울, 자기비하 감정을 보이고, 특정 생각, 감정, 의견에서 벗어나지 못하며, 활동수준이 심각하게 제한되고, 활동에 흥미를 잃으며, 사회적 관계 형성 및 유지에 방해가 될 정도로 위축, 회피 등 기타 특정 행동을 보인다.

외현화 요인은 통제결여라고도 부르며 공격성, 타인에 대한 반항, 충동성, 불복종 행동 등을 포함한다. 다시 말해 사물이나 사람을 향한 공격성을 보이고, 과도하게 언쟁하고, 신체적 · 언어적 방법으로 다른 사람의 복종을 강요하고, 합리적인 요구에 응하지 않고, 지속적인 분노, 거짓말, 도벽 양상을 보이며, 타인이나 교사와 만족할 만한 인간관계를 형성 · 유지하지 못하거나 물리적 환경을 파괴하는 등의 특정 행동을 보인다.

정신의학적 분류에서 APA(2013)에서 최근에 개편한 DSM-5의 주요 장애는 〈표 10-1〉과 같다.

〈표 10-1〉 DSM-5의 주요 장애

- 신경발달장애
  - 지적장애
  - 의사소통장애
  - 자폐스펙트럼장애
  - 주의력결핍과잉행동장애
  - 특정학습장애
  - 운동장애
  - 기타 신경발달장애
- 정신분열성 스펙트럼 및 기타 정신장애
- 양극성 및 관련 장애
- 우울장애
- 불안장애
- 강박충동 및 관련 장애
- 외상 및 스트레스 관련 장애
- 붕괴성장애
- 신체증상 및 관련 장애
- 식사장애
- 배설장애
- 수면장애
- 성기능장애
- 성정체성장애
- 분열적, 충동-통제 및 품행장애
- 물질 관련 및 중독 장애
- 신경인지장애
- 성격장애
- 성도착장애
- 기타 정신장애
- 약물에 의한 운동장애와 기타 약물부작용
- 임상적 관심을 받을 수 있는 기타 조건들

2. 정서 · 행동장애 아동의 특수한 교육적 요구

정서 · 행동장애 및 정신장애를 가진 아동과 청소년에 대해 비논리적이고 직관적인 사고에 의존하여 해석하는 것을 방지하기 위해 이론적 · 개념적 모델을 이해해야 한다. 개념적 모델은 복합적이고 다면적인 변인들과 정보를 조직화함으로써 복잡하고 이해하기 어려운 현상을 체계적으로 이해하고 예측할 수 있게 하는 사고의 틀을 제공한다(Kauffman & Landrum, 2013). 즉, 구조와 도구로서 기능한다. 따라서 개념적 모델을 통해 다양한 정서 · 행동장애 아동의 특수한 교육적 요구에 접근하고자 한다.

1) 신체생리적 모델

신체생리적(biophysical) 모델은 장애행동을 질병이나 의료적 모델, 즉 특정 병리적 특성이 개인 내부에 존재한다는 믿음에 근거하여 설명한다. 기본적으로 문제 혹은 병리라는 것은 개인의 내적인 측면에 존재한다고 가정하는 의료적 모델로, 대부분의 문제행동은 생리학적 비정상성에 기인한 것이라고 주장하기도 하고, 일부는 장애는 유전적 소인이나 잠재해 있던 생물학적 문제가 환경적 스트레스 요인으로 활성화된 것이라고 주장한다. 이 모델에서는 유전적 요인, 생화학적 · 신경학적 요인, 기질 요인으로 원인론을 주장한다. 정서 · 행동장애 아동의 신체생리적 모델에 근거한 교육적 지원내용은 의료적 모델인 관계로 매우 제한적이지만 다음과 같다.

- 관련 전문가들에게 의뢰
- 약물치료 부작용 점검

2) 정신역동적 모델

정신역동적(psychodynamic) 모델은 정서 · 행동 문제는 정신 내적 과정상의 기능장애에 기인한다고 가정한다. 즉, 정신 내적 기능의 정상 · 비정상적 발달과 개인의 욕구에 초점을 둔다. 정신분석학자들은 갈등, 불안, 죄의식 등이 성격발달과 밀접한 관련이 있으며, 정서 · 행동 문제는 해결되지 못한 갈등, 방어기제의 과도한 의존, 성격구조의 심한 일탈 등 정신 내적 장애가 가시적으로 드러난 것이라고 보고 있다. 따라서 이 모델에서는 개인의 무의식적 충동, 욕구, 불안, 죄의식, 갈등 등을 주로 평가한다. 이 모델에서는 대부분 인간의 행동과 사고를 단계 이론에 근거해서 설명한다. 정서 · 행동장애 아동의 정신역동적 모델에 근거한 교육적 지원내용은 다음과 같다.

- 인간중심 교육
- 서비스 학습 프로그램
- 현실치료
- 정서교육
- 미술치료, 음악치료, 놀이치료 등

3) 행동주의적 모델

행동주의적(behavioral) 모델에서는 장애라 불리는 행동은 잘못된 학습에 기인한 결과라고 보며, 개인이 어떻게 생각하고 느끼는가보다는 어떻게 행동하는가에 더 많은 관심을 가지고 있다. 이 모델에서는 관찰 가능한 행동으로 표현될 수 없는 인간의 내적 요인은 거의 없다고 본다. 장애행동은 특정 환경적 영향하에서 기능을 가진다고 보기 때문에 상황적 · 맥락적 변인을 중심으로 평가하고 중재하며, 특정 변인들의 조작을 통해 인

간행동의 변화가 가능하다고 주장한다. 정서 · 행동장애 아동의 행동주의
적 모델에 근거한 교육적 지원내용은 다음과 같다.

- 긍정적 행동 지원
- 사회적 기술 훈련
- 바람직한 행동 증가 기법
- 바람직하지 않은 행동 감소 기법

4) 인지주의적 모델

인지주의적(cognitive) 모델에서는 정서 · 행동장애가 인지의 문제로 야기
된다고 보고 있다. 인지주의 심리학자들은 지각이나 신념의 변화를 통해
개인들이 자신의 정서 · 행동 반응을 변화시킬 수 있다고 주장한다. 따라
서 사람들로 하여금 자신의 목표, 행동, 사고에 대해 정확하게 생각하도록
가르치는 방법이나, 자신의 인지와 세계관을 재구조화하거나 새로운 인
지 기술과 전략을 사용하여 비합리적 사고를 합리적 사고로 전환하는 것
을 강조한다. 그리고 행동이란 외적 사상뿐만 아니라 그 사상에 대한 개
인의 해석방법에 의해 결정된다고 주장하며, 개인의 사고, 감정, 행동 간
에는 상호작용적인 관계가 존재한다는 것이다(Bandura, 1986). 또한 이 모
델의 가장 주된 관심은 개인의 지각과 사고다. 정서 · 행동장애 아동의 인
지주의적 모델에 근거한 교육적 지원내용은 다음과 같다.

- 인지재구조화(귀인재훈련, 이완훈련, 주장훈련, 사고평가, 자기효율성훈련,
  문제해결치료 등)
- 합리적 정서치료(RET)
- 합리적 정서행동치료(REBT)

• 자기관리(자기교수, 자기점검, 자기평가, 인지전략교수 등)

5) 생태학적 모델

생태학적(ecological) 모델에서는 정서 · 행동장애의 원인으로 아동을 둘러
싸고 있는 환경을 강조한다. 이 모델의 이론가들은 일탈이란 환경 내 어
떤 다른 개인과의 상호작용에 달려 있다는 견해를 지지하기 때문에 '생태
학적'이라는 용어를 사용한다. 이 모델에서는 행동을 문제라고 규정하는
것은 바로 그 상황적 맥락이기 때문에 행동이 일어난 그 상황적 맥락에서
행동을 분리하여 논의하는 것은 아무런 의미가 없다고 주장한다(Coleman
& Webber, 2002).

생태학적 접근의 목적은 아동에 대한 환경적 기대와 그 기대를 충족시
킬 수 있는 아동의 능력 간의 차이를 줄이는 것으로, 기본 가정은 다음과
같다(Apter & Conoley, 1984). 첫째, 아동은 사회적 체계에서 분리될 수 없
는 한 부분이다. 둘째, 장애는 아동 내부의 질병이 아니라 체계 내 부조
화에 기인한다. 셋째, 부조화는 개인의 능력과 환경의 요구 또는 기대 간
의 차이로 볼 수 있다. 넷째, 중재의 목적은 체계가 작동하도록 만드는
것, 궁극적으로는 중재 없이도 체계가 작동하게 하는 것이다. 다섯째, 체
계 내 어떤 특정 부분에서의 개선은 체계 전체를 이롭게 한다. 여섯째, 중
재를 위한 아동, 환경, 태도와 기대라는 세 가지 측면의 변화가 필요하다.
정서 · 행동장애 아동의 생태학적 모델에 근거한 교육적 지원내용은 다음
과 같다.

• 긍정적 행동 지원
• 부모의 참여와 교육
• 재통합(reintegration)

3. 정서 · 행동장애 아동을 위한 보조공학

보조공학과 관련된 내용은 Boutot과 Myles(2010: 서경희, 이효신, 김건희, 2012, 재인용)의 『자폐스펙트럼장애: 특징과 효과적인 전략(Autism Spectrum Disorders: Foundations, Characteristics, and Effective Strategies)』을 참조하였다.

정서 · 행동장애 및 자폐스펙트럼장애(autism spectrum disorder: ASD) 아동들은 교육, 레크리에이션, 고용, 사회적인 것 등 삶의 영역 전반에서 공학으로부터 많은 혜택을 받을 수 있다. AT는 그들의 독립성을 증대시키고, 의사소통과 문해 기술을 발달시키고, 사회적 능력을 구축함으로써 정서 · 행동장애 및 ASD 학생을 도울 수 있다. 이것은 아동들의 삶에서 전반적인 능력을 향상시키고 일반적인 교육환경에의 접근성 증가로 교육의 기회를 평등하게 만드는 데 기여한다. 특히 시각적 자극이 많이 반영된 공학은 정서 · 행동장애 및 ASD 학습자에게 특별한 혜택이 될 수 있다. 정서 · 행동장애 및 ASD 아동의 일반적인 학습경향 중 하나는 시각적 학습자이고 사상가라는 점이다(Dettmer et al., 2000; Edelson, 1998; Grandin, 1995). 따라서 시각적 지원과 전략을 사용하는 AT는 정서 · 행동장애 및 ASD 학습자에게 많은 도움이 된다.

정서 · 행동장애 및 ASD를 가진 사람들을 위한 AT 서비스의 조항에 대한 결정이 이루어질 때, 진단보다는 인간의 기능과 관련된 요소에 결정근거를 두는 것이 중요하다. 진정한 문제는 자신의 환경 내에서 기능하는 데서 학생들이 요구하는 적절한 지원을 어떻게 제공할 것인가에 대한 어려움이다.

기능이라는 용어는 어떤 필요조건을 만족시키기 위한 요구에 대응하는 것으로 한 사람이 취하는 행동으로 정의될 수 있다. 국립보조공학연구소(NATRI)에서는 인간의 기능 영역 일곱 가지를 범주화하고 있다. 이 개념

화는 기능적 적용에 따라 보조적이고 적용할 수 있는 장치를 설치하고 범
주화하기 위해 Melichar(1978)가 제안한 것이다. 이러한 일곱 가지 범주는
다음과 같다.

1) 존 재

존재는 첫 번째이고 가장 기본적인 범주로서 삶을 지속시키는 데 필요
한 기능을 지칭한다. 이 기능은 수유, 배설, 목욕, 몸단장, 수면을 포함한
다. 정서 · 행동장애 및 ASD 아동을 위한 서비스는 해당하는 기능을 수
행하는 방법을 가르치는 데 초점을 맞추고, 수많은 장치가 이러한 기능을
수행하는 데서 아동을 돕기 위해 존재한다.

2) 의사소통

의사소통과 관련된 수많은 기능 중 구어적 표현과 쓰기 표현, 시각적 ·
청각적 수용, 정보의 내부적 처리과정, 사회적 상호작용이 있다. 공학의
사용은, 특히 보완/대체 의사소통(augmentative and alternative communication: AAC)
의 사용은 의사소통의 어려움이 ASD 아동에게 핵심적인 결손이라는 점을
고려해 볼 때, 엄청난 도움이 된다. AAC 체계는 하나의 "상징, 원조, 전
략, 그리고 의사소통을 강화하기 위해 개인에 의해서 사용되는 기법을 포
함하여 통합된 구성요소의 집합"이다(American Speech-Language-Hearing
Association, 1991: 10). 의사소통을 위한 시각체계의 특징들은 ASD 아동들
의 인지적 장점에 적합하다(Quill, 1995). 현장 전문가들은 ASD 아동의 의
사소통과 관련된 요구조건을 비추어 볼 때 현재, 그리고 미래에도 AAC
가 기능적 의사소통자로서 역할을 할 것이라고 주장한다(Beukelman &
Mirenda, 1998).

AAC 체계는 비교적 낮은 기술체계(예: 의사소통 게시판과 대화 책과 같이 배터리나 전자장치가 없는 간단한 적용)에서 높은 기술장치(예: 복잡한 전자장치나 컴퓨터 위주의 공학)에 걸쳐 그 범위가 존재할 수 있다. AAC 체계는 대체로 비도구적 의사소통체계와 도구적 의사소통체계 중의 하나로 분류될 수 있다. 비도구적 AAC 체계는 표현적 의사소통의 산물을 위한 어떤 종류의 외부적 의사소통장치를 요구하지 않고, 수어, 표정, 제스처, 비상징적 발성을 포함한다. 도구적 AAC 체계는 산출을 위한 외부적 의사소통장치를 요구하고 사진 의사소통 게시판과 음성출력 장치를 포함한다(Beukelman & Mirenda, 1998; Miller & Allaire, 1987).

의사소통 중재의 주된 강조는 자연스러운 환경 내에서의 기능적 의사소통기술 습득이다. 비록 구조화된 접근이 여전히 이용되지만, 오늘날 최고의 실행으로 강조되는 것은 자연스러운 일상과 환경에서의 기능적 언어를 사용하는 것이다(Beukelman & Mirenda, 1998; Calculator & Jorgensen, 1991). 기능적 의사소통은 "미리 결정된 목적을 성취하기 위한 실체적 언어의 사용이다. 기능적이기 위해서 언어는 다른 사람의 행동에 영향을 미쳐야 하고, 주어진 사회적 맥락에서 적절하고 자연스러운 결과를 가져와야 한다."(Calculator & Jorgensen, 1991) 기능적 의사소통은 ASD 아동의 강한 시공간적 장점과 읽기와 쓰기의 시각적 특성을 고려할 때, 읽고 쓰기 학습을 증진하는 데 도움이 될 것이다.

기능적 의사소통에 현대적이고 빈번하게 사용되는 한 예시는 그림교환 의사소통법(picture exchange communication system: PECS)이다. PECS 프로그램을 사용하는 실행자들은 학생들이 의사소통 상대에게 그림카드를 주면서 요구하고 의견을 말하도록 지도할 때 의사소통의 교환을 강조한다.

입력과 출력에 초점을 맞춘 수많은 AAC가 존재한다. 음성출력 의사소통 보조기(voice output communication aid: VOCA)는 합성되고 디지털화된 말을 생산하는 휴대가능한 AAC 장치다. 의사소통을 위해 출력방식을 사용하는 것에 덧붙여, AAC 중재는 또한 다른 사람으로부터 정보를 입력하는 데 사용되었다. 여러 가지 사례연구는 보완/대체 의사소통에 시각적 상징을 사용하는 것이 효율적이라는 것을 입증하였다(Hodgdon, 1995; Quill, 1997; Peterson et al., 1995). 여러 가지 '입력' 방식이 존재하고, 특히 시각적 일정표의 사용은 ASD 아동이 연속되는 활동을 이해할 수 있게 도와주는 시각적 표상에 접근하도록 하는 것이다. 시각적 일정표는 수많은 기술의 성취를 촉진하기 위한 많은 방식에서 사용되었다.

의사소통 범주의 필요성은 행동지원을 위한 필요성과 일치해야 한다. 즉, 문제행동을 대체하기 위해 기능적 의사소통 훈련이 필요하다. ASD를 가진 아동은 문제행동을 대체하기 위해 AAC를 사용하는 것을 배울 수 있다(Mirenda, 1997). AAC 형식은 문제행동에 기능적으로 동일한 기능을 해야만 하고(Horner et al., 1990), 체계적 접근으로 실행자들이 사용하기 쉽게 계획되어야 한다.

3) 신호지원, 보호, 위치 잡기

어떤 아동은 안정된 상태를 유지하기 위해 또는 몸의 일부분을 지지하기 위해 도움이 필요하다. 정서 · 행동장애 또는 ASD에 부가적으로 소근육 또는 대근육의 어려움, 감각적 어려움을 가진 아동들은 이 기능적 범주에서 AAC의 지원이 필요할 수 있다. 예를 들어, 무거운 조끼, 큰 볼, 촉각 장난감, 진동 펜, 스쿠터보드, 그네 종류 등의 지원과 투입으로 아동의 요구조건을 만족시킬 수 있다.

4) 이동과 유연성

이동과 유연성 범주의 기능에는 기기, 걷기, 계단 사용, 측면과 수직의 이동, 환경탐색이 해당한다. 휠체어, 특수 승강기, 지팡이, 워커, 개조된 세발자전거, 크러치 등이 이러한 기능을 지원하기 위해 사용될 수 있다.

5) 환경의 상호작용

환경은 수정될 수 있거나 아동이 환경을 수정할 수 있다. 환경의 상호 작용은 일상활동, 실내활동과 실외활동의 다수 수행에서 보이는 것처럼 이러한 적용과 연관된 기능을 포함한다. 예를 들어, 음식 준비, 전자제품의 작동, 시설에 접근하기, 삶의 공간 개조하기를 포함한다. 이 범주의 기능을 수행하기 위해서는 학교시설에 수정이 요구될 수도 있다.

6) 교육과 전이

교육과 전이 범주의 기능은 학교활동과 다양한 형태의 치료와 연계된 기능을 포함한다. 수많은 공학이 학교의 맥락 내에서 사용될 수 있고, 컴퓨터 보조 교수(computer-assisted instruction: CAI), 오디오 교수적 테이프, 확대경, 독서대, 교육을 촉진할 수 있는 다른 자료와 장비가 포함될 수 있다. CAI는 컴퓨터-처리 촉구, 시스템의 학습 프로그램, 공학 기반의 커리큘럼 적용, 단어 예측의 글쓰기 프로그램, 가상현실을 사용하는 것을 포함한다. 보드메이커와 같은 컴퓨터 소프트웨어는 언어 보드판이나 VOCA 전시를 위한 환경적으로 특정한 시각적 언어 도구의 창조를 가능하게 한다.

Picture-It, Pix-Writer, Writing with Symbols 2000과 같은 소프트웨어들은 구와 문장을 위한 상징적 표현을 제공하고 사회 상황 이야기와 수정된 커리큘럼상의 자료를 만들어 내는 데 사용될 수 있다. 또한 CAI는 독서부분에서 도움을 받을 수 있다. Chen과 Bernard-Optiz(1993)는 컴퓨터 모니터를 통한 강사의 학문적 과제전달을 비교했고, 성인-처리의 중재(adult-delivered intervention)보다는 CAI에 아동들이 더 많은 관심을 보이고 더 나은 수행을 한다는 것을 밝혀냈다. Heimann 등(1995)은 CAI 프로그램과 전통적인 교수 접근을 아동에게 수업하는 데 사용했다. ASD 아동은 전통적인 교수보다 CAI에서 현저한 성과를 거두었다. 특히, 가상환경(virtual environment: VE)이 특정한 기술을 습득하는 것을 촉진하였다. 여기서 VE는 컴퓨터로 만들어진 실제나 상상적인 환경의 3차원 시뮬레이션이다. ASD를 위해 최초로 만들어진 분야는 협력적 가상환경(collaborative virtual environment: CVE)의 사용이다. CVE는 AT로, 교육공학으로, 잠재적인 마음 이론 장애 중재 수단으로 사용되기 시작했다. CVE의 사용에는 가상현실 속의 아바타가 가장 중요하다. 사용자는 컴퓨터 환경 내에서 사용자의 정체성 재현물로 정의되는, 스스로 선택한 아바타를 사용해서 의사소통할 수 있다.

7) 스포츠, 피트니스, 레크리에이션

집단 및 개인적 놀이, 스포츠, 취미, 레저 시간과 연관된 기능이 이 기능범주에 포함된다. 활동에 참여하는 것을 증진시키기 위해서 이 범주에는 기능을 촉진할 수 있는 폭넓은 장비와 장치가 있다.

공학은 낮은 기술 수준의 그림 그리기에서 최첨단의 목소리 출력 시스템까지 위의 기능을 수행하기 위해 여러 가지 형태를 취할 수 있다. Blackhurst(1997)는 무기술(no-tech), 낮은 기술, 중간 기술, 높은 기술 도구에 걸쳐 있는 연속적인 공학 기반의 해결책을 제시하였다(〈표 10-2〉). 표에서 설명되듯이, 보조공학은 다른 장애를 가진 아동에게는 다른 목적을 위해 사용될 수 있다.

Handleman과 Harris(2000)는 ASD 아동을 위한 포괄적인 조기교육 프로그램에서 중요한 여러 가지 영역을 설명한다. 이러한 영역에는 사회적·

〈표 10-2〉 공학적 해결의 예

	접근을 증가시키는 공학	수업의 도구인 공학
무기술	물리 · 언어 · 작업치료사	체계적 교수절차
낮은 기술	고무손잡이가 있는 연필 찍찍이 붙이기 올라간 책상 휠체어	플래시 카드 오버헤드 프로젝트 칠판
중간 기술	휠체어 보청기	계산기 교수용 비디오테이프
높은 기술	적응형 키보드 소리 합성기 가상 실제 장치	교수용 컴퓨터 소프트웨어 상호작용 멀티미디어 시스템 하이퍼링크가 있는 컴퓨터 텍스트

출처: Blackhurst, E. (1997).

인지적 발달, 구어적 · 비구어적 의사소통, 적응 기술, 증가한 운동활동능력, 행동적 어려움의 개선이 있다. 이러한 영역은 조기교육 프로그램에서는 구체적이지 않다. 각 영역은 ASD를 가진 사람들의 삶의 모든 연령대에서 아주 중요하기 때문이다. 언급된 대로 AT는 포괄적인 교육 프로그램에서 학생들이 특정한 목적을 충족시키도록 돕기 위한 중재에 사용될 수 있기 때문에 여러 가지 형식을 취할 수 있고 많은 기능을 수행할 수 있다.

4. 정서 · 행동장애 아동을 위한 학업기술 지도

정서 · 행동장애 아동의 성공적인 학교교육 목적 성취를 위해서는 이들의 행동 측면만이 아니라 학업적 · 사회적 · 정서적 요구에도 동등하게 관심을 기울여야 하고, 학업기술은 행동관리기술 및 사회적 기술과 함께 이들에게 교수되어야 한다.

1) 효과적인 수업원리

(1) 학업 참여시간의 극대화

교사는 학생이 과제에 집중하여 학업에 참여하는 시간이 많아지도록 노력해야 한다. 학업과 관련된 시간에는 교사에게 집중하기, 수업자료에 집중하기, 교사의 질문에 답하기, 큰 소리로 읽기, 질문하기, 필기하기, 혼자서 과제 수행하기 등의 학생 행동들이 포함된다. 다음에서 정서 · 행동장애 학생들의 학업 참여시간을 극대화하기 위한 전략들을 살펴보고자 한다.

① 학업 참여시간을 증가시키기

학생이 과제에 집중하여 학업에 참여하는 시간이 증가하게 된다면, 문제행동은 감소하게 된다.

② 학업 참여시간을 극대화시키기 위한 수업 계획하기

교사는 수업 시작 전에 수업 교재 및 준비물을 미리 접근 가능한 장소에 배치하고, 과제를 어떻게 내 주고 어떻게 교정해 줄 것인지 미리 효과적으로 계획을 세워야 한다.

③ 효율적으로 시간 활용하기

교사는 교실에서 반복적으로 일어나는 일과들을 확인할 수 있도록 일과표를 만들고, 학습활동에 민첩하게 대응해야 하며, 학생에게 자주 질문하고 또한 명확한 설명을 제공해야 한다. 아울러 전이 시간을 효율적으로 관리하고, 과제에 집중하고 있는 학생에게 칭찬하고 강화함으로써 시간을 효율적으로 사용할 수 있다.

④ 학급관리 기술 개선하기

유능한 교사는 학생의 행동을 효율적으로 관리하며, 행동통제를 위해 많은 시간을 할애하지 않는다.

⑤ 학업 참여시간을 늘리기 위하여 학생을 강화하기

학업 참여시간을 늘리기 위한 효과적인 방법은 학생을 강화하는 것이다.

⑥ 학생의 학업 참여시간 비율을 점검하기

학생이 학업에 적극적으로 참여하는 시간의 양을 증가시키는 한 방법으로 교사는 학생들의 적극적인 학업참여비율을 점검해 볼 수 있다. 학업참여비율을 점검하기 위해 우선 학업과 관련된 행동으로 학업 참여행동을 정의한다. 학업 참여행동을 정의한 후에는 학생의 학업 참여시간을 기록하도록 하고, 학업 참여시간의 백분율을 계산한다. 절차의 정확성을 확보하기 위해 두 번 이상의 관찰회기를 갖는다. 학업 참여시간의 백분율은 대략 할당된 시간의 80~85% 정도가 되어야 한다(Algozzine, Ysseldyke, & Elliot, 1997; Walker, Colvin, & Ramsey,1995).

(2) 정확한 학업반응 형성

교사의 모델링, 긍정적인 말과 관심 주기, 정확한 피드백 제공하기와 같은 효과적인 교수행동의 수행은 학생의 더 많은 정확한 학업반응을 촉진할 수 있다. 정확한 학업반응은 학생의 학업성취의 증가뿐만 아니라 성공에 대한 내적귀인을 향상시킨다(Ellis, Worthington, & Larkin, 1994).

① 정확한 학업반응을 증가시키기

교사는 학생들이 반응할 기회를 증가시키고, 학생이 적절한 난이도의 활동에 참여하도록 한다.

② 반응기회를 증가시키기

반응기회를 증가시키는 방법으로 질문 많이 하기, 다 같이 대답하도록 요구하기, 능동적인 연습활동 계획하기 등이 있다.

③ 학생의 반응 정확성을 위해 피드백 제공하기

교사는 학생의 정반응에 강화를 제공하고, 잘못된 반응에는 즉각적으로 실수를 교정하고 올바른 답을 가르쳐 준다.

④ 학생의 정확한 학업반응률 점검하기

학생의 정확한 학업반응률을 점검하기 위해 우선 정확한 학업반응을 정의한다. 그 후 학업반응의 빈도를 점검하고, 관찰된 시간으로 학업반응의 빈도를 나눔으로써 정확한 학업반응률을 계산한다.

(3) 학업내용의 양 극대화

① 학업내용 증가시키기

학업내용을 극대화하기 위해서는 교사가 가르칠 교육과정의 내용준의 영역과 계열성을 결정해야 한다.

② 도달내용 점검하기

만약 학년 말까지 목표 도달속도가 느리다면, 교사는 과제 수행시간을 더 주거나, 수업을 위한 추가시간을 배당하거나, 도달해야 할 내용 중 중요도가 낮은 내용을 제외함으로써 도달속도를 가속시킨다.

(4) 학생의 수행능력에 적합한 과제 제시

학생의 수행수준에 적절하게 수업 과제와 교재를 제시함으로써 학업수행을 증가시키고, 학생의 소란행동을 감소시킬 수 있다. 이를 위해 학생 능력 사정이 필요하다.

학생의 능력을 사정하기 위해 표준화된 성취도검사와 규준지향검사가 유용하지만, 이러한 도구들은 학생의 능력에 적절한 과제를 제시하거나 학생의 진전도를 점검하기 위한 도구로는 적절하지 않다. 따라서 교사는 교사제작 교육과정 중심 사정(CBAs) 방법을 활용할 수 있다. 그런 다음 교사는 교육과정 중심 측정(CBM)과 같은 더 엄격한 연구로 타당화된 접근을 사용하여 학생의 진전도를 살펴보아야 한다(Deno, 1985, 1992, 1998; Dono, Marston, & Tindal, 1986).

(5) 학업내용 명시적 교수

유능한 교사는 학생에게 기술의 시범을 보이고, 개념을 설명해 주며, 많은 연습을 하도록 하고, 자주 복습하게 하면서 적극적으로 수업을 하는 명시적 교수(explicit teaching)를 수행한다. 명시적 교수는 작은 단계로 진행하면서, 학생의 이해 정도를 확인하고, 모든 학생에 의한 적극적인 성취와 성공적인 참여를 강조하는 체계적 교수법이다(Rosenshine, 1987). 〈표 10-3〉에 명시적 교수의 여섯 가지 기능이 제시되어 있다.

〈표 10-3〉 명시적 교수의 기능

교수기능	원리 · 목적	활동
매일 복습	학생이 사전에 소개된 요소를 학습하도록 하고, 새로운 지식과 기술을 습득하도록 하기 위하여	• 숙제 검사 • 질문하기

(계속)

제시	새로운 내용이나 기술을 가르치기 위하여	• 수업목표 말하기 • 작은 단계로 새로운 내용을 보여 주기 • 새로운 요소를 설명하고 제시하기 • 예시 제공하기 • 학생의 이해 정도를 체크하기 • 교정 피드백 제공하기
안내된 실행	학생에게 면밀히 관찰된 연습활동을 제공하기 위하여	• 추가적 도움과 함께 연습하기 • 자주 질문하기 • 교정 피드백 제공하기 • 다 같이 반응하도록 하기 • 학생이 유창해질 때까지 연습 계속하기 • 모든 학생이 참가하고 피드백을 받도록 하기
피드백과 교정	학생의 대답에 반응하기 위하여	• 학생이 옳게 반응하였다면 칭찬하기 • 학생이 맞았지만 주저하였다면 칭찬하고 과정에 대한 피드백을 주기 • 학생이 틀렸다면 칭찬하고 과정 피드백을 주고 필요하다면 다시 가르치기
혼자서 연습	학생이 유창하게 보충과제를 할 수 있도록 하기 위하여	• 과제수행 방법을 안내하여 학생이 독립적으로 같은 과제를 수행하도록 하기 • 교사와 학생의 접촉 빈도 줄이기 • 자습(예: 연습문제) • 컴퓨터 작업 또는 동료와의 협동학습 • 숙제
매주 매월 복습	학생이 배우고 습득해야 할 기술을 점검하기 위하여	• 매주 월요일 지난주 과제 복습하기 • 매달 넷째 월요일에 지난달의 과제 복습하기

출처: Yell, M. L. et al. (2005).

(6) 비계를 이용한 수업

교수적 비계는 학생이 배울 기회를 증가시키며, 동시에 오류 가능성을 줄이는 효과적인 지도전략이다. 유능한 교사는 학생의 학습에 비계를 만들어 주며, 교육과정에 의거하여 학생을 지도한 교사보다 높은 성취 점수

314

를 이끌어 낸다.

교사는 촉진전략을 사용하기, 새로운 개념이나 기술을 사용하기, 시범 보이기, 학생의 이해 점검을 위해 자주 질문하기를 함으로써 수업시간에 비계를 만들 수 있다. 또한 교사는 학생을 세밀하게 관찰하고 필요할 때 도움을 제공할 수 있는 안내된 연습활동 기회를 보장해야 하며, 학생의 이해 촉진을 위해 학습안내, 개요설명, 과제조직자 등을 사용하여 비계를 활용한 수업을 제공할 수 있다.

(7) 학생의 진보 점검하기

유능한 교사는 학생의 진보를 정기적으로 자주 점검한다. 진보도 점검을 위해서는 총괄평가가 아닌 형성평가를 수행하는 것이 효과적이다. 형성평가는 교사가 학생이 학습하고 있는 과정에서 정보를 수집하거나 학령기를 통하여 정기적으로 자주 정보를 수집하는 것이다.

2) 학업기술 중재전략

(1) 교사매개 학업기술 중재

교사매개 학업 중재(teacher-mediated academic interventions)는 교사나 관련 전문가들이 선행자극 및 후속결과를 관리하여 학업 중재를 실행하는 것으로 토큰경제, 그래픽 구성, 직접 교수 같은 구조화된 교수체계가 포함된다. 직접 교수는 교육내용을 가르치기 위한 효율적인 전략과 구조화된 방법을 사용할 수 있는 수업 프로그래밍을 강조한다. 직접 교수의 네 가지 주요 구성요소를 제시하면 다음과 같다(Marchand-Martella, Slocum, & Martella, 2004).

① 집단수업

학생이 집단으로 구성되어 그 집단의 모든 학생이 적절한 수업을 받을
수 있다.

② 학업 참여시간

교사는 수업에 충분한 시간을 할당하고, 학생들이 할당된 시간에 적극
적으로 참여하도록 해야 한다. 또한 학생은 수업시간 동안 높은 성취를
보여 주어야 한다.

③ 세심한 계획과 정확한 실행을 위한 각본

읽기, 수학 문제해결, 쓰기를 가르치는 것은 세심한 계획과 정확한 실
행이 필요하다. 그러므로 직접 교수 프로그램은 명확한 설명, 세심하게
선택되고 계열성 있는 예시의 제공, 세심하게 구조화된 시범교수와 같은
상세화된 각본을 포함한다.

④ 지속적 평가

지속적 평가를 통해 교사는 학생이 어떻게 학습하고 있는지에 대해 피
드백을 제공하고, 정보에 근거하여 수업 결정을 할 수 있다.

(2) 또래매개 학업기술 중재

또래매개 학업 중재(peer-mediated academic interventions)는 학생이 또래를 위
해 교사가 선정한 교수내용을 실행하는 것으로 또래교수, 학급 차원의 또
래교수, 연령 교차 교수, 또래 모델링, 협동학습 등이 포함된다.

① 학급 차원의 또래교수

또래교수 전략은 대상학생의 학업성취, 행동수행, 사회적 관계를 개선

시키는 데 효과적인 것으로 보고되고 있다. 또래교수는 학생의 과제 참여시간을 증가시키며, 연습할 기회와 피드백을 받을 기회를 더 많이 제공하며, 가르치는 학생과 배우는 학생이 모두 학업적 유익을 얻을 수 있다(Falk & Wehby, 2001). 학급 차원의 또래교수(Class Wide Peer Tutoring: CWPT)는 소집단으로 교육을 제공하는 또래교수 전략으로 교사는 학급의 모든 학생을 교사−학생 짝으로 구성할 수 있다(Green−wood & Delquadri, 1995).

② 또래보조 학습전략

또래보조 학습전략(the Peer-Assisted Learning Strategies: PALS)은 명백한 실행 지시문을 갖추어, 구조화되어 있고, 사용이 쉬우며, 읽기와 수학 교육을 보충하는 것으로 사용된다(Falk & Wehby, 2001; Fuchs, Fuchs, Mathes, & Simmons, 1997). PALS는 높은 기능 수준의 학생(코치)과 낮은 수행 수준의 학생(선수)이 짝이 되어 일주일에 두세 번씩 수학이나 읽기 학습을 한다. 학생들은 코치와 선수 역할을 번갈아 하기 때문에 두 사람 모두 가르치고 배우는 이득을 얻게 된다(Al Otaiba & Rivera, 2006; Falk & Wehby, 2001). 정서 · 행동장애 학생 대부분은 코치할 능력이 있지만, 먼저 행동의 시범을 보여 줄 누군가가 필요하다.

③ 협동학습 전략

협동학습 전략은 학생을 작은 집단으로 구성하여 함께 학습하게 하는 것이다. 또래교수처럼 협동학습은 학생의 수업 참여행동을 증진시키고 활발한 학습활동을 조장하며(Jenkins et al., 2003), 통합학급에서 정서 · 행동장애 학생과 비장애학생 간의 긍정적인 상호작용을 촉진한다(Putnam et al., 1996).

협동학습 전략은 다음의 절차에 따라 실행된다.

- 가르칠 학업목표와 협동학습목표를 수업 전에 확인한다.
- 집단의 크기(일반적으로 6명 이하)와 구성을 결정한다.
- 집단구성원의 역할을 부여한다.
- 학생에게 학습과제와 협동목표를 설명한다.
- 집단의 진도를 점검하고 필요하다면 조정한다. 과제에 대한 피드백을 제공한다.
- 학생 개인의 학습, 집단의 성과, 협동기술을 평가한다.

(3) 아동매개 학업기술 중재

아동매개 학업중재(child-mediated academic interventions)는 학생들에게 스스로 학업중재를 실행하고 관리하는 책임을 부여한다. 아동매개 중재는 자기교수, 목적설정, 자기평가, 전략지도 등을 포함한다. 개인지도 시스템(Personalized System of Instruction: PSI)은 아동매개 학업중재 중 하나로 전통적 교수법의 대안적 방법이라 할 수 있다(Keller, 1968).

PSI는 학업중재를 실행하고 관리하는 책임을 학생에게 부여한다. 학생은 자신의 속도로 교과의 단원을 공부하고, 다음 단계로 넘어가기 전에 각 단계를 숙달한다. 선정된 또래들이 안내와 격려를 제공하며, 학생들은 과제를 완성하면 보상을 얻는다(Keller, 1981).

PSI의 다섯 가지 주요 구성요소는 다음과 같다. 첫째, 학생은 자신의 속도로 수업을 진행해 나간다. 둘째, 학생은 다음 단원으로 넘어가기 전에 각 단원을 숙달해야 한다. 셋째, 교사-개입 강의와 시범은 동기화의 매체로서 가끔만 사용된다. 넷째, 교사와 학생은 주로 문자를 통하여 의사소통한다. 다섯째, 프로그램 실행을 보조하기 위해 반장을 둔다.

PSI에서 교사는 동기를 부여하고 촉진자의 역할을 하며, 학생들이 학습절차를 완성할 수 있도록 방법을 제안한다. 수많은 연구가 전통적 교수법에 비해 PSI가 더 강력한 교수법임을 입증하여 왔으나, 교사가 학생을 위한 개별화된 내용을 준비해야 하기 때문에 많은 교사가 자료준비에 부담을 느낀다(Boyce & Hineline, 2002). 이 문제를 극복하기 위해 PSI의 컴퓨터판이 개발되었다. 컴퓨터 보조 개인지도 시스템(The Computer-Aided Personalized System of Instruction: CAPSI)은 PSI와 유사하다고 할 수 있다.

3) 정서 · 행동장애 아동을 위한 조절과 수정

통합학급에 정서 · 행동장애 아동이 증가하고 있는 실정이다. 따라서 교사들은 다양한 아동의 학업적 요구를 충족시키기 위해 일반교육 학급이나 교과목을 조절하고 수정해야 할 필요가 있다(윤점룡 외, 2013).

(1) 조절

조절(accommodations)은 교수 전달방식, 학생 수행방법, 혹은 평가방법을 변경하는 것이다. 조절은 교육과정의 내용이나 난이도를 많이 변경하지 않으며, 교수 전달방식을 변경하기 위해 표준적인 강의형태를 일련의 짤막한 학습활동으로 바꾸거나 그래픽 구성, 안내노트, 기억증진 전략, 구체

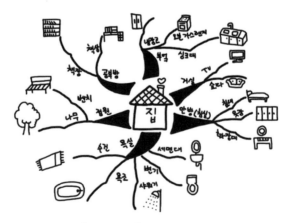

[그림 10-1] 그래픽 구성의 예

물 사용 등을 수업에 사용한다.

그래픽 구성(graphic organizer)은 그래픽을 이용해 연결된 내용이나 정보가 포함된 단어들을 시공간적으로 배열하는 것으로, 학생이 정보의 비교와 대조 혹은 원인과 결과의 이해를 통하여 사전지식이나 핵심개념을 조직화하도록 돕는 시각적 기법이다. 교사나 학생은 그래픽 구성을 사용하기 위해 주제를 선택하고, 이후 주제와 관련된 핵심단어나 주요개념을 브레인스토밍하고 그것을 그래픽 구성에 정리한다.

안내노트는 교육과정 내용을 조직하고 강화하여 정서·행동장애 학생과 통합학급 또래학생들에게 수업 중에 적극적으로 참여하는 방법을 제공하는 방법이다. 안내노트는 중요한 사실, 개념 및 관계성을 기록하도록 표준단어와 특정여백을 남겨 두어 학생에게 강의를 안내하도록 하는 교사 제작 인쇄물이다.

기억증진 전략은 정서·행동장애 아동에게 효과적으로 교수를 전달할 수 있는 또 다른 방법이다(Cade & Gunter, 2002). 기억증진 전략은 회상을 위한 명백한 전략들을 가지고 정보를 제시하는 방법으로 정서·행동장애 아동들이 친숙하지 않은 다량의 정보를 기억하도록 돕거나 두 개 이상의 사실 혹은 개념들을 관련짓도록 하기 위해 가장 일반적으로 사용된다. 기억증진 전략은 단어의 철자를 기억하는 데 사용되기도 한다. 기억증진 전략 중 문자 전략은 머리글자와 어구 만들기가 있다.

교수 전달방식을 변경하는 것 외에, 교사는 학생의 수행방법을 변경시킬 수도 있다. 또래교수와 협동학습활동은 학생의 수행을 위한 두 가지 대안적인 전략이다. 통합학급에서 적용할 수 있는 또 다른 조절방법으로는 학생에게 필기 대신에 수업내용을 녹음할 수 있도록 하거나 녹화하도록 하는 것이다. 또한 교사는 시험시간을 더 주거나, 시험문제를 적게 내주거나, 학생에게 시험문제를 읽어 주는 등의 방법으로 학생의 진전에 대한 평가를 할 수 있다.

(2) 수정

수정은 조절처럼 교육과정, 교수 목표와 방법 등을 변경하는 것으로, 시간과 노력이 더 많이 필요하기 때문에 일반교육 교실에서 시행하기가 조절보다 어렵다고 할 수 있다. 대표적인 세 가지 형태의 수정은 다수준 교수, 중복교육과정, 계단식 과제 등이다.

- 다수준 교수를 시행할 때, 교사는 모든 학생에게 동일한 교육과정을 적용하지만, 서로 다른 교육목표를 설정할 수 있으며, 난이도가 다른 교재와 교구를 제공할 수 있다. 예를 들어, 학급 전체가 덧셈을 공부할 때 덧셈의 개념을 이해하기 어려워하는 학생에게는 구체물을 사용하여 계산하고, 기능수준이 높은 학생에게는 구체물 없이 계산하도록 할 수 있다.
- 중복교육과정은 동일한 학급 내에서 학생들이 서로 다른 교육과정으로 자신의 적절한 학습목표를 달성하도록 하는 기회를 제공하는 것이다.
- 계단식 과제는 교사가 학습내용의 시범을 보이고 학생들에게 개별적 능력 수준에 따라 서로 다른 과제를 제공하는 것이다.

정서 · 행동장애 아동들은 일반교육 교실에서 개별화교육 프로그램을 통하여 조절과 수정을 제공받을 권리를 가지며, 이러한 수정과 조절을 통하여 학업 성공의 기회를 갖는다.

<이 장의 연구과제>

1. 정서·행동장애 영역에서의 보조공학의 필요성에 대해 토론해 보자.
2. 정서·행동장애의 교육적 요구와 그에 따른 보조공학의 쓰임에 대해 발표해 보자.
3. 정서·행동장애 아동을 위한 학업기술 지도를 적용한 수업지도안을 작성해 보자.

참고문헌

윤점룡, 이상훈, 문현미, 서은정, 김민동, 문장원, 이효신, 윤치연, 김미경, 정대영, 조재규, 박계신(2013). 정서 및 행동장애아교육. 서울: 학지사.

「장애인 등에 대한 특수교육법」

Al Otaiba, S., & Rivera, M. O. (2006). Individualizing guided oral reading fluency instruction for students with emotional and behavioral disorders. *Intervention in School and Clinic, 41*(3), 144-149.

Algozzine, B., Ysseldyke, J., & Elliot, J. (1997). Strategies and tactics for effective instruction. *Teaching Exceptional Children, 26*(3), 34-36.

American Psychiatric Association. (2013). *Diagnostic and statistical manual of mental disorders* (5th ed.). Washington, DC: American Psychiatric Publishing.

American Speech-Language-Hearing Association. (1991). Report: Augmentative and Alternative communication. *ASHA, 33*(Suppl. 5), 9-12.

Apter, S. J., & Conoley, J. C. (1984). Childhood behavior disorders and emotional disturbance. Englewood Cliffs, NJ: Prentice Hall.

Bandura, A. (1986). *Social foundations of thought and action: A social cognitive theory*. Englewood Cliffs, NJ: Prentice Hall.

Beukelman, D. R., & Mirenda, P. (1998). *Augmentative and alternative communication: Management of severe communication disorders in children and adults* (2nd ed.). Baltimore: Brookes.

Blackhurst, E. (1997, May/June). Perspectives on technology in special education. *Teaching Exceptional Children, May/June, 29*, 41–48.

Boutot, E. A., & Myles, B. S. (2010). 자폐스펙트럼장애: 특징과 효과적인 전략 (서경희, 이효신, 김건희 공역). 서울: 시그마프레스.

Boyce, T. E., & Hineline, P. N. (2002). Interteaching: A strategy for enhancing the userfriendliness of behavioral arrangements in the college classroom. *The Behavior Analyst, 25*, 215–226.

Cade, T., & Gunter, P. L. (2002). Teaching students with severe emotional or behavioral disorders to use a musical mnemonic technique to solve basic division calculations. *Behavioral Disorders, 27*(3), 208–214.

Calculator, S., & Jorgensen, C. M. (1991). Integrating AAC instruction into regular education settings: Expounding on best practices. *Augmentative and Alternative Communication, 7*, 204–212.

Chen, S. H. A., & Bernard-Optiz, V. (1993). Comparison of personal and computer-assisted instruction for children with autism. *Mental Retardation, 31*, 368–376.

Coleman, M. C., & Webber, J. (2002). *Emotional and behavioral Disorders: Theory and practice*. Boston: Allyn and Bacon.

Deno, S. L. (1985). Curriculum-based measurement: The emerging alternative. *Exceptional Children, 52*(3), 219–232.

Deno, S. L. (1992). The nature and development of curriculum-based measurement. *Preventing School Failure, 36*(2), 5–10.

Deno, S. L. (1998), Academic progress as incompatible behavior. *Beyond Behavior, 9*(3), 12–17.

Dettmer, S., Simpson, R. L., Myles, B. S., & Ganz, J. B. (2000). The use of visual supports to facilitate transitions of students with autism. *Focus on Autism and Other Developmental Disabilities, 15*, 163–169.

Dono, S. L., Marston, D., & Tindal, G. (1986). Direct and frequent curriculum-based measurement: An alternative for educational decision making. *Special Service in the Schools, 2*(2-3), 5-27.

Edelson, S. M. (1998). Learning styles and autism. From http://www.autism.org, retrieved January 16, 1998.

Ellis, E. S., Worthington, L. A., & Larkin, M. J. (1994). *Research synthesis on effective teaching principles and the design of quality tools for educators*. University of Oregon: National Center to Improve the Tools of Educators.

Falk, K. B., & Wehby, J. H. (2001). The effects of peer-assisted learning strategies on the beginning reading skills of young children with emotional or behavioral disorders. *Behavior Disorders, 26*(4), 344-359.

Fuchs, D., Fuchs, L. S., Mathes, P. G., & Simmons, D. C. (1997). Peer-assisted learning strategies: Making the classrooms more responsive to diversity. *American Educational Research Journal of Special Education, 34,* 174-206.

Grandin, T. (1995). How people with autism think. In E. Schopler & G. Mesibov (Eds.), *Learning and cognition in autism: Current Issues in autism* (pp. 137-156). New York: Plenum Press.

Green-wood, C. R., & Delquadri, J. (1995). Classwide peer tutoring and the prevention of school failure. *Preventing School Failure, 39*(4), 21-25.

Handleman, J. S., & Harris, S. L. (2000). *Preschool education programs for children with autism*. Austin, TX: Pro-Ed.

Heimann, M., Nelson, K. E., Tjus, T., & Gilberg, C. (1995). Increasing reading and communications skills in children with autism through an interactive multimedia computer program. *Journal of Autism and Developmental Disorders, 25,* 459-480.

Hodgdon, L. (1995). *Visual strategies for improving communication*. Troy, MI: QuirkRoberts.

Horner, R. H., Dunlap, G., Koegel, R. L., Carr, E. G., Sailor, W., Anderson,

J., Albin, R. W., & O'Neill, R. E. (1990). Toward a technology of nonaversive behavior support. *Journal of the Association for Persons with Severe Handicaps, 10*(3), 40-44.

Jenkins, J. R., Antil, L. R., Wayne, S. K., & Vadasy, P. F. (2003). How cooperative learning works for special education and remedial students. *Exceptional Children, 69*(3), 279-292.

Kauffman, J. M., & Landrum, T. J. (2013). *Characteristics of emotional and behavioral disorders of children and youth* (10th ed.). Upper Saddle River, NJ: Pearson Education. Inc.

Keller, F. S. (1968). Good-by teacher… *Journal of Applied Behavior Analysis, 1*, 79-89.

Keller, F. S. (1981). *PSI grune Heinrtch* (Vol. I). Munich: Deutsch-Meister -Verlag.

Marchand-Martella, N. E., Slocum, T. A., & Martella, R. C. (2004). *Introduction to direct instruction*. Boston: Pearson/Allyn & Bacon.

Melichar, J. F. (1978). ISAARE: A description. *AAESPH Review, 3*, 259-268.

Miller, J. F., & Allaire, J. (1987). Augmentative communication. In M. A. Snell (Ed.), *Systematic instruction of persons with severe handicaps* (3rd ed., pp. 273-296). Upper Saddle River, NJ: Merrill/Pearson Education.

Mirenda, P. (1997). Functional communication training and augmentative communication: A research review. *Augmentative and alternative communication, 13*, 207-225.

Oland, A. A., & Shaw, D. S. (2005). Pure versus co-occurring externalizing and internalizing symptoms in children: The potential role of socio -developmental milestones. *Clinical Child and Family Psychology Review, 8*(4), 247-270.

Peterson, S., Bondy, A., Vincent, Y., & Finnegan, C. (1995) Effects of altering communicative input for students with autism and no speech: Two case studies. *Augmentative and alternative communication, 11,* 93-100.

Putnam, J., Markovchick, K., Johnson, D. W., & Johnson, R. T. (1996). Cooperative learning and peer acceptance of students with learning disabilities. *The Journal of Social Psychology, 136*(6), 741–752.

Quill, K. A. (1995). Visually cued instruction for children with autism and Pervasive Developmental Disorders. *Focus on Autistic Behavior, 10,* 10–20.

Quill, K. A. (1997). Instructional considerations for young children with autism: The rationale for visually cued instruction, *Journal of Autism and Developmental Disorders, 27,* 697–714.

Rosenshine, B. (1987). Explicit teaching and teacher training. *Journal of Teacher Education, 38*(3), 34–36.

Walker, H. M., Colvin, G., & Ramsey, E. (1995). Antisocial behavior in schools: *Strategies and best practices.* pacific Grove, CA: Brooks/Cole.

Yell, M. L., Meadows, N. B., Drasgow, E., & Shriner, J. G. (2005). 정서행동장애 학생교육 (곽승철, 임경원, 변찬석, 박계신, 황순영 공역). 경기: 교육과학사.

제 **11** 장

특수교육공학

지적장애 아동을 위한 특수교육공학

〈이 장의 개요〉

이 장에서는 지적장애 아동을 위한 특수교육공학에 관해 살펴볼 것이다. 이 장의 주요 내용은 지적장애 아동에 대한 이해, 지적장애 아동의 특수한 교육적 요구, 지적장애 아동을 위한 보조공학, 지적장애 아동을 위한 수업설계 등이다.

〈이 장의 학습목표〉

1. 지적장애 정의의 구성요소를 기술할 수 있다.
2. 지적장애의 특성에 따른 교육적 요구에 대해 설명할 수 있다.
3. 지적장애의 특성에 따른 보조공학의 역할과 쓰임을 설명할 수 있다.
4. 지적장애 아동을 위한 교수 · 학습방법의 원리와 절차를 설명할 수 있다.

지적장애는 추상적인 사회적 구성 개념이다. 따라서 시대의 관점에 따라 지적장애에 대한 용어와 정의도 변화하여 왔다. 이에 이 장에서는 국내외의 다양한 지적장애 정의와 분류체계를 통해 정신지체의 특성을 살펴보고자 한다. 또한 지적장애의 교육적 요구를 알아보고, 그에 따른 보조공학을 제안하고자 한다. 마지막으로 지적장애 아동을 위한 교수 · 학습방법을 제안한다.

1. 지적장애의 이해

1) 지적장애 정의

지적장애는 추상적인 개념이므로 지적장애를 이해하기 위해서는 국내외의 주요 정의를 살펴볼 필요가 있다. 우리나라의 「장애인 등에 대한 특수교육법」(2008)에서는 지적장애를 다음과 같이 정의한다.

> 지적장애를 지닌 특수교육대상자란 지적기능과 적응행동상의 어려움이 함께 존재하여 교육적 성취에 어려움이 있는 사람을 말한다.

지적장애는 「장애인복지법」의 장애유형으로 분류되며, 다음과 같이 정의한다.

> 지적장애인은 정신발육이 항구적으로 지체되어 지적 능력의 발달이 불충분하거나 불완전하고 자신의 일을 처리하는 것과 사회생활에 적응하는 것이 상당히 곤란한 사람

국내의 두 정의를 살펴보면 지적장애의 특성이 두 가지로 요약된다. 첫째, 지적장애는 지적기능상의 어려움이 있다. 둘째, 지적장애는 적응행동상의 어려움이 있다. 국내에서는 간단하게 지적장애를 정의하고 있으나, 국내에 영향을 준 국외의 다양한 정의는 구체적으로 지적장애를 정의하고 있다.

미국의 대표적인 지적장애 관련 단체인 미국지적발달장애협회(American Association on Intellectual and Developmental Disabilities: AAIDD)는 2007년 이후 '정신지체'라는 용어 대신에 '지적장애'로 명칭을 바꾸어서 사용하고 있으며, 지적장애를 다음과 같이 정의한다.

> 지적장애는 지적 기능성과 개념적·사회적·실제적 적응기술로 표현되는 적응행동에서 유의미한 제한성을 가진 장애로 특징지어진다. 이 장애는 18세 이전에 발생한다.

유사하게 미국 심리학회(America Psychology Association: APA)는 지적장애 정의에 연령을 함께 명시하고 있다. APA에서 발간한 1996년 『정신지체의 진단과 전문적 치료를 위한 지침서』에서는 정신지체라는 용어를 사용하며 다음과 같이 정의한다.

> 정신지체란 (a) 일반적인 지적기능에서의 유의한 제한성, (b) 동시에 적응

> 기능에 유의한 제한성, (c) 이 두 가지 모두 22세 이전에 시작되어야 한다.

미국 정신의학회(American Psychology Association: APA)가 2000년 발간한 정신장애의 진단 및 통계편람인 DSM-IV-TR에서 다음과 같이 정의한다.

> 정신지체는 개별적으로 실시한 지능검사에서 일반적인 지적기능이 유의미하게 평균 이하이고, 개인의 연령과 또래집단에서 기대되는 적응기능기술(의사소통, 자조, 가정생활, 사회/대인기술, 지역사회 지원 이용, 자기지시, 기능적 학업기술, 작업, 여가, 건강, 안전) 중 적어도 2개 이상의 영역에서 현저한 손상을 보이며, 18세 이전에 발생한다.

지금까지 살펴본 지적장애 정의를 종합해 보면, 지적장애는 네 가지로 요약할 수 있다. 첫째, 지적능력이 평균 이하다. 둘째, 적응행동 수준이 평균이하다. 셋째, 지적능력과 적응행동의 결함이 함께 나타난다. 넷째, 발달단계의 연령대에 나타난다.

2) 지적장애 분류

지적장애는 장애 정도에 따라 다양하게 분류되어 왔다. 과거에는 검사결과에 따라 장애 정도를 교육가능급, 훈련가능급, 보호가능급으로 분류하였다. 그런데 AAIDD는 지적장애 아동의 기능과 지원환경에 관심을 두고 간헐적 지원(intermittent), 제한적 지원(limited), 확장적 지원(extensive), 전반적 지원(pervasive)으로 분류할 것을 권고하였다. 간헐적 지원은 필요할 때 일회적으로 지원하는 것이며, 제한적 지원은 일정한 시간 동안 일관성 있게 지원하는 것을 의미한다. 확장적 지원은 정해진 환경에서 계속적인 지원을 제공하는 것이며, 전반적 지원은 전반적인 환경에서 지원을 제공하는 것을 의미한다.

한편 미국 심리학회는 지적장애의 장애 정도에 따라 〈표 11-1〉과 같이 분류하였다(강영심 외, 2010 재인용). 즉, 지능지수와 적응기능을 함께 고려하여 경도, 중등도, 중도, 최중도로 분류할 수 있다.

〈표 11-1〉 장애 정도별 지적장애 분류

분류	지능지수		적응기능 범위
	범위	표준편차	
경도(mild)	55~70	-2SD	2개 이상의 영역
중등도(moderate)	35~54	-3SD	2개 이상의 영역
중도(severe)	20~34	-4SD	모든 영역
최중도(profound)	20 미만	-5SD	모든 영역
정도를 세분할 수 없음	표준화된 검사에 의해 지능을 측정할 수 없음		

2. 지적장애 아동의 특수한 교육적 요구

앞서 지적장애 분류에서 살펴보았듯이, 지적장애는 지능과 적응행동을 함께 고려해서 장애 정도에 따라 경도, 중등도, 중도, 최중도로 분류할 수 있다. 즉, 지적장애를 이와 같이 분류하는 것은 장애 정도별로 특성과 교육적 요구가 다르다는 것을 의미한다. 따라서 이 장에서는 지적장애를 크게 경도 지적장애와 중도 지적장애로 나누어서 그 특성과 교육적 요구를 살펴보고자 한다.

1) 경도 지적장애에 대한 교육적 요구

경도 지적장애 아동은 전체 지적장애 아동 중에서 지능과 적응행동 수준이 가장 높다. 이에 학령기가 되기 전까지는 장애를 인지하지 못하는 경우가 있다. 학령기가 되어 학습과 행동 측면에서 문제가 드러나면서 교육적 지원이 요구된다. 경도 지적장애의 주요 특성을 다음과 같이 요약할 수 있다(Beirne-Smith et al., 2006; Taylor et al., 2005).

- 먼저 경도 지적장애 아동의 인지 · 학습 측면에서의 특성은 다음과 같다.
  - 주의집중 시간이 짧으며, 선택적 주의집중 능력이 부족하다.
  - 단기 기억력이 낮다.
  - 새로운 지식을 일반화하고 적용하는 데 어려움이 있다.
  - 추상적인 사고능력이 부족하다.
  - 읽기, 쓰기, 수학 등 교과 전반에 걸쳐 지체를 보인다.

- 경도 지적장애 아동의 학습문제에 대한 교육적 지원내용은 다음과 같다.

> - 자신의 주의를 모니터링하는 방법을 교수한다.
> - 단기 기억력의 결함을 보완하기 위해서 학습 전략을 교수한다.
> - 새로운 과제를 여러 상황에서 교수하고 적용하도록 한다.
> - 추상적인 개념을 가르칠 때, 구체적인 예를 제공한다.
> - 기초학습기능의 습득을 위한 전략을 제공한다.

- 경도 지적장애 아동의 언어 측면에서의 특성은 다음과 같다.
  - 언어규칙의 습득이 지체된다.
  - 어휘의 습득이 지체된다.
  - 말장애(조음장애, 음성장애, 유창성장애)가 나타난다.

- 경도 지적장애 아동의 언어문제에 대한 교육적 지원내용은 다음과 같다.

  - 언어모델을 제공한다.
  - 언어를 다양한 목적으로 사용할 기회를 제공한다.
  - 음성언어를 사용한 의사소통을 촉진한다.

- 경도 지적장애 아동의 행동 측면에서의 특성은 다음과 같다.
  - 사회적 적응능력이 부족하다.
  - 사회적 지각 및 인식이 부족하다.
  - 자아존중감이 낮다.
  - 또래에게 잘 수용되지 못한다.

- 경도 지적장애 아동의 행동문제에 대한 교육적 지원 내용은 다음과 같다.

  - 사회적 기술 향상을 위한 프로그램을 제공한다.
  - 적절한 행동에 대해 강화를 제공한다.
  - 또래를 역할모델로 참여시킨다.

2) 중도 지적장애에 대한 교육적 요구

중도 지적장애는 경도 지적장애보다 더 많은 지원이 요구되며, 지적장애 분류에서의 중등도, 중도, 최중도 지적장애를 모두 포함한다. 중도 지적장애의 경우 장애가 눈에 띄는 경우가 많으며, 다른 장애보다 집중적인 지원이 요구된다. 중도 지적장애의 주요 특성을 다음과 같이 요약할 수 있다(Beirne - Smith et al., 2006; Taylor et al., 2005).

• 먼저 중도 지적장애 아동의 특성은 다음과 같다.
  - 적응기술의 발달이 지체된다.
  - 새로운 기술을 습득하는 속도가 느리다.
  - 습득한 지식을 다른 상황에 적용하는 데 어려움을 갖는다.
  - 문제행동을 보인다.
  - 언어발달이 지체된다.

• 중도 지적장애 아동에 대한 교육적 지원내용은 다음과 같다.

  - 기능적 교육과정에 근거하여 일상생활에 필요한 기술들을 반복적으로 가르친다.
  - 새로운 기술이 일반화될 수 있도록 다양한 상황에서 가르치고 강화를 제공한다.
  - 행동분석을 통해 문제행동을 확인하고 행동수정기법을 적용한다.
  - 의사소통 훈련을 제공한다(모델이나 프로그램의 모방을 통한 연습).
  - 의사소통을 할 수 있도록 보조장치를 활용한다(예: 수화, 의사소통기기).

3. 지적장애 아동을 위한 보조공학

지적장애 아동에게 필요한 핵심 기술을 다섯 가지 행동으로 범주화하면, 독립생활 기술, 의사소통, 사회적 상호작용 및 관계, 교과 학습 기술, 전환 및 지역사회 생활 기술을 들 수 있다(Taylor et al., 2005). 이러한 핵심 기술의 기능적 향상과 유지를 위해 보조공학을 활용할 수 있다. 보조공학이 지적장애 아동에게 주는 유용성은 네 가지로 요약된다(Beirne-Smith et al., 2006).

• 일상적 제한점들을 보상해 줌으로써 독립적 생활을 돕는다.
• 타인에 대한 의존성을 줄임으로써 지역사회에의 통합을 돕는다.
• 수업 활동의 참여를 돕는다.
• 학습에 흥미를 유발하고 상호작용을 촉진한다.

즉, 지적장애 아동이 장애를 보완하여 독립적인 학습과 생활을 영위할 수 있도록 돕기 위한 보조공학기기를 다음에 제시하였다.

1) 학습을 촉진하기 위한 보조공학

지적장애 아동의 학습을 보조하기 위한 수단으로 컴퓨터 프로그램과 장치를 사용할 수 있다. 지적장애 학생들이 컴퓨터를 사용할 때, 일반적인 컴퓨터 장치를 사용하는 데 어려움이 있는 경우 장애의 특성에 맞게 수정되거나 개발된 장치를 제공해야 한다.

(1) 컴퓨터 키보드

일반적인 키보드 사용에 어려움이 있는 경우 키보드를 수정하여 사용할 수 있다.

- 자주 사용하는 키보드에 밝은 스티커를 붙여서 사용한다.
- **안내 키보드**(key guards): 일반 키보드에 덮어서 사용하는 보조장치로 프로그램에서 사용하는 자판들만 누를 수 있도록 구멍을 낸 축소 키보드다.
- **터치스크린**(touch screen): 펜이나 손가락을 사용해서 화면에 제시된 대상을 손으로 짚음으로써 컴퓨터를 작동할 수 있도록 한다(제8장 지체장애 아동을 위한 특수교육공학 참조).

(2) PDA

PDA(Personal Digital Assistance)는 손에 들고 다닐 수 있는 크기의 일종의 초소형 컴퓨터다. 즉, 자신이 기억해야 하거나 관리해야 할 업무를 언제 어디서나 처리하고자 하는 의미에서 사용되는 휴대형 기기다. PDA는 PC와 연결하여 동기화할 수 있기 때문에, 모든 데이터가 PDA와 PC 2곳에 저장되며 어느 한 곳의 데이터가 변동되면 다른 쪽의 데이터도 자동으로 변환된다는 장점이 있다. 학습 상황에서 유용하게 활용할 수 있는 PDA의 기능은 다음과 같다.

- 행동을 스스로 모니터링한다.
- 점수를 스스로 기록하고 발달 정도를 모니터링한다.
- 교사에게 강의 노트와 내용을 전송받는다.
- 계산기 기능을 사용한다.

(3) 태블릿 PC

태블릿 PC(Tablet PC)는 터치스크린을 주입력장치로 장착한 휴대용 PC이며, 개인이 직접 갖고 다니면서 조작할 수 있는 기기다. 태블릿 PC는 인터넷 검색과 이메일, 동영상·음악 재생, 전자책 읽기, 게임 등 다양한 기능을 갖춘 휴대용 PC다. 이는 기존의 컴퓨터에서 사용하던 기능을 그대로 구현할 수 있으며, 휴대성을 갖추어 시공간의 제약을 받지 않고 사용할 수 있다는 편리함 때문에 교육현장에서의 활용도가 높다. 최근 전자 교과서의 보급에 따라 특수교육현장에서도 태블릿 PC의 활용도가 높아지고 있다(권정민, 2011).

(4) 소프트웨어 프로그램

교육현장에서 지적장애 아동의 기초학습기능 향상을 위해 학습용 소프트웨어를 활용할 수 있다. 이는 학습을 촉진하며, 학습에 대한 흥미와 동기를 유발할 수 있어 교육현장에서 유용하게 사용할 수 있다. 학습용 소프트웨어를 개발하거나 개발된 프로그램을 선택하여 사용할 경우, 〈표 11-2〉에 제시된 지표를 고려할 필요가 있다.

〈표 11-2〉학습용 소프트웨어 평가지표

	정보제시	√
1-1.	화면의 구성과 정렬이 복잡하지 않고 이해하기 쉽다.	
1-2.	화면의 도안이 학생의 주의와 흥미를 끌 수 있도록 세련되고 직관적으로 제시되어 있다.	
1-3.	그림과 애니메이션의 배치와 움직임이 적절하다.	
1-4.	배경색, 전경색, 문자색 등의 가시도가 적절하다.	
1-5.	문자의 크기와 모양이 적절하다.	
1-6.	화면에서 친밀한 형상의 안내자가 학생의 연령에 맞고 이해하기 쉬운 문자 및 음성으로 안내한다.	

(계속)

1-7.	배경음악과 효과 음향이 짧고 사용 여부를 선택할 수 있다.
1-8.	메뉴와 버튼의 기능이 음성( ), 문자( ), 그림( )으로 명확히 제시된다.
1-9.	음성과 문자 등 안내가 명확하고 매체의 형태를 선택할 수 있다.
1-10.	교사에게 관련 학습주제 및 학습방법 안내자료를 제공한다.
1-11.	오프라인에서 연계하여 학습자가 직접 사용할 수 있는 학습자료(그림 카드, 출력하여 사용 가능한 학습지, 동물 모형 등)를 제공한다.

교수설계		√
2-1.	사용된 교수방법이 해당 학습내용에 적절하다.	
2-2.	필요한 경우에 사례와 모델이 제시된다.	
2-3.	필요한 경우에 연습기회가 주어진다.	
2-4.	화면마다 학습자의 마우스 클릭이나 키보드 입력 빈도가 적절하다.	
2-5.	적절한 피드백 유형을 사용하고 있다.	
2-6.	시각적·청각적 강화가 적절히 제시된다.	
2-7.	정리 및 심화 과정에서 보충학습(재학습)의 기회가 있다.	
2-8.	학습자에게 맞게 학습속도를 조절할 수 있다.	
2-9.	학습 내용 및 활동의 난이도를 조절할 수 있다.	
2-10.	개별 학습자의 수준과 교육과정에 맞게 학습 및 평가 내용을 미리 선정하는 기능이 있다.	
2-11.	개별 학습자의 학습진도나 평가결과를 지칭하는 기능이 있다.	
2-12.	책갈피 기능이 있다.	

학습내용		√
3-1.	제품의 설명서에 명시된 학습목적과 부합되는 내용이다.	
3-2.	제품의 설명서에 명시된 학년 또는 생활연령과 부합하는 학습수준이다.	
3-3.	제시되는 정보가 사실적이고 정확하다.	
3-4.	다양한 연령, 성별, 문화, 장애, 인종을 고려하였다.	
3-5.	학습내용의 계열이 단계적으로 제공된다.	

(계속)

3-6.	학생의 흥미를 끌 만한 학습자료의 양이 많다.	
3-7.	도덕적으로 결함(예: 폭력성)이 없고 윤리적이다.	
3-8.	교사가 학습자료를 추가 및 편집할 수 있다.	
3-9.	학습자의 개별화교육과정과 연계성이 있다.	
3-10.	학습자료의 도안이 미적으로 학생의 주의와 흥미를 끌 만하다.	
사용성		√
4-1.	설치( ), 사용( ), 문제해결( )에 대한 지원안내서를 인쇄물( ) 또는 화면상( )으로 제공한다.	
4-2.	설치, 다양한 컴퓨터 환경에 따른 호환, 업그레이드가 용이하다.	
4-3.	화면 이동 등의 운영이 용이하다.	
4-4.	필요할 때 인쇄가 가능하다.	
4-5.	소리의 속도( ), 크기( ), 특성( ) 변경이 가능하다.	
접근성		√
5-1.	화면 확대 기능이 있거나 컴퓨터에 설치된 화면 확대 프로그램 사용이 가능하다.	
5-2.	확대 인쇄가 가능하다.	
5-3.	배경색, 전경색, 문자색의 대비를 선택할 수 있다.	
5-4.	학습 내용과 정보를 학습자에 맞게 음성이나 문자로 제공할 수 있는 선택기능이 있다.	
5-5.	스위치를 사용할 수 있는 선택기능이 있다.	
5-6.	키보드만으로 메뉴선택과 화면이동이 가능하다.	
5-7.	동영상이나 애니메이션에 문자 자막과 통제 기능을 선택할 수 있다.	

출처: 권정민(2011).

〈표 11-2〉에 제시된 지표를 고려하여 학습용 소프트웨어를 선정해 지적장애 아동 교육에 활용할 수 있다. 특수교육용 학습 소프트웨어를 제공하는 사이트를 〈표 11-3〉에 제시하였다.

〈표 11-3〉 특수교육용 소프트웨어 제공 사이트

사이트 명칭	인터넷 주소
아이소리몰	isorimall.com
아인몰	www.ainedu.co.kr
에듀프랜드	www.edu-friend.co.kr
아리수에듀	www.arisuedu.co.kr
새몰	www.semall.co.kr

2) 의사소통을 촉진하기 위한 보조공학

지적장애 아동의 경우 또래 아동에 비해서 언어발달의 지체를 나타내며, 특히 중도 지적장애나 중복장애를 가진 아동은 말장애를 갖는 경향이 있다. 이에 지적장애 아동의 의사소통을 보완하거나 대체하기 위한 보조공학기기가 제공되어야 한다. 보완/대체 의사소통기기는 언어적인 의사소통이 어려운 지적장애 아동이 자신의 의사를 전달함으로써 독립적으로 대인관계를 형성하는 데 도움을 준다.

(1) 음성합성장치

음성합성장치(speech synthesizer)는 의사소통에 필요한 메시지를 음성이나 텍스트 등으로 입력하고, 이를 음성으로 출력하는 장치다([그림 11-1]). 음성합성장치의 예를 살펴보면, 슈퍼토커(Supertalker)는 최대 8개의 메시지를 녹음할 수 있으며, 지정된 버튼을 누르면 원하는 메시지가 산출된다. 이는 의사소통 보조 외에도 언어습득용 학습장치, 발성촉진훈련, 발음훈련 등 다양한 용도로 사용할 수 있다. 링고(Lingo)는 7개의 단문 메시지(25초)

슈퍼토커

링고

[그림 11-1] 음성합성장치

와 1개의 장문 메시지(60초)를 녹음하고 재생할 수 있으며, 휴대성이 편리한 의사소통기기다.

(2) 의사소통판

의사소통판(communication board)은 그림상징을 통해 의사소통을 보완하고 대체할 수 있는 기기다([그림 11-2]). 의사소통판의 대표적인 예로 키즈보이스(제조사: 유비큐)는 3,200개의 그림상징이 탑재되어 의사소통에 필요한 그림상징을 터치하여 사용할 수 있고, 필요한 문장을 입력하면 음성으

[그림 11-2] 그림 의사소통기기(키즈보이스)

로 재생하는 문장 의사소통 기능이 있다.

4. 지적장애 아동을 위한 교수 · 학습방법

지적장애 아동을 교육하기 위한 다양한 교수 · 학습방법이 있는데, 그 중 최근 자기결정 학습 모형, 컴퓨터 보조 학습 모형, 스마트 러닝 수업 모형이 교육현장에서 관심을 받고 있다. 이 장에서는 세 가지 교수 · 학습 방법의 개념 및 원리를 알아보고자 한다.

1) 자기결정 학습 모형

사람은 누구나 살아가면서 삶의 다양한 장면에서 스스로 선택하고 결정해야 하는 상황에 놓인다. 이때 외부의 과도한 영향이나 간섭으로부터 벗어나 자신의 삶의 질에 관여하는 선택과 결정을 하게 되는데, 이를 자기결정이라 한다(Wehmeyer, Agran, & Hughes, 2000). 최근 지적장애 아동의 자기결정능력을 향상시키기 위한 교수법으로 자기결정 학습 모형(Self-Determination Learning Model of Instruction: SDLMI)이 부각되고 있다(양영모, 백은희, 2012; 이옥인, 2008; 정유진, 정주영, 2012). 자기결정 학습 모형은 자기결정 구성요소, 자기조정적 문제해결과정, 아동 주도 학습을 기반으로 개발되었다(Wehmeyer, Agran, & Hughes, 2000). 이는 아동이 아동 주도 전략을 사용하면서 스스로 선택한 목표를 성취하기 위하여 자기조정적 문제해결 전략을 사용하도록 교사가 학생을 가르치는 교수법이다. 자기결정 학습 모형은 다음과 같이 3단계로 순환된다.

• **1단계:** 목표설정 – 목표결정, 현행수준 점검, 성취기준 결정

- **2단계:** 과제수행 – 행동계획, 행동수행 전략학습, 행동실행
- **3단계:** 목표 또는 계획 조절하기 – 수행행동에 대한 자기평가

지적장애 아동을 위한 자기결정 학습 모형의 수업지도안 예시를 〈표 11-4〉에 제시하였다.

〈표 11-4〉 자기결정 학습 모형 수업지도안 예시

단원명	1.1.1 우리나라의 민주정치		
차시	민주정치와 생활		
학습 활동	교수 · 학습 활동	자기주도적 학습행동/교사 지원	시량 (분)
학습 문제 설정	• 생활 속에서의 문제해결 방법 결정 – 우리 생활 속에서 부딪히는 문제들에는 어떤 것이 있는지 말해 봅시다. • 학습문제 확인하기 – 정치의 의미와 민주정치의 과정을 설명할 수 있다.	• 자기목표 확인	5
주제 설정 확인	• 토의주제 설정 및 토의계획 세우기 – 의견대립의 해결을 위한 주제로 정한다. – 토의절차, 역할분담을 한다. – 지적장애 아동은 잘 듣고, 자리 이탈을 하지 않는다.	• 직접 교수 • 선택하기, 결정하기	5
소집단 토의	• 토의주제를 중심으로 소집단 토의하기 – 지적장애 아동들은 발언 중 '찬성' '반대'의 말을 하거나 손을 든다.	• 수업참여행동	10
토의 결과 발표	• 소집단별 토의결과 정리 발표 – 대표 아동이 내용을 발표한다. – 지적장애 아동은 경청하거나 발표 보조자 역할을 한다.	• 수업참여행동 • 의사 표현하기	5

(계속)

결과 정리	• 정치의 의미와 민주정치의 과정 알기
	  – 정치의 의미는?
	    (지적장애 아동은 정치라는 용어에 익숙해
	    지는 데 중점을 둔다.)
	  – 민주정치가 이루어지는 과정은?
		• 선행단서 조절
		  (시연, 정교화, 조
		  직화)
		• 자기교시
		• 자기질문
			10

	• (문제의 발생 → 다양한 의견 제시 → 대화와
	  타협 → 결정 및 실천)
	  – 수정된 학습지 과제 수행하기
	    (이때 모르는 것은 교사나 또래아동에게 질
	    문하도록 한다.)
		• 의사 표현하기
		• 도움 요청하기	

정리	• 생활 속에서 정치가 이루어지는 예 알기
	  – 지적장애 아동은 과제 수행내용을 발표한다.
	  – 학습지 내용을 자기평가한다.
	  – 지적장애 아동은 예습, 복습 상황을 기록한다.
		• 의사 표현하기
		• 자기평가와 점검
			5

출처: 이옥인(2008: 129).

2) 컴퓨터 보조 학습 모형

컴퓨터 보조 학습(Computer-Assisted Instruction: CAI)이란 컴퓨터를 이용하여 학습이 이뤄질 수 있도록 하는 교수 · 학습방법이다. 즉, 이는 컴퓨터를 주된 매체로 사용하고, 학습자와 컴퓨터의 직접적인 상호작용이 이루어지도록 하는 교수 · 학습 과정이다(Orwig, 1983). 컴퓨터 보조 학습의 하위유형은 다음과 같다.

- **반복학습형**(Drill & Practice model): 다양한 상황과 특정 상황을 반복적으로 제시하여 과제를 수행하도록 한다.
- **개인교수형**(Turorial model): 컴퓨터 시스템과 학습자가 상호작용하는 방법으로 과제를 수행하도록 한다.

- **시뮬레이션형**(Simulation model): 실제 조건과 유사한 상황을 모의실험 속에서 제시함으로써 과제를 수행하도록 한다.
- **교수게임형:** 습득해야 할 지식과 기술을 게임형식으로 제시함으로써 과제를 수행하도록 한다.
- **문제해결형:** 컴퓨터의 정보처리능력과 계산능력을 이용하여 문제를 해결하도록 한다.
- **자료제시형:** 방대한 정보 중에서 필요한 자료와 정보를 선택, 검색, 분석, 종합할 수 있도록 구성된 것이다.

컴퓨터 보조 학습은 컴퓨터가 발달함에 따라 점차 교육현장에 확산하고 있으며, 지적장애 아동을 교육하기 위한 학습방법으로 효과적임이 여러 연구를 통해 검증되었다(박찬웅, 1999; Conners, Caruso, & Detterman, 1986).

3) 스마트 러닝 수업 모형

스마트 러닝(Smart Learning)이란 학습자들의 다양한 학습 형태와 능력을 고려한 ICT 기반의 학습자 중심 지능형 맞춤학습이다(곽덕훈, 2010). 스마트 러닝 수업은 [그림 11-3]에 제시된 바와 같이 도구적 접근(스마트 기기), 환경적 접근(스마트 환경), 이론적 접근(스마트 이론)을 기반으로 설계된다(임걸, 2011). 스마트 러닝 교수 전략을 구축하기 위해서는 교육내용, 교육방법, 교육환경의 측면을 이해할 필요가 있다.

- **교육내용:** 풍부한 학습자원 활용
  스마트 러닝을 통해 제공될 수 있는 다양한 학습자원은 크게 교육용 애플리케이션과 이북(E-book)이 있다.

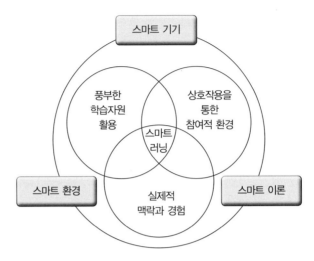

[그림 11-3] 스마트 러닝 수업설계 원리

출처: 임걸(2011).

- **교육방법:** 상호작용을 통한 참여적 환경

  스마트 러닝이 제공하는 환경은 교수자와 학습자 또는 학습자 간의 면
  대면 환경을 온라인상에서도 지속적으로 연결해 주는 특징을 지녔다.

- **교육환경:** 실제적 맥락과 경험

  스마트 러닝은 구성주의에서 추구하는 실제적·맥락적 학습환경을
  제공하는 증강현실, 가상현실, 멀티미디어 활용 등을 통해 학습 동
  기와 효과를 높이는 구조적 환경을 갖고 있다. 즉, 스마트 러닝 수업
  은 풍부한 학습자원을 활용하고, 교수자와 학습자의 상호작용을 통
  해 참여적 환경을 제공하고, 구성주의적 관점에서 실제적 맥락과 경
  험을 제공할 수 있도록 설계한다.

  스마트 러닝 수업은 [그림 11-4]와 같이 여러 절차에 따라 설계한 후
  적용하게 된다. 수업목표가 설정되면, 스마트 러닝자원(스마트폰, 스마트
  탭, 사마트 TV 등)을 확인한 후, 어떤 형태와 내용으로 수업환경을 조성할

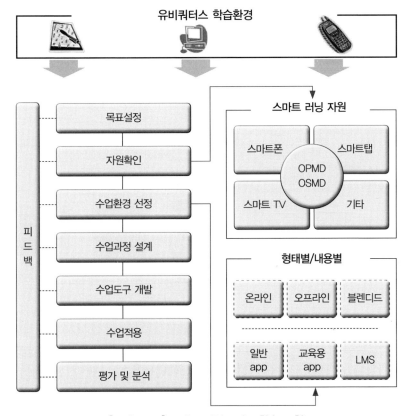

유비쿼터스 학습환경

목표설정
자원확인
수업환경 선정
수업과정 설계
수업도구 개발
수업적용
평가 및 분석

피드백

스마트 러닝 자원

스마트폰   스마트탭
OPMD OSMD
스마트 TV   기타

형태별/내용별

온라인   오프라인   블렌디드

일반 app   교육용 app   LMS

[그림 11-4] 스마트 러닝 교수·학습 모형

출처: 전승주 외(2013).

지 결정한다. 그리고 선정된 자원과 환경을 고려하여 수업과정을 설계하고 수업도구를 개발한다. 이를 수업에 적용한 후 마지막으로 수업에 대한 평가와 분석을 한다.

스마트 러닝 수업은 학습자의 능력과 특성에 맞게 설계하여 능동적으로 수업에 참여하도록 하기 때문에 지적장애 아동의 학습 능력과 태도에 효과적임이 여러 연구를 통해 보고되고 있다(나미선, 2013; 이승훈, 2013). 전승주 등(2013)이 지적장애 아동을 대상으로 개발한 스마트 러닝 수업의 단원, 제재, 학습목표, 학습자료 활용계획 등의 예를 〈표 11-5〉에 제시하였다.

〈표 11-5〉 스마트 러닝 수업의 학습자료 활용계획

단원	작업도구 활용
제재	목적지까지 대중교통수단 찾기
학습목표	• 학교에서 함평터미널까지의 교통수단과 노선을 조사할 수 있다. • 학교에서 함평터미널까지의 이동계획을 세울 수 있다.

학습 자료 활용 계획	학습모형	문제해결 학습모형
	학습자료	갤럭시노트 10.1, LED TV, PPT 자료, QR코드, 못, 망치, 나무, 학습지 파일
	사용 애플리 케이션	인터넷 낙서장난감 네이버지도 에그몬

출처: 전승주 외(2013).

〈이 장의 연구과제〉

1. 지적장애 영역에서의 보조공학의 필요성에 대해 토론해 보자.
2. 지적장애의 교육적 요구와 그에 따른 보조공학의 쓰임에 대해 발표해 보자.
3. 지적장애 아동을 위한 교수·학습 모형을 적용한 수업지도안을 작성해 보자.

참고문헌

강영심, 김자경, 김정은, 박재국, 안성우, 이경림, 황순영, 강승희(2010). 예비교사를 위한 특수교육학 개론. 경기: 서현사.

곽덕훈(2010). 스마트 교육의 의미와 전망. 스마트 교육 코리아 발표 자료집. 한국이러닝 산업협회.

권정민(2011). 태블릿(아이패드)와 종이 매체간의 지적장애 학생의 읽기 수행 비교.

지적장애연구, 13(1), 187-202.

나미선(2013). 스마트러닝을 적용한 생각 표현하기 프로그램이 초등학교 정신지체 학생의 주의집중에 미치는 영향. 공주대학교 교육대학원 석사학위 논문.

박찬웅(1999). 컴퓨터 중재 읽기프로그램이 정신지체아의 읽기 상위인지, 작동기억 및 읽기 이해력에 미치는 영향. 지적장애연구, 1, 79-101.

양영모, 백은희(2012). 자기결정학습모형(SDLMI)에 기초한 국어와 교수가 정신지체 중학생의 자기조정학습전략 사용 및 읽기성취도에 미치는 효과. 지적장애연구, 14(4), 149-167.

육주혜(2008). 정신지체·학습장애 학생을 고려한 학습용 소프트웨어 평가 지표 개발. 특수교육재활과학연구, 47(4), 27-46.

이승훈(2013). 스마트 기기 기반 언어훈련 애플리케이션이 지적장애 학생의 읽기능력에 미치는 효과. 전남대학교 대학원 박사학위 논문.

이옥인(2008). 통합교육 환경에서 자기결정 학습전략이 정신지체 아동의 자기주도 학습행동 및 학업성취에 미치는 효과. 공주대학교 대학원 박사학위 논문,

임걸(2011). 스마트 러닝 교수학습설계모형 탐구. 한국컴퓨터교육학회 논문지, 14(2), 33-45.

전승주, 오금주, 김명훈, 전성대, 정웅, 정봉균(2013). 정신지체학생 스마트러닝 수업 모형 개발. 충남: 국립특수교육원.

정유진, 정주영(2012). 보편적 학습 설계에 기초한 자기결정 프로그램이 정신지체 학생과 비장애 학생의 자기결정력에 미치는 영향. 지적장애연구, 14(4), 169-196.

「장애인 등에 대한 특수교육법」
「장애인복지법」

American Association on Intellectual and Developmental Disabilities (AAIDD). (2007). *Mental retardation is no more: New name is intellectual and developmental disabilities.* Washington, DC: Author.

American Psychiatric Association(2000). *Diagnostic and statistical manual of mental disorders text revision*(DSM-IV-TR)

Beirne-Smith, M., Patton, J. R., & Kim, S. H. (2006). *Mental retardation-An introduction to intellectual disabilities* (7th ed.). New Jersey: Prentice

Hall.

Conners, F. A., Caruso, D. R., & Detterman, D. K. (1986). *Computer-assisted instruction for the mentally retarded*. In N. R. Ellis & N. W. Bray (Eds.), *International review of research in mental retardation* (Vol. 14, pp. 105-134). New York: Academic Press.

Orwig, Gary W. (1983). *Creating Computer Programs for Learning: A Guide for Trainers, Parents, and Teachers*. New York: Simon & Schuster.

Taylor, R. L., Richards, S. B., & Brady, M. P. (2005). *Mental retardation: Historical perspectives, current practices and future directions*. Boston, MA: Pearson.

Wehmeyer, M. L., Agran, M., & Hughes, C. (2000). A national survey of teachers' promotion of self-determination and student-directed learning. *The Journal of Special Education, 34*(2), 58-68.

건강장애 아동을 위한 특수교육공학

〈이 장의 개요〉

이 장에서는 건강장애 아동을 위한 특수교육공학에 관해 살펴볼 것이다. 이 장의 주요 내용은 건강장애 아동에 대한 이해, 건강장애 아동의 특수한 교육적 요구, 건강장애 아동을 위한 보조공학, 건강장애 아동을 위한 교육지원 등이다.

〈이 장의 학습목표〉

1. 건강장애 정의의 구성요소를 기술할 수 있다.
2. 건강장애의 특성에 따른 교육적 요구에 대해 설명할 수 있다.
3. 건강장애의 특성에 따른 보조공학의 역할과 쓰임을 설명할 수 있다.
4. 건강장애 아동을 위한 교육지원과 교수 · 학습 지원방안에 관해 설명할 수 있다.

이 장에서는 국내외의 다양한 건강장애 정의와 분류체계를 통해 건강장애의 특성을 살펴보고자 한다. 또한 건강장애의 교육적 요구를 알아보고, 그에 따른 보조공학을 제안하고자 한다. 마지막으로 건강장애 아동을 위한 교육지원 및 교수·학습 지원방안을 제안한다.

1. 건강장애의 이해

1) 건강장애 정의

건강장애를 이해하기 위해서는 국내외의 주요 정의를 살펴볼 필요가 있다. 우리나라 「장애인 등에 대한 특수교육법」(2008)에서는 건강장애를 다음과 같이 정의한다.

건강장애를 지닌 특수교육대상자란 만성질환으로 인하여 3개월 이상의 장기입원 또는 통원치료 등 계속적인 의료적 지원이 필요하여 학교생활 및 학업수행에 어려움이 있는 사람을 말한다.

한편 외국의 정의를 살펴보면, 질환과 질환으로 인한 운동상태를 구체적으로 포함하여 건강장애를 정의하고 있다. 미국 「장애인교육법」(2004)은 건강장애를 다음과 같이 정의한다.

> 건강장애란 체력, 활기, 민첩함이 부족할 뿐만 아니라 심장질환, 결핵,
> 류머티즘, 신장염, 천식, 겸상 적혈구성 빈혈, 혈우병, 간질, 납중독, 백혈
> 병, 당뇨병과 같은 만성적 또는 급성 건강문제에 의해 제한된 근력, 지구
> 력, 민첩성 등을 가진 경우다.

또한 일본의 「학교교육법」(2004)은 만성질환으로 인한 생활관리의 측
면에 강조점을 두고 정의한다. 구체적으로 살펴보면, 첫째로 만성적인 호
흡기 질환 및 기타 질환의 상태가 지속적 · 간헐적으로 나타나 의료 또는
생활 면에서 관리가 필요한 자, 둘째로 신체허약의 상태로 생활 면에서
지속적인 관리가 필요한 자로 정의한다(한국특수교육학회, 2008 재인용).

지금까지 살펴본 건강장애 정의를 종합해 보면, 건강장애의 특성은 두
가지로 요약된다. 첫째, 건강장애는 만성적인 질병을 가진 경우다. 둘째,
건강장애는 건강상의 문제로 인하여 생활이나 교육적으로 지원이 필요한
경우다.

2) 건강장애 분류

건강장애는 만성질환으로 인한 장애로 장애범주가 매우 넓기 때문에,
분류체계에 따라 다양하게 분류된다. 대표적으로 범주적 분류체계와 비범
주적 분류체계로 나누어 살펴볼 수 있다. 첫째, 범주적 분류다. 이는 장애
유형에 따른 분류체계이며, 대표적인 질병으로 심장장애, 신장장애, 간장
애, 소아암, 천식, 당뇨병 등이 있다. 이 분류체계는 각 질병의 특성에 따
른 생활 및 교육적 지원방안에 관심을 둔다. 둘째, 비범주적 분류다. 이는
만성적 질병을 가진 아동의 상태를 건강상태, 연령에 적합한 활동, 기능

성, 인지기능, 사회 · 정서적 발달, 감각기능, 의사소통기능 등으로 분류하는 체계다. Perrin 등(1993)은 13개의 비범주화된 체계를 〈표 12-1〉과 같이 제시하였다.

〈표 12-1〉 만성적 질병을 지닌 아동의 경험에 대한 상태영역

영역	연속상에서의 영향		
지속시간	단기성	←――→	장기성
발병연령	선천적	←――→	후천적
연령에 적합한 활동에서의 제한	없음	←――→	수행할 수 없음
가시성	관찰할 수 있음	←――→	관찰할 수 없음
생존가능성	일반적으로 장수	←――→	생명에 위험이 있음
운동성	손상되지 않음	←――→	심각하게 손상됨
인지	정상	←――→	심각하게 손상됨
정서-사회성	정상	←――→	심각하게 손상됨
감각기능	손상되지 않음	←――→	심각하게 손상됨
의사소통	손상되지 않음	←――→	심각하게 손상됨
경과	안정적	←――→	진행됨
불확실성	예상하기 어려움	←――→	예상됨

출처: 한국특수교육학회(2008: 39).

이와 같이 건강장애는 장애유형을 고려한 범주적 체계나, 아동의 상태를 고려한 비범주적 체계에 따라 분류할 수 있다. 이러한 분류체계를 통해 건강장애 아동의 특성을 이해하고, 그에 따른 적합한 교육적 지원을 제공해야 한다.

2. 건강장애 아동의 특수한 교육적 요구

건강장애를 지닌 특수교육대상자란 만성적 질환으로 인하여 학교생활, 학업수행 등에서 교육적 지원을 받아야 하는 경우다. 즉, 이들은 건강상의 문제로 학습과 일상생활에서 문제가 나타난다. 한국특수교육학회(2008)에서는 건강장애의 선별 기준을 손상, 학습 및 일상생활상의 문제의 측면에서 다음과 같이 제시하였다.

• 손상
  - 심장병으로 3개월 이상의 장기입원 또는 통원치료 등 계속적인 의료적 지원이 필요하여 학교생활, 학업수행 등에서 교육적 지원을 지속적으로 받아야 한다.
  - 신장병(염)으로 3개월 이상의 장기입원 또는 통원치료 등 계속적인 의료적 지원이 필요하여 학교생활, 학업수행 등에서 교육적 지원을 지속적으로 받아야 한다.
  - 간질환으로 3개월 이상의 장기입원 또는 통원치료 등 계속적인 의료적 지원이 필요하여 학교생활, 학업수행 등에서 교육적 지원을 지속적으로 받아야 한다.
  - 기타 소아암, AIDS 등 만성질환으로 장기입원 또는 통원치료 등 계속적인 의료적 지원이 필요하여 학교생활, 학업수행 등에서 교육적 지원을 지속적으로 받아야 한다.
• 학습상의 문제
  - 감기 등 잔병이 많고 회복이 느려 학습결손이 많다.
  - 건강상의 문제(허약체질 등)로 체육시간이나 야외학습활동 등에 참여가 제한적이다.

– 건강상의 문제로 결석이 잦다.

– 의사로부터 운동 시간 또는 양 등에 대한 제약소견을 받고 있다.

• **일상생활상의 문제**

– 질병으로 장기간에 걸쳐 약물을 복용하고 있다.

– 장기간에 걸쳐 입원하고 있거나 요양 중이다.

– 오래 걸을 수 없으며 활동 후 쉽게 피로를 느낀다.

– 산소호흡기 또는 음식물 주입 튜브 등에 의존하여 일상생활을 영위하고 있다.

선별기준에서 나타나듯이 건강장애는 건강상의 문제로 학습결손이 많으며, 학습의 참여가 제한적이다. 따라서 건강장애를 지닌 특수교육대상자의 결석으로 인한 학습결손을 보완하거나 대체해 주기 위한 교육적 지원체제가 요구된다. 건강장애 아동을 위한 교육지원 모형을 [그림 12-1]에 제시하였다.

[그림 12-1]에 제시된 건강장애 아동을 위한 교육지원 모형을 살펴보면, 질병이 발생하면 의료적 진단 이후 특수교육대상자로의 선정 여부가 결정된다. 특수교육대상자로 선정되면, 건강장애 아동에게는 다양한 학습지원과 심리 · 정서적 지원이 제공되어야 한다. 건강장애 아동이 입원이나 요양으로 장기간 학교에 출석하여 수업을 받기 어려운 경우에 개별화된 교육계획, 사이버 가정학습 서비스, 순회교육(방문교육), 원격수업 시스템, U-러닝 지원 등 다양한 교육방법을 통한 학습지원의 접근이 필요하다. 또한 장기간 결석한 후에 학교로 복귀하였을 때 학교적응을 위해 전화, 이메일 등 통신매체 이용, 건강장애에 대한 인식개선 교육, 캠프 등 특별행사 실시, 봉사점수제 활용 등의 다양한 심리 · 정서적 지원이 필요하다.

박은혜, 박지연, 노충래(2005)는 건강장애 아동을 위한 교육전달 체계를 [그림 12-2]와 같이 도식화하였다. 병원에 입원하는 시간이 많은 건강

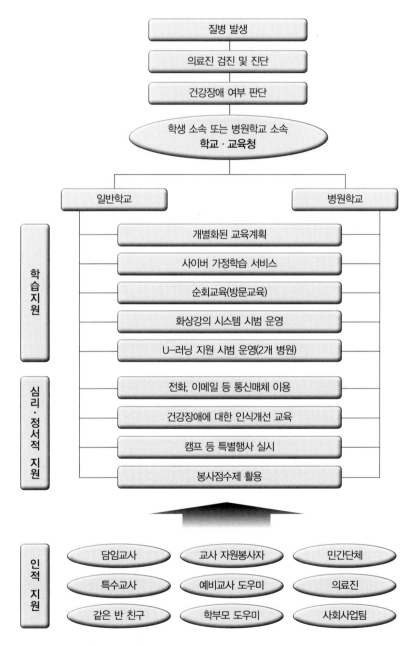

[그림12-1] 건강장애 학생을 위한 교육지원 모형

출처: 전국병원학교(http://hoschool.ice.go.kr/).

장애 아동은 병원학교를 이용할 수 있다. 그리고 건강장애 아동이 퇴원한 후 학교로 복귀할 때 학교복귀 준비 프로그램이 제공되어야 하며, 학교복귀 후 장기결석 시 순회지도를 중심으로 하여 교육기회를 계속적으로 제공해야 한다. 통원치료 중이면서 일반학교에 재학 중인 학생에 대해서는 심리 · 정서적 지원, 자기 건강관리를 위한 지원, 학교에서의 섭식관리, 건강장애의 예방 및 악화방지를 위한 환경 조성, 일반학교 교사 및 또래에 대한 지원, 잦은 결석에 대한 관리 등이 지원되어야 한다.

이와 같이 건강장애 아동을 위한 다양한 교육적 및 심리 · 정서적 지원

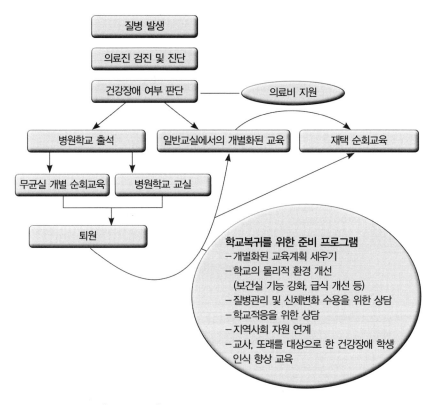

[그림 12-2] 건강장애 학생을 위한 교육전달 체계

출처: 박은혜, 박지연, 노충래(2005: 74).

이 제공되어야 한다. 이 중 건강장애 아동을 위한 대표적인 교육지원 체제인 병원학교와 원격수업 시스템을 소개하고자 한다.

1) 병원학교

병원학교는 병원 내에 설치된 파견 학급 형태의 학교다. 이는 장기 입원이나 지속적인 의료적 지원이 필요한 학생들에게 학업기회를 부여하고 또래관계를 유지시켜 주며 학습 및 정서적 지원을 제공하려는 목적으로 운영되고 있다(국립특수교육원, 2009).

현재 병원학교는 〈표 12-2〉에 제시된 바와 같이 총 36개교로 운영되고 있다. 월평균 863명의 건강장애 아동이 병원학교를 이용하고 있으며, 47명의 담당교사가 교육하고 있다.

〈표 12-2〉 병원학교 현황 (단위: 개, 명)

학교 수	월평균 학생 수	교사 및 담당자 수	병원명 또는 병원학교명
36	863	47	국립정신건강센터, 삼성서울병원, 서울대병원, 서울성모병원, 서울시어린이병원, 서울아산병원, 연세암병원, 원자력병원, 한영대병원 고대구로병원, 부산대병원학교, 동아대병원학교, 인제대부산백병원학교, 인제대해운대백병원학교, 영남대의료원병원학교, 대동병원학교, 경북대병원학교, 인하대병원학교, 학마을병원학교, 충남대병원학교, 울산대학교병원학교, 국립암센터, 브론코기념병원, 강원대병원학교, 강릉아산병원학교, 충북대병원학교, 국립공주병원학교, 아람메디컬병원학교, 단국대병원학교, 한누리병원학교, 느티나무병원학교, 여미사랑병원학교, 경상대병원학교, 양산부산대병원학교, 국립부곡병원학교, 제주대학교병원학교

출처: 교육부(2018).

병원학교에서는 배치된 학생에게 교과교육, 재량활동, 방과후활동 등을 제공하여 지속적인 학교교육을 지원하고 있다. 병원학교의 운영현황을 실제적으로 살펴보면, 2005년에 개교한 교육청 소속 부산대학교 어린이병원은 학생의 건강상태와 학습능력을 고려하여 주요 교과를 중심으로 다양한 교육방법을 통하여 개별학생의 요구에 따른 교육을 제공하고 있다. 또한 음악치료, 미술치료, 요리활동 등 전문인력과 자원봉사자를 활용한 다양한 프로그램을 운영하고 있다. 학생의 건강상태를 고려하여 유치원생, 초등학생은 1일 1시간 이상, 중·고등학생은 1일 2시간 이상의 수업이 이뤄지며, 병원학교의 수업 참여는 소속학교의 출석으로 인정된다. 부산대학교 어린이병원의 수업시간표 예시를 〈표 12-3〉에 제시하였다.

〈표 12-3〉 병원학교 수업시간표(중등) 예시

시간 \ 요일	월	화	수	목	금
08:30~9:30	병원 투약 시간				
09:30~10:05	학습준비				
10:15~11:00	국어	영어	국어	요리활동	재량
11:10~11:55	음악치료	수학	미술치료		
12:00~01:00	점심 시간				
01:30~02:05	영어	국어	영어	수학	국어
02:15~03:00	수학	수학	수학	영어	감상
03:00~04:30	교재 연구 및 정리				

출처: 부산대학교 어린이병원(https://kids.pnuyh.or.kr).

2) 원격수업

원격수업은 장기입원이나 통원치료로 인해서 학교교육을 받을 수 없는 학생들이 가정이나 병원에서 인터넷상 실시간 양방향 원격수업을 받음으로써 학습 지체 및 유급 문제를 해소할 수 있도록 만든 지원체계다. 원격수업은 모니터 화면을 통해 마주 보며 교실에서처럼 수업을 진행하는 실시간 양방향 원격수업이나 비실시간 녹화수업을 통해 개별학생의 학년 및 학력 수준에 적합한 개별화된 수업을 제공한다. 이는 장기입원 또는 장기치료로 학습이 지체되거나 유급 위기에 있는 건강장애 아동의 학습권을 보장하며, 다른 친구 및 교사와의 교류를 통해 학교생활 적응을 도모한다.

현재 원격수업 시스템은 〈표 12-4〉에 제시하는 바와 같이 꿀맛무지개학교, 인천사이버학교, 꿈빛나래학교, 꿈사랑학교, 한국교육개발원 등 5개 기관으로 운영되고 있다. 원격수업 시스템은 월평균 1,742명의 아동이 이용하고 있으며, 93개의 학급이 88명의 강사에 의해 운영되고 있다(교육부, 2018).

원격수업은 국어, 수학, 사회, 과학, 영어 등 주요 교과목 중심으로 운영되고 있다. 연령에 따라 초등학생은 주 6~8시간, 중학생은 주 14시간, 고등학생은 주 16시간 수업이 이뤄지며, 원격수업 시스템을 통한 수업참여는 소속 학교의 출석으로 인정된다.

〈표 12-4〉 원격수업시스템 운영 기관 현황

기관명	학급 수	강사 수	전체 학생 수			월 평균 이용 학생 수	개별학생 평균 이용일
			건강 장애	기타	계		
꿀맛무지개학교	14	15	165	72	237	208	78
인천사이버학교	6	6	32	4	36	32	20
꿈빛나래학교	6	28	18	7	25	24	48
꿈사랑학교	55	34	890	329	1,219	1,147	84
한국교육개발원	12	5	287	85	372	331	63
계	93	88	1,392	497	1,889	1,742	293

출처: 교육부(2018).

3. 건강장애 아동을 위한 보조공학

이 장에서는 건강장애 아동의 교육적 요구에 따른 보조공학으로 원격수업을 통한 수업참여를 위한 기기를 제시한다(그 밖에 건강장애 아동의 학습을 위한 보조공학기기, 이동과 일상생활을 위한 보조공학기기는 본 교재의 제8장 지체장애 아동을 위한 특수교육공학 참조).

건강장애 아동의 원격수업을 위해 컴퓨터, PC 카메라, 헤드셋, 태블릿펜이 사용된다.

1) 컴퓨터

건강장애 아동은 원격수업 시스템을 통하여 교육적 지원을 제공받을 수 있다. 인터넷을 통해 실시간 양방향으로 원격수업에 참여하게 되는데, 실시간 수업에 참여할 수 없는 경우에는 비실시간 녹화수업을 수강할 수 있다. 이때 컴퓨터를 이용하여 원격수업이나 녹화수업을 수강할 수 있다([그림 12-3]).

[그림 12-3] 컴퓨터

2) PC 카메라

원격수업은 실시간 양방향으로 이뤄지는데, 이때 PC 카메라(웹캠, webcam)가 사용된다. PC 카메라는 개인용 컴퓨터에 다는 화상회의 및 화상 채팅용 카메라다([그림 12-4]). USB, 이더넷(Ethernet), 와이파이(Wireless Fidelity) 등을 통해 컴퓨터나 컴퓨터 네트워크로 실시간으로 이미지를 공급한다. [그림 12-5]와 같이 교과목 담당 교사와 학급의 학생들은 모두 PC 카메라를 통해 실시간으로 원격수업에 참여하게 된다. 원격수업 시스템을 통해 수업에 참여하는 기간에 해당 시·도교육청에서 PC 카메라를 무료로 대여할 수 있다.

[그림 12-4] PC 카메라

[그림 12-5] 원격수업 샘플 동영상

출처: 꿀맛무지개학교(http://health.kkulmat.com/).

3) 헤드셋

헤드셋은 원격수업에서 교사와 학생 간, 학생들 간의 의사소통을 위해서 필요한 기기다. 헤드셋은 머리에 걸치고 귀에 압착하는 방식의 수화기와 마이크로폰(약칭: 마이크)이 세트로 된 것이다([그림 12-6]). 마이크로폰을 통해 화자가 청자에게 음성신호를 전달하고, 수화기를 통해 청자가 화자의 음성신호를 전달받을 수 있게 된다. 헤드셋 또한 원격수업 시스템을 통해 수업에 참여하는 기간에 해당 시·도교육청에서 무료로 대여할 수 있다.

[그림 12-6] 헤드셋

4) 태블릿 펜

태블릿 펜(tablet pen)은 원격수업 시 교사가 판서하거나 학생이 필기한 내용을 공유할 수 있는 기기다([그림 12-7]). 태블릿 펜은 마우스 패드처럼 평평한 형태의 태블릿 판에 펜 등으로 글씨를 쓰거나 그림을 그리면 이를 디지털 정보로 변환하여 컴퓨터나 TV 등으로 보내 주는 입력장치다(한경닷컴, 2005). 태블릿 펜은 원격수업 시스템을 통해 수업에 참여하는 기간에 해당 시·도교육청에서 무료로 대여할 수 있다.

[그림 12-7] 태블릿 펜

4. 건강장애 아동을 위한 교수 · 학습 지원방안

이 장에서는 건강장애 아동을 위한 교육 지원내용 및 방법, 그리고 교수 · 학습 지원방안을 살펴보고자 한다.

1) 교육 지원내용

건강장애 아동을 위한 교육 지원내용은 다음과 같다(교육과학기술부, 2012).

(1) 건강장애학생 선정 및 무상교육 제공

만성질환 치료를 위한 장기 의료 처치가 요구되어 연간 수업일수 중 3개월 이상 결석 또는 유급의 위기에 처해 있으면서 학교생활 및 학업수행에 어려움이 있어 특수교육 지원이 요구되는 자를 건강장애학생으로 선정한다. 그리고 해당 학생이 무상교육 혜택 및 순회교육 · 병원학교 · 원격수업 등 다양한 방법을 통해 출석일수를 확보할 수 있게 함으로써 상급 학교 · 학년에 진학하도록 지원한다.

(2) 건강장애학생을 위한 개별화된 교육 지원 및 심리 · 정서적 적응 지원

- **개별화교육계획 수립:** 개별화건강관리계획은 물론, 병원학교 · 원격수업 시스템 등을 이용한 수업일수 확보계획을 포함하고, 학생의 연령과 학업수준에 따라 학업중심 교육과정과 심리 · 정서적 적응 지원을 균형 · 유지한다.
- 사이버 가정학습 서비스, 원격수업 시스템 시범운영 등을 이용하되, 담임교사, 특수교사, 학부모 도우미, 교사 자원봉사단, 예비교사 등이 일대일 상담 및 지도 등 지속적으로 관리하여 학년별 · 과목별 진도에 따라 학습할 수 있도록 한다.
- 일반학생 봉사점수제 활용, 캠프, 기타 다양한 방법을 통한 심리 · 정서적 적응 지원으로 치료효과를 증진하고 학교생활 적응을 도모한다.

(3) 병원학교 교육과정 운영

- 배치된 특수교사 외 인근학교 교사 자원봉사단(퇴직교원 포함) · 예비교사 도우미, 특수교육지원센터 운영지원 인턴교사 배치 등을 통해 병원학교 교육과정 운영을 지원하고, 방문교육, 사이버 가정학습, 원격수업 시스템을 활용할 수 있도록 조치한다.
- **학사관리:** 병원학교의 수업참여를 소속학교의 출석으로 인정하도록 조치한다.
  - 최소 수업시간: 유치원생 · 초등학생 1일 1시간 이상, 중 · 고등학생 1일 2시간 이상

(4) 통원치료 중인 학생에 대한 교육 지원방안

건강장애학생으로 선정한 후 통신교육, 가정교육, 출석교육, 체험교육 등 다양한 교육방법을 활용하여 연간 수업일수를 확보하고, 이를 개별

화교육계획 수립 시 포함해야 한다.

- 담임교사, 특수교사, 교사 자원봉사단, 예비교사 도우미제 등을 통해 가정방문 교육 혹은 원격수업 시스템을 적극 활용한다.
- **원격수업 시스템 운영:** 인터넷을 통한 실시간 원격수업을 운영하여 개별학생의 학년 및 학력 수준에 적합한 개별화된 학습을 지원하고, 수업참여로 인정한다.
- ※ 건강장애의 특성을 고려하여 방학을 포함해 연중 프로그램으로 신축성 있게 운영방안을 수립하고, 교육계획 기간 내 원격수업 참여를 출석으로 인정한다.

2) 교육 지원방법

전국병원학교 홈페이지(http://hoschool.ice.go.kr/)에서 건강장애 아동의 교육 지원방법을 다음과 같이 안내하고 있다.

(1) 대상자

건강장애의 범주에 해당하는 초 · 중 · 고등학생 중 병원학교 또는 원격수업을 이용하고자 하는 자(건강장애 항목으로 특수교육대상자 선정 절차를 거쳐야 함)

(2) 입교절차

건강장애 학생의 병원학교 또는 원격수업을 이용하기 위한 입교절차는 [그림 12-8]과 같다.

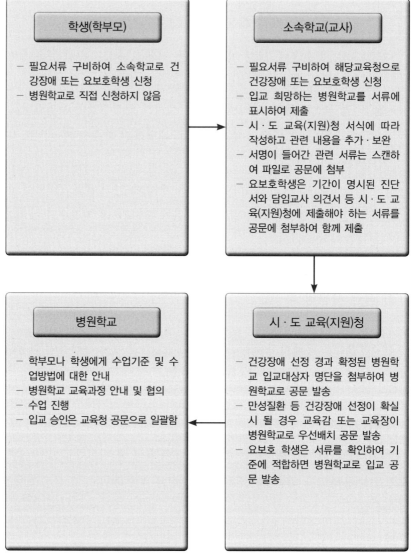

학생(학부모)

- 필요서류 구비하여 소속학교로 건강장애 또는 요보호학생 신청
- 병원학교로 직접 신청하지 않음

소속학교(교사)

- 필요서류 구비하여 해당교육청으로 건강장애 또는 요보호학생 신청
- 입교 희망하는 병원학교를 서류에 표시하여 제출
- 시·도 교육(지원)청 서식에 따라 작성하고 관련 내용을 추가·보완
- 서명이 들어간 관련 서류는 스캔하여 파일로 공문에 첨부
- 요보호학생은 기간이 명시된 진단서와 담임교사 의견서 등 시·도 교육(지원)청에 제출해야 하는 서류를 공문에 첨부하여 함께 제출

병원학교

- 학부모나 학생에게 수업기준 및 수업방법에 대한 안내
- 병원학교 교육과정 안내 및 협의
- 수업 진행
- 입교 승인은 교육청 공문으로 일괄함

시·도 교육(지원)청

- 건강장애 선정 경과 확정된 병원학교 입교대상자 명단을 첨부하여 병원학교로 공문 발송
- 만성질환 등 건강장애 선정이 확실시 될 경우 교육감 또는 교육장이 병원학교로 우선배치 공문 발송
- 요보호 학생은 서류를 확인하여 기준에 적합하면 병원학교로 입교 공문 발송

[그림 12-8] 건강장애 학생의 병원학교 입교절차

- **관련 서류:** 교육청에 건강장애로 등록하거나 병원학교(또는 원격수업의 시스템)에 입학 신청을 하는 데 필요한 서류는 지역이나 병원학교에 따라 조금씩 다를 수 있으나 다음과 같은 것들이 포함된다.

- 특수교육대상자 진단·평가 의뢰서 1부, 건강진단서 1부 등
- 병원학교 입학 서류: 병원학교 입교신청서(또는 위탁교육신청서) 1부, 건강진단서 1부 등

3) 학교생활을 위한 지원

건강장애 아동은 정기적인 병원치료와 질병 등으로 학교에 자주 결석하게 된다. 이로 인해 학습의 지체를 보이거나 학교생활 적응문제를 보일 수 있다(박은혜, 이정은, 2004; Brown & DuPaul, 1999; Kline, Silcer, & Russell, 2001). 또한 질병으로 인하여 신체적 제약이 따르거나, 건강상의 문제와 약물로 인하여 주의력 결핍을 보일 수 있다(Brown & Madan-Swain, 1993; Thies, 1999). 따라서 건강장애 아동의 특성을 고려한 교수적·물리적·사회적 지원이 제공되어야 한다.

건강장애 아동의 학교생활 및 학업을 위한 지원방안은 다음과 같다(김호연, 2009).

- 필요할 때마다 욕실이나 음료용 수도를 사용할 수 있어야 한다.
- 자주 쉴 수 있는 공간을 마련해 주어야 한다.
- 결석이 잦을 경우에 과제를 적게 내 주거나 대안이 될 수 있는 과제를 내 주어야 한다.
- 대안적인 평가 척도나 체계를 마련해야 한다.
- 학생이 힘들어할 경우에 과제수행을 유보시켜 주고, 학생이 편안하게 쉴 수 있게 안전한 장소를 마련해 주어야 한다.
- IEP 절차상 학교 간호사나 사회복지사 등을 학교에 배치해야 한다.
- 교실환경은 학생을 보호하고, 간호할 수 있도록 마련한다.
- 건강장애에 관하여 학급의 학생들에게 이해시키는 교육을 한다.

- 건강장애 아동이 혹시 의료기기를 사용한다면 이에 대해 시각적인 표시를 해 주어 또래학생들에게 경각심을 심어 주도록 한다.
- 직접 조작해 보고 체험하는 학습 프로그램에 참여시킨다.
- 협력적인 학습을 할 수 있도록 한다.
- 파트너와 함께 작업하도록 한다.
- 지시할 때는 간결하고 명확하게 전달한다.
- 학생들이 수업 중에 자유롭게 이동할 수 있도록 가르친다.
- 학생들의 성취에 대해 자주, 그리고 긍정적인 피드백을 준다.
- 학생들이 자신의 강점을 살리고 성취감을 가질 수 있도록 한다.

〈이 장의 연구과제〉

1. 건강장애 영역에서의 보조공학의 필요성에 대해 토론해 보자.
2. 건강장애의 교육적 요구와 그에 따른 보조공학의 쓰임에 대해 발표해 보자.
3. 건강장애 아동을 위한 교육지원 모형을 적용한 IEP 및 수업지도안을 작성해 보자.

참고문헌

교육과학기술부(2012). 2012년도 특수교육 운영계획.
교육부(2018). 특수교육 연차보고서.
국립특수교육원(2009). 특수교육학 용어사전.
김호연(2009). 장애학생의 이해와 교육-시각, 청각, 지체 및 건강장애 중심으로-. 경기: 국립특수교육원.
박은혜, 박지연, 노충래(2005). 건강장애학생을 위한 교육 지원 모형 개발. 한국연구재단 연구성과물.
박은혜, 이정은(2004). 건강장애학생의 학교 적응 지원을 위한 기초연구. 특수교육학연구, 39(1), 143-168.

한경닷컴(2005). 한경 경제용어사전.

한국교육심리학회(2000). 교육심리학 용어사전.

한국특수교육학회(2008). 특수교육대상자 개념 및 선별기준. 충남: 한국특수교육학회.

「장애인 등에 대한 특수교육법」

文部科學省(2004). 學校教育法75條1項及び學校教育施行規則73條18項.

Brown, R. T., & Dupaul, G. J. (1999). Introduction to the mini-series: promoting school success in children with chronic medical conditions. *School Psychology Review, 28*(2), 175-181.

Brown, R. T., & Madan-Swain, A. (1993). Cognitive, neuropsychological, and academic sequelae in children with leukemia. *Journal of Learning Disabilities, 26*(2), 74-90.

Interagency Committee on Learning Disabilities. (1987). Learning disabilities: A report to the U.S. *Congress.* Bethesda, MD: National Institute of Health.

Kline, F. M., Silver, L. B., & Russell, S. C. (2001). *The Educator's Guide to Medical Issues in the Classroom.* Baltimore: Brookes.

Perrin, E., Newacheck, P., Pless, B., Drotar, D. Gortmaker, S., Leventhal, D. J., Perrin, J., Stein, R., Walker, D., & Weitzman, M. (1993). Issues involved in the definition and classification of chronic health conditions. *Pediatrics, 91*(4), 787-793.

Thies, M. K. (1999). Identifying the educational implications of chronic illness in school children. *Journal of School Health, 71*(5), 167-172.

참고사이트

꿀맛무지개학교(http://health.kkulmat.com/)

부산대학교 어린이병원(https://kids.pnuyh.or.kr)

전국병원학교(http://hoschool.ice.go.kr/)

찾아보기

인 명

내 용

저자 소개

권충훈(Kwon Choong-hoon)

경상대학교 대학원 교육학박사(교육방법 및 교육과정 전공)

現 광주여자대학교 중등특수교육과 교수

✉ kwonch@kwu.ac.kr

김민동(Kim Min-dong)

대구대학교 대학원 문학박사(정서 · 행동장애아교육 전공)

現 광주여자대학교 중등특수교육과 교수

✉ kmdong@kwu.ac.kr

강혜진(Kang Hye-jin)

부산대학교 대학원 특수교육학박사(학습장애아교육 전공)

現 광주여자대학교 중등특수교육과 교수

✉ polehj@kwu.ac.kr

권순황(Kwon Soon-hwang)

대구대학교 대학원 문학박사(언 · 청각장애아교육 전공)

現 한국국제대학교 초등특수교육과 교수

✉ kwosk@hanmail.net

특수교육공학
Special Education Technology

2015년 4월 30일 1판 1쇄 발행
2019년 8월 30일 1판 3쇄 발행

지은이 • 권충훈 · 김민동 · 강혜진 · 권순황
펴낸이 • 김진환
펴낸곳 • (주) **학지사**

04031 서울특별시 마포구 양화로 15길 20 마인드월드빌딩
대표전화 • 02)330-5114   팩스 • 02)324-2345
등록번호 • 제313-2006-000265호

홈페이지 • http://www.hakjisa.co.kr
페이스북 • https://www.facebook.com/hakjisabook

ISBN 978-89-997-0481-9 93370

정가 18,000원

이 도서의 국립중앙도서관 출판시도서목록(CIP)은 서지정보유통지
원시스템 홈페이지(http://seoji.nl.go.kr)와 국가자료공동목록시스템
(http://www.nl.go.kr/kolisnet)에서 이용하실 수 있습니다.
(CIP 제어번호: CIP2015011762)

출판 · 교육 · 미디어기업 **학지사**

간호보건의학출판 **학지사메디컬** www.hakjisamd.co.kr
심리검사연구소 **인싸이트** www.inpsyt.co.kr
학술논문서비스 **뉴논문** www.newnonmun.com
원격교육연수원 **카운피아** www.counpia.com